資優青少年自我傷害防治課程與教學

一以生命教育為取向

程國選　著

作者簡介

程國選

學歷

彰化師範大學特殊教育系（教育學士）

彰化師範大學特殊教育研究所（教育碩士）

台灣師範大學教育博士

曾任

彰化縣民權、陸豐國小教師

台北市立福安國中輔導組長、南門國中輔導主任

台北市立建國高中輔導教師、兼附設進修學校主任輔導教師

新竹師範學院特殊教育學系兼任講師

台灣科技大學教育學程中心兼任助理教授

現任

長庚技術學院學生事務處學務長

著作

發表有〈從生命教育觀點談青少年自我傷害行為之處理〉香港神託會 2002 年辦理國際青少年自殺防治研討會論文發表、〈國際奧林匹亞參賽選手的心理調適與學習生活狀況：以建國中學數理與資訊競賽者為例〉中華資優教育學會 2002 年會論文發表、〈高中資賦優異學生自我傷害行為篩檢與防治之研究〉中華資優教育學會 2003 年會論文發表、〈Life Education Oriented Prevention Effects on Self-Harm Behaviors of Gifted Senior High School Students〉亞太資優教育會議 2004 年論文發表、與吳武典教授合著《「我的人生」量表－學生自我傷害行為篩檢指導手冊》（台北：心理出版社，2004）等資優教育與青少年輔導相關作品。

推薦序一

　　青少年的自我傷害是社會關注的問題，資優生在升學主義文憑掛帥的社會裡是天之驕子，親人常寄予厚望，而一位資優生的生死迷思，常為社會反省的焦點。推動生命教育之際，應勿忘鼓勵青少年珍惜生命，重視生命價值。本書作者從生命教育取向的觀點，廣泛蒐集資料，並以任教中小學、輔導資優學生的實務經驗，建立自我傷害防治的完整架構，研擬了資優生自我傷害防治課程。這是一套包含生命意義、死亡態度及因應認知與策略，針對學生自我傷害防治的系統課程，深具開創性。作者在編製課程前，曾對處理自我傷害防治的學校輔導人員進行大樣本的實徵調查，有許多重大的發現，以之作為建立本土性自我傷害防治課程的重要參考。在課程編製後，復進行嚴謹的課程實驗，分成實驗與控制兩組，結果發現，除「自我尊重」外，無論在增進高中資賦優異學生「正向人生」、「生命意義」、「問題解決取向」、「情緒取向」與降低高中資賦優異學生「負向人生」、「死亡態度」、「思考扭曲」等方面，都有顯著的成效，可說明本教材具備強而有力的效度與實用性。

　　本書含蓋青少年自我傷害的問題性質、理論基礎、衡鑑方法，論述資優青少年自我傷害的危機、生命教育、死亡教育與自我傷害防治教育，參考國內外相關的文獻，建構起青少年自我傷害防治的理論基石。本書作者與本人最近共同編製完成學生自我傷害篩檢量表──「我的人生」量表，此一量表的編製與應用，曾在中國輔導學會二〇〇四年年會的「測

驗量表在諮商輔導中應用」的工作坊及教育部南區「學生自我傷害預防與處理機制研討會」上發表，獲得熱烈的迴響。針對「我的人生」量表篩檢出的自我傷害高危險群青少年，以這套完整且實證有效的防治課程予以輔導，診療相續，正是本書的立意所在。這套課程共有十個單元，適合二十節課，除單元活動設計外，尚包括各單元的學習評鑑表與學生作業單，另將各單元教材製成生動的 PowerPoint 投影片，一併發行，這對使用者來說，極其方便；最重要的是，學校在青少年生命教育與自我傷害防治的輔導上，終於有了一套經過檢驗的完整教材與教具。

　　本書作者曾將本課程及其實施結果在二○○三年中華資優教育學會年會與二○○四年在韓國舉行的亞太資優教育會議上提出報告，也頗獲學者們熱烈回應與高度評價，之後作者根據與會學者的意見，作了某些修訂，可見其為學態度之嚴謹。本人為其博士論文的指導教授，對於作者在學生輔導與研究工作的熱忱與努力，有深刻的認識。欣見本書出版在即，特綴數語，鄭重推薦——這確是一本好書，一本具有本土性、實務與理論並重的輔導專書。

吳武典

國立台灣師範大學特殊教育系教授

二○○五年三月五日

推薦序二
珍惜生命本質　學習如何快樂！

　　根據世界衛生組織二○○一年的推估，在二○○○年全球有近815,000 人死於自殺。實際上，致命的自殺行為占企圖自殺的行為只是一部分而已，因為「自殺卻未引致死亡的人數」比因為「自殺行為導致死亡的人數」超過二十倍之多（De Leo & Evans, 2004）。自殺是一種悲劇，造成許多家庭破碎與社會的不安，近十年來我國的粗自殺死亡率呈現上升的趨勢，到二○○三年約每十萬人就有 14.16 人。若以 15-24 歲年輕族群，自殺死亡率一九九四年為每十萬人 4.38 人，二○○三年則為 6.15人，有顯著增加，且年輕族群的自殺死亡為死因的前三名，為應重視的族群。

　　自殺是個人主動自我毀滅的行為，個人認為自殺不是解決問題的唯一方法，對於青少年自殺防治，不同專業領域的專家學者有不同的觀點，Albert Camus 從哲學的觀點看，認為自殺只是一種哲學嚴重關切的問題，世界衛生組織在一九九○年代末期，強調自殺是公共衛生的問題。憂鬱和自殺的傾向是可以透過精神醫學及心理輔導治療以減少自殺發生的可能性。生命教育是關乎全人的教育，目的在促進個人生理、心理、社會與靈性全面均衡之發展，它包含生命的意義、價值及臨終教育、死亡教育的觀點（吳庶深、黃麗花，2001）。以生命教育取向進行自殺防治其主要的目的是幫助青少年了解生命的意義與價值，培養青少年正向思考、發展正向情緒、增進解決問題的能力，從而更珍惜自己的生命及尊重別

人的生命。誠如前教育部長曾志朗曾宣告二〇〇一年為生命教育年，指出生命教育是教育的本質與核心的內涵，期盼所有教師及家長與學生均能展現生命力，以培養好人格、負責任、良好適應力、向不法說不的能力，以及對人感恩、對物珍惜、對事負責、對己要求等人文素養的國民。

雖然前台灣省教育廳於一九九七年底開始推動生命教育，教育部也在二〇〇一年提出「教育部推動生命教育中程計畫」，但是目前僅有少部分學校積極推動生命教育，大部分的國高中學校均缺乏有關人生觀、生死觀與價值觀等相關課程，然青少年正處於人格主體逐漸成熟獨立的階段，在人生觀的摸索與心理調適有許多問題，特別需要在理性思考及反省批判上有所學習，惟現行國高中課程尚不能滿足生命教育的需要（教育部，2001）。最近長庚技術學院程國選教授根據他的博士論文「高中資賦優異學生自我傷害行為篩檢與防治之研究」（2003）重新的修正與補充，撰寫以生命教育為取向的角度探討資優青少年自我傷害防治的課程與教學，設計十個單元二十節的課程分別為：1.生命的孕育與價值、2.生死的面面觀。3.生命與死亡的尊嚴、4.自殺和自傷行為、5.正確的思維術、6.情緒的管理、7.人際問題的認知、8.問題解決策略、9.壓力管理策略、10.生命的蛻變與挑戰。每一單元使用投影片生動教學，引起學生的動機。全部教學投影片共 372 張，可有效協助教學過程順利進行。最後附有學生自我評鑑表，作為教學改進的參考。目前國內大部分生命教育課程比較缺乏理論與研究的基礎，程國選教授以實證研究為基礎（輔導教師對青少年自我傷害處理與需求之調查、「我的人生」自我傷害行為量表的建構、資優青少年自我傷害防治實驗教學研究），設計以生命教育取向的自殺防治課程，結合理論與實務，相信對於國內青少年的自殺防治的推動有一定的貢獻。

　　心理學一向只注重病態心理或行為，把正常視為理所當然，把社會資源和注意力放在變態病態上。馬汀・塞利格曼（Martin E.P. Seligman）博士在一九九八年擔任美國心理學協會主席時，第一個打破傳統，站出來大聲疾呼心理學應該重視快樂、健康的情緒。畢竟預防勝於治療，假如我們能使人過得很快樂，心理很健康，就不必去治療憂鬱症或其他心理疾病了，也不會做出自我傷害的行為，所以正向心理學致力於發掘什麼是「真實的快樂」，以及如何能夠尋求「真實快樂」。

　　有關青少年自殺防治推動的未來策略，可參考正向心理學的理論與研究發現，應積極幫助青少年建立正向的情緒，培養正向的品格與特質（包括智慧與知識、勇氣、人道與愛、正義、修養、心靈的超越等類別的美好特質），建立正向的組織（包括溫馨的校園、充滿愛的家庭、尊重與包容的社會環境等），尋求生命的意義價值。最後我個人期盼透過「生命教育」的教學及體驗活動，能促進青少年尋求「愉悅生活」（The Pleasant Life）、「美好生活」（The Good Life）、「有意義的生活」（The Meaningful Life），能夠活出這三種生活，才算活出「完整的生活」（A Full Life）（Seligman, 2002）。

吳庶深

國立台北護理學院生死教育輔導所

二〇〇五年二月三日

序言

　　我常會注視玻璃墊下一封水藍色的信箋，那是位大男生寄來的教師節賀卡，隨著時光推移到我剛接一所高中的輔導工作。有天接到一通電話，話筒一端傳來抽泣的聲音：「我要報告老師，目前我在○○百貨公司頂樓，我好多問題不能解決，想到另外一個世界清靜去，要和老師說一聲再見。」我力圖自己先冷靜，將他留在線上，在便條紙上留言，轉請教官通知警察，火速趕往現場救人。當警察通知領回學生，並直說他想自我傷害時，我頓時對輔導工作充滿著無力感。同樣情境浮現在我的腦海裡，那是更早年我曾經輔導過的一位國中小女生，她自我期許很高，因有長期情緒憂鬱症狀，達到必須住院治療程度，然而她卻在大家都認為最安全的醫院裡，扯斷盥洗室的馬桶蓋子割腕自殺，幸好被發現得早，及時救回一命。當時給我的震撼是她的求死意願為什麼會這麼強烈？除了配合醫院的療程，學校輔導工作的著力點在哪裡？能不能有預防的工作？

　　為了能找到學校在自我傷害防治工作的著力點，除了有立即危機學生的就醫診療，基於「預防重於治療」的觀點，占有學生大半時間的校園生活，能否開發一套生命教育取向的自我傷害防治課程，提升學生對得來不易生命的珍惜，減低自我傷害發生的可能性，不至於對學生自我傷害感到束手無策。為探究高中資優學生自我傷害行為的防治，作者以生命教育取向編製成資賦優異學生自我傷害防治課程，並採實驗研究法，

藉以了解此一課程對高中資優生的實施成效（詳見第一章）。並從青少年自我傷害的理論、衡鑑，資優青少年自我傷害的危機，生命教育、死亡教育與自我傷害防治教育等不同層面探討（請分別參閱第二、三、四、五章），以明瞭青少年自我傷害防治教育的梗概。

作者為兼顧課程設計的多樣性與本土性，乃對第一線的學校輔導工作人員進行實徵調查研究（詳見第六章），大部分學校輔導教師均認為，實施生命教育可防治學生自我傷害，並且提出他們的看法與意見，作為編製生命教育取向－自我傷害防治課程的參考。並積極蒐集及整理學者傅偉勳（1993）、Feifel（1977）、Schneidman（1985）、Ceperich（1997）、Amish（1991）等編著有關生命尊嚴與生死教育活動的學習目標與活動，從生命意義、死亡態度及因應認知與策略等三個層面，編寫及規劃十個單元的實驗教材，每一單元包含兩節的教學活動及三個至四個學習活動核心，均編寫為單元教學活動設計（參閱第七章），且為管制教學品質，投入大量時間與物力，製作成電腦可操控的 PowerPoint 投影片（詳見第八章）。整個單元活動設計主要分成活動目標和活動過程兩部分，活動目標分成認知、技能、情意三大領域，活動過程可分為：(1)準備活動—課前準備；(2)發展活動—引起動機、團體互動；(3)綜合活動—歸納結論、學習評鑑。

作者選取台北市某高中兩個數理資優班學生作實驗組，進行一學期每班二十節的實驗教學，另兩班為素質優秀的普通班學生作為控制組，以了解實驗教學在正負向人生、生命意義、死亡態度、自我尊重、思考方式、解決問題與情緒取向因應策略等方面的實驗成效，建立本教學的設計架構、工具樣本與實驗流程、檢核課程與教學的實驗成效、回饋評鑑與實驗總結（請參閱第九、十兩章）。本研究主要發現如下：

1. 實驗教學對於增進高中資賦優異學生「正向人生」、「生命意義」、「問題解決取向」與「情緒取向」均有顯著的成效。
2. 實驗教學在提升高中資賦優異學生「自我尊重」上，無顯著的效果。
3. 實驗教學對於降低高中資賦優異學生「負向人生」、「死亡態度」、「思考扭曲」等方面有顯著的成效。
4. 實驗教學對於高中資賦優異學生在「課程本位」量表的表現，要比「檢定為主」量表上的結果為佳。
5. 實驗組學生對教學活動設計與師生互動都有很正面的回饋。

　　最後於書末就本研究的發現，從涵蓋理論應用、方案名稱、方案實施、善用視聽媒體、建立學生增強回饋的教學輔導層面，和包括單獨設科或融入課程、研發青少年自我傷害防治教材、開放相關師資培訓及進修管道的教育行政層面與包含發展國中及大學資優生適用的自我傷害防治教材、繼續在其他學習領域推廣實驗教材的未來研究層面等三方面提出建議。

　　縱觀本研究從問卷調查、課程編製，至實驗教學的完成，感謝我的恩師吳武典教授、盧台華教授的愷切指正，政治大學許文耀教授提供許多改進的意見，高雄師大張淑美博士長期提供課程相關資訊；我的生死學啟蒙老師－吳庶深博士對文獻的蒐集與整理有深入的見解，在他的熱心帶領下，我曾參加中原大學舉辦的二○○一年兩岸生命教育學術研討會的論文發表，與香港神託會辦理國際青少年自我傷害防治研討會的論文發表並主持工作坊。台北護理學院曾煥棠教授、台灣大學陳毓文博士，他們兩位在一項生命教育研討會中期許我做後續研究，我也正籌畫對高危險群普通學生進行小團體的課程實驗，未來可與資優生的結果作比較，

也歡迎輔導夥伴共同參與課程的實驗。我還是要說聲感謝,對於曾在建國中學輔導室一起工作的同仁們,由於他們對問卷與量表施測的協助,使得研究工作能順利進行。還有台北市得榮基金會的獎助協助,使得工作的推動更加圓滿。另外,還要向心理出版社許麗玉總經理與林敬堯總編致意,感謝他們在同意出版吳教授武典與我合編《「我的人生」量表－學生自我傷害行為篩檢指導手冊》後,也能同意發行這本自我傷害防治課程與教學的書。且隨書發行自我傷害防治課程教學媒體的光碟,這包含十個單元二十節教學活動設計,曾注入相當人力與精神,可藉電腦操控富於變化的投影片,增進學生的學習節奏,以提高學習成效。最後限於個人才疏學淺,難免有疏漏舛誤之處,尚祈各方先進好友賜教指正。

程國選　謹識

二〇〇五年一月十五日

目次

C o N t e n t S

第八章　自我傷害防治課程教學媒體

第 *1* 章

導　論

第一節　自我傷害防治問題的特質

　　資優生是國家潛在的資源,英國史學家湯恩比認為,社會少數菁英份子所具有的傑出創造能力,實乃人類最寶貴的財富,在此新世紀肇始之際,我們更期待資優生發展潛能與邁向巔峰,而我們的資優教育能協助資優生朝最大的可能性發展。一般來說,資優生具有特殊的聰明才智、高度的創造力和邏輯推理能力,但也具有敏銳的感受力,即所謂「春暖鴨先知」、「一葉知秋」多愁善感的特質。Ellis(1979)認為「人的觀念、思想可以左右人的情緒與行為」,資優生和普通生一樣,也會出現難以排解的情緒起伏。

　　Gallagher(1985)則認為資優生在許多人格特質上異於普通生,他們會有適應的困難,這些困難包含於文化的限制與社會對於資優的不理解及負向態度,形成資優生的情緒困擾及低成就的現象。Terman 與 Oden(1947)的研究結果發現,高度資優學生的主要困難之一為社會適應;而 Hollingworth(1942)調查高智商的學生(IQ 在 170 以上)在學校中的人際關係,結果顯示他們因高智商而導致社會適應困難。Dixon 與

Scheckel（1996）認為資優生的某些特質常與自我傷害的危險因素連結，諸如多愁善感與完美主義、孤獨隔離與極端內向、不從眾與質疑權威、敏感自己身分與影響力等。Piechowkski（1979）闡述 Dabrowski 對資優者情意發展理論，指出情緒過度興奮（emotional overexcitabilities）涵蓋的強烈感情記憶、關心死亡、憂鬱與自殺心情、人際關係的敏感度、不適任及自我貶抑等，與資優生的自傷行為最有關係。在資優群體中仍有一些特別的狀況常被忽略，Zilli（1971）認為這包含因其資優而經常被同學排斥，又因其低成就而為師長所責難。許多資優兒童與周圍人物發生衝突，這些人物包含同齡的兒童及師長（Torrance, 1962）；其次，資優生雖然較能發揮創造潛能，卻常使他們對自身的行為失去控制，而與傳統的生活模式發生衝突（郭靜姿，1985），這些因素都會影響他們的適應行為，也直接干擾他們的身心健康。當一位正值人生綻放出光和熱，眾人矚目期待的資優生，因社會適應不良，多愁善感的人格特質，不能體認生命的真諦，而自我提前結束寶貴的生命時，不僅是個人家庭的悲痛，更是社會國家的損失。

Pfeffer（1986）提出及早發現自殺危險性的學生，將可避免自殺行為的發生。如果能從資優生社會環境及心理特質等線索，察覺他們在自我傷害的高危險因素，運用自我傷害行為篩檢量表，篩選出具有自殺意念的高危險群資優生，並對篩選及評估有自我傷害傾向的資優生，嘗試實施自我傷害防治方案，應能重新體認其生命的尊嚴和意義，開展生涯的新境地。

第二節　探討青少年自我傷害的動機與目的

　　佛家謁語：「人身難得」，告訴我們生命的尊嚴與可貴；古希臘哲人 Protagoras 倡言：「人為萬物尺度」，不再奉神為圭臬，而以人為中心，說明人有其崇高價值（引自徐宗林，1991）。從我國史書典籍中，可知雖然古聖先賢對生命的意義有不同的解釋，無論是孔子的知命、孟子的立命、老子的安命、墨子的非命，他們都有一個共同點，即對於生命的尊重（徐西森，1995）。生命的存在既是如此受到尊崇，生命的弦律生生不息地進行著，自然是彌足珍貴的。

　　依據最近行政院衛生署（2003）的統計資料，台灣地區人民自殺及自傷的死亡人數，一九九五至一九九六年居十五大主要死亡原因的第十一名，一九九七至一九九八年則邁入第十名，一九九九至二〇〇二年更躍居為第九名，而且居十五至二十四歲的青少年組十大死亡原因的第三位，僅次於意外事故及惡性腫瘤。這些數據顯示國人自殺情況有日趨嚴重的趨勢，不少的青少年在面臨內在心理壓力與外在社會衝突而無法排除或紓解時，可能會否定生命的價值而放棄求生的意念。對於感覺敏銳、多愁善感而社會適應不是很圓融的部分資優青少年，在他們憤世嫉俗、孤芳自憐的心境下，採取極端激烈的手段遂行自戕，不僅對社會造成巨大的震撼，藉由媒體資訊的披露報導，更擴散青少年之間的不良效應。一九九四年台北第一女中林、石兩位女性資優生，投宿旅社自殺身亡，認為社會生活的本質不適合於她們，令人感到震驚和痛心；此後又有彰化市陽明國中資優班的謝姓學生與台北市大安國中劉姓資優生，父母和師長均表示他們的個性十分開朗、聰明活潑，竟從住宅跳樓身亡（引自

吳加詮、謝素娟，1997）；一九九八至一九九九年間，台中女中廖姓資優生的人際困擾，與台南女中陳姓資優生的追求完美，竟也選擇跳樓身亡，引發社會大眾對資優生自我傷害高度關懷（引自葉志雲、郭振遠、陳文獻，1998；翁順利，1999）。民國八十九年建國中學數理資優班林姓學生，平日喜歡科學研究與邏輯推理，成績名列前茅，是父母師長心目中完美無瑕的一塊瑰寶，居然選擇自縊身殞（引自戴志楊、李承鍊，2001）；其後在民國九十二年，同校的高三杜姓資優生，在自然科學表現極為優異，因為生活與精神的苦悶，遠離家門自縊身亡，留給家庭和學校無盡的哀思和惋惜（引自簡東源、石文南，2003）！這些事件更使得教育工作者應正視生命教育的重要性。

Frued（1957）認為人類的行為除了遵循享樂原則，尚具有生存本能，能導引並且促進個體的成長與成熟，滿足個體來自本我（id）與超我（superego）的要求。很多學者專家從歷史演化的觀點，認為人能在面臨悲傷、災難、不幸時，不但不產生絕望，反而採取更積極的態度來對抗這些逆境，這種化悲憤為力量的能力，顯現出人類求生意志的卓絕和偉大。在今日人類科技進步、經濟繁榮的時空裡，我們的物質生活可說空前安逸舒適，但並沒有減少某些青少年，尤其是前述具有自我傷害擴散效應的部分資優青少年，一味抑制求生的本能，趨向於回歸到無機（nonorganic）的狀態。到底這些資優青少年是個體本身出了狀況，或者成長環境出了問題呢？還是個體本身與成長環境間交互作用產生了負向效應呢？都值得深入的探究。

綜合以上可知對具自我傷害傾向的資優生建立正確生命價值觀的重要性，而且如能在資優教育中也納入從出生到臨終的整個生命教育，或可免去一個悲劇或遺憾的造成！因為生命教育有助於個體體會生命律動

的可貴，進而產生對生命的尊重及熱愛；它包含生命的意義、價值及臨終教育、死亡教育的觀點，「從認識死亡中，學會活著」，亦可啟發這群資優生，關懷成長、熱愛生命，為自己甚至為百人、千人的生命塗上絢爛的色彩。作者曾參與台北市校園自我傷害防治實驗小組，在台大吳英璋教授、政大許文耀教授指導下，研討校園自我傷害防治處理作業要點及事件發生通報流程，並參與教育部主辦「北部地區校園自我傷害危機處理研習會」，擔任領導員及負責一部分課程單元的設計。由於工作關係，需長期與國中和高中資優班學生接觸，且實際參與資優生自我傷害的個案處理，更能深刻體認資優生自我傷害防治的迫切性及實施生命教育的重要性，激發作者對此問題加以深入探討的動機，並期望能達到下列目的：

㈠編訂「學生自我傷害防治調查問卷」，進行學校輔導教師對青少年自我傷害處理與需求之調查研究，作為編製自我傷害防治課程及實施生命教育教學活動的參考。

㈡從生命教育取向編製一套適合高中資優生適用的「自我傷害防治課程實驗教材與教學媒體」。

㈢探討自編自我傷害防治課程實驗教材與教學媒體對高中資優生實施「自我傷害防治實驗教學」的成效，以期減少資優生自我傷害發生的可能性。

資優青少年自我傷害防治課程與教學
　　　　　　　　　—以生命教育為取向

第 *2* 章

青少年自我傷害的
理論基礎

大部分青少年由於心智發展未臻成熟、缺乏經濟自足的能力、適應挫折常嫌不足，加上社會支援不夠健全，遭遇困難時，無法適時地解決問題，部分青少年在前途無望的情況下，如未能珍惜生命的可貴、體認生存的意義，恐會走上不歸路。以美國為例，根據一項全國青少年自殺的調查研究（Ceperich, 1997），在一萬二千位高中生的樣本中，有將近四分之一表示他們曾認真考慮過自殺，有接近五分之一曾擬定特定的自殺計畫，準備結束生命，且有8%已經著手進行；Everett 與 Ranslow（1997）調查內政部印地安事務局資助的中小學近七千名六至八年級學生，發現有三分之一曾考慮過自殺；由於自殺問題的嚴重性，美國公共健康部門積極規劃進入公元二○○○年後，青少年自殺企圖能控制在 15%以下。黃正鵠、楊瑞珠（1998）調查國內青少年對自殺行為的態度與看法，發現有 32%的青少年曾有自殺念頭；而文化大學新聞學系的《文化一週》刊物，曾訪問北區大學生，有46%的受訪者表示曾有自殺的意念。Pfeffer（1986）即指出青少年是僅次於老年人的自殺高危險群；而 Hayes 與 Sloat（1990）更指出由於資優青少年在生理發育、智力發展與社會適應的差異，形成其身心發展的不平衡，可能也是自我傷害的高危險群。

在理論基礎上，我們可從生物醫學、社會學、家庭系統、心理動力、

學習論與認知論的觀點探討自我傷害行為，分別說明如下：

從生理醫學的觀點，咸認為自殺與神經傳導、遺傳基因有關。關於大腦的化學物質，Lloyed 等人曾對自殺的死者進行腦部結構的分析，發現他們腦中 5-HIAA 的分泌量偏低，Van Prag 等也認為中樞神經系統的 5-HIAA 含量偏低，可能和憂鬱與自殺行為有關（引自單延愷，1995）。Holmes 與 Howard（1980）甚至從家族、孿生及收養關係來證明遺傳基因對自殺的影響，相信較高的壓力、較低的神經傳導及憂鬱，會導致一些青少年的自殺。

從社會學的觀點，涂爾幹（Durkheim ／黃丘隆譯，1990）是首位對自我傷害提出行為科學解釋的學者，他從社會變遷因素，探討對個人自我傷害的影響，提出四種自殺類型及理論模式：(1)利己式自殺（egoistic suicide）—不論個人的成敗均與團體無關，當個人面臨困擾或問題時，無法克服危機而了斷生機；(2)利他式自殺（altruistic suicide）—團體的榮辱內化成個人的榮辱，在高度的社會期許下，為團體的理想而自我犧牲；(3)無規範式自殺（anomic suicide）—社會團體高度整合時，必發展出一套完整的社會規範，當社會規範削弱，固有文化失調，價值觀念改變，導致社會紛亂無所適從，容易發生自殺行為；(4)宿命式自殺（fatalistic suicide）—當有太多的管制及規律，限制住個體發展，使個人感到沒有未來，從而放棄生存的意願。有許多自殺現象是綜合上述四種類型，社會規範與社會整合過度或不足時，均可能對自殺行為產生催化作用。

Durkheim（1972）在統計歸納自殺率與社會整合的脈絡中，發現下列現象：(1)男性自殺率高於女性；(2)未婚者自殺率高於已婚者；(3)准許離婚國家的自殺率高於不准許離婚的國家，而離婚頻繁國家的自殺率又高於准許離婚的國家；(4)家庭組成份子愈多，其自殺率愈低；(5)在宗教

信仰方面，以基督教徒的自殺率最高，天主教次之，猶太教最低；(6)和平時期自殺率高於戰爭，反而社會危機能強化社會整合程度，在社會危機時期的自殺率有降低趨勢；(7)經濟繁榮時期及蕭條時期自殺率高於經濟穩定時期。

　　從家庭系統論的觀點，青少年的自殺正顯現家庭功能的缺失。Adams、Overholser 與 Lehnert（1994）指出家庭功能缺失、父母關係不良與青少年自殺行為有關。Martin 與 Waite（1994）則發現父母管教態度與子女的憂鬱及自殺行為有關；在家庭結構急遽變動、溝通互動不良、角色混淆衝突及問題解決能力不足的情況下，可能造成青少年自殺行為的產生。

　　從心理動力的觀點，探討潛意識心理動機對個人自我傷害的影響，首推心理分析學派始祖佛洛伊德（Sigmund Freud, 1858-1917）。他主張人有生的本能（life instinct）與死的本能（death instinct），生的本能引導個人的成長與成熟，死的本能導向攻擊、破壞，趨向於回歸到無機的狀態（nonorganic state）。Menninger 於一九三八年根據佛氏的理論及他對自殺患者的研究，指出自我傷害包括三種心理因素：殺人的慾望（wish to kill）、被殺的慾望（wish to be killed）、死亡的慾望（wish to die）；列舉出母親不成熟的性格與敵意，會在不知不覺中變成嬰兒敵意的根源，而此敵意往往朝自我毀滅的方向發展（引自張平吾，1988）。青少年的自我傷害是為了逃避衝突與壓力，當他們的自我認證與認證的擴散（identity and identity diffusion）失去平衡時，即產生內在的衝突（Willings, & Arseneault, 1986），這種內在的衝突可轉換成對自己的攻擊，自殺企圖即可視為對自我攻擊的一種表現。Scheidman（1985）提出自殺立方模式（cubic model），從心理層面探討自殺行為的三個向度：(1)傷痛

（pain）一起因於心理需求的不能滿足；⑵擾亂不安（perturbation）：個體認知思考的僵硬及產生衝動的自我傷害；⑶壓力（press）：個體受內外在環境的影響，形成本身的改變。在自殺立方模式中，傷痛愈大、擾亂不安愈重、壓力愈高，則建構的自殺立方體愈大，自殺的危機就愈高。Farber（1968）則提出自殺的機率，主張自殺的可能性與希望（H）的程度呈反比，與生活條件的威脅（T）呈正比，但與能力（C）高低呈反比，其公式為 S= f（1/ H）= f（T/ C）。表示個人希望愈高，自殺率愈低；但能力愈低、生活條件威脅愈多，則自殺率愈高。

　　從學習的觀點，Lester（1991a）提出自我傷害是一種習得的行為，受到「環境對自我傷害行為的反應」影響，社會對自我傷害的態度常扮演「決定自殺」的重要關鍵，而這種決定自殺行為主要是模仿與替代學習（immitation and vicarious learning）。Holmes 等（1991）即指出，遭遇困境的青少年，在聽到另一位相同處境夥伴的自殺，可能認為自殺也是解決問題的方法。雖然自殺行為的傳染（suicidal behavior contagion）會因社會否定而受到抑制，但看到別人的作法，可能會深受影響。Lester（1998）也指出自殺是經由增強過程學習得來，甚至以自殺的威脅與表態，作為操弄他人與達成目的的手段。

　　從認知論的觀點，青少年在面對艱巨的壓力時，缺乏適當的解決問題（problem-solving skill）技巧，在無所適從下，他們發展出絕望的態度，甚至於企圖自殺。Holmes 等（1991）認為無法解決問題的青少年會經歷更多的失敗，增加更重的壓力，這種無法解決問題的能力將導致與自殺密切相關的無望感（feelings of hopelessness）的產生；認知僵硬的青少年將自殺視為解決問題的唯一選擇，而不能考慮或發展出其他的選擇。因此根據認知論，自殺導源於兩組不同的認知組型，包括具有解決問題

缺陷及無望感的錯誤認知和患有妄想症及幻覺的異常認知。

　　總括上面所述，自我傷害的理論從生物醫學、社會學、家庭系統、心理動力、學習論與認知論等不同的觀點切入，而環視青少年的教育體系，包含著社會教育、家庭教育與學校教育。從自我傷害防治的層面來看，生物醫學與現階段青少年生活相關較少，社會教育與社會學的相關較高，家庭教育與家庭系統的關係密切，學校教育似乎可從其餘心理動力、學習論與認知論切入，較有著力點。其中心理動力尚需結合家庭與學校，愈早實施，效果會愈好；強調模仿與替代的學習論，重點在行為的增強與塑造，這種行為改變還需有密切的互動關係及長期的改善與觀察。至於避免發展無望態度，協助解決問題的認知論，則藉由教導正確的思維，矯正認知的僵硬，透過指導人際的關係，運用因應的策略。這種認知改變較為明確具體，容易在預期的時間內，觀察其改變的成效，且認知的改變影響內在心理與外在行為的變化，甚至最後可能完全改變個人的整個想法與行為。

第 *3* 章

青少年自我傷害
的衡鑑

處於狂飆期的青少年，由於生理與心理發展速度的失衡及不協調，資優學生又因智力（IQ）與情緒（EQ）的落差及多愁善感的本質，追求完美主義（perfectionism）、非理性的社會期待、高度的自我期許等，產生過多的焦慮與壓力，有些學者甚至認為資優是自我傷害的危險因素（Delisle, 1986; Hayes & Sloat, 1990; Smith, 1990; Weisse, 1990）。也有部分學者引用 Terman 與 Oden（1947）長期追蹤資優生的資料，認為有低於一般人平均的自殺率。是否資優生的自我傷害危機起因於資優，或來自其他的個人與環境因素，作者探討國內外文獻，迄今尚無定論。但令人關注的焦點，假定資優生是自我傷害的高危險群，就應全面的篩檢，重視資優生的生命教育。

即使全面篩檢，或許有些個案仍然無法適時地被發現，部分資優生的教師與家長在回憶事件發生前，常覺得學生並無任何異狀，以至於學生的傷害事件發生後，徒然引起一片錯愕驚慌。其實那些不動聲色自我戕害的人，在採取激烈行動之前，可能早已醞釀自殺意念，而且愈有縝密的自殺計畫，求死的意願愈強；聰明的程度愈高，唯恐自殺心跡的表明，容易喚起周遭人的警覺，愈可能採取高度隱瞞的作法。因此，建立一套評量系統，用以反映受試者內心深層的自殺意念，突破受試者過度

的防衛心理，偵測與自我傷害的「相關因素」，從而推估其自殺的可能性，可以說是較為適切的作法。

作者檢視國內現階段最常使用的生命意義、死亡態度與自我傷害量表（如表 3-1），發現量表題幹的陳述形式，大都以是否想要自殺的「直接因素」呈現，縱使「多元態度自殺傾向量表」（The Multi-Attitude Suicide Tendency Scale）、「貝克憂鬱量表」（Beck Depression Scale）、「活下來的理由」問卷（The Reason for Liring Inventory）、「自殺傾向試用量表」等部分題幹，以生活適應的「相關因素」陳述，但因與自殺的「直接因素」並列，還是很容易地看出測量的目的。至於「自我傷害篩選量表」完全以自殺的「相關因素」陳述，可避免上述量表的缺點，惟全部以負面的生活事件敘述，或許較難突破受試者過度的防衛機制。因此，若要開發一套方便可行且具有多向度的自我傷害學生篩選工具，除了要從「相關因素」切入外，似應正、負生活事件並列；此外，應有作答一致性的檢驗，如此才能達到精確偵測的目的。

在自殺篩檢量表編製的理論架構方面，由於自我傷害是人類錯綜複雜的行為，涵蓋不同的動機、目的、過程與手段，許多學者從不同的方法及向度切入，並且試圖加以分類，早期學者 Durkheim（1897）將之分成利己式自殺、利他式自殺、無規範式自殺及宿命式自殺（引自 Lester, 2000）。近代學者應用統計方法及實徵研究，推動自殺的分類，Closon（1973）以叢集分析將各種自殺行為的原因分成健康問題（health problem）、人際間的失落（interpersonal loss）、害怕失敗（fear of failure）與想傷害或操弄他人（hurt or manipulate another）（引自陳文卿，1998）。這四項構成設計「我的人生」量表－學生自我傷害行為篩檢」的主要依據（程國選、吳武典，2004）。

表 3-1　國內現階段最常使用的有關生命意義、死亡態度與自我傷害量表

量表名稱	編製者	測量向度	信　度	效　度	陳述形式
多元態度自殺傾向量表（The Multi-Attitude SuicideTendency Scale）	Orback 與 Milstein（1991）	對生的吸力、斥力、對死的吸力、斥力	四個分量表信度為 .86, .78, .74, .91	與自殺行為症狀求同時效度	Likert 量表，直接與相關因素
貝克自殺意念量表（Beck Scale for Suicide Ideation）	Beck 與 Steer（1993）	主動的自殺慾望，準備度，消極的自殺慾望	內部一致性住院病患 .90 門診 .87	與絕望、憂鬱量表有建構效度	Likert 量表，直接因素
貝克絕望感量表（Beck Hopeless Scale）	Beck 與 Steer（1993）	對未來的感受，未來的期望，缺乏動機	內部一致性 .92，重測信度 .69	與臨床評定的同時效度為 .62	對、錯回答，直接因素
貝克憂鬱量表（Beck Depression Scale）	Beck 與 Steer（1996）	憂鬱的生理─情感向度，憂鬱的認知向度	內部一致性 .92，重測信度 .93	與自殺意念絕望量表有建構效度	Likert 量表，直接與相關因素
自殺看法問卷（The Suicide Opinion Questionnaire）	Domino（1980）	心理疾病求助，宗教、衝動、攻擊與道德犯罪等	內部一致性 .89	抽取因素的解釋變異量大	Likert 量表，直接因素
「活下來的理由」問卷（The Reason for Living Inventory）	Linehan 等（1985），高之梅（民 84）修訂	正向期望，親友情感，宗教信仰，社會評價的恐懼	內部一性 .95，重測信度 .77	抽取因素的解釋變異量大	Thurston 量表，直接與相關因素
自我傷害篩選量表	許文耀吳英璋（民 85）	憂鬱，行為改變，攻擊與違紀，企圖自殘	內部一致性 .88，老師、家長、學生評估相關 .34-.64	與自殺機率，絕望量表呈正相關為 .54 與 .43	對、錯回答，相關因素，惟負面陳述
自殺危險程度量表	許文耀鍾瑞玟（民 86）	自殺動機，自殺意念與計畫，先前自殺企圖	國高中生內部一致性 9.93 重測信度 .88-.90	與自殺機率，絕望量表的相關值均大於 .40	Likert 量表，直接因素
自殺傾向試用量表	吳金水（民 79）	自殺傾向與自殺意念	內部一致性 .93-.94，重測信度 .80-.83	與柯氏性格量表不安與自卑成正相關為 .51-.71	Thurston 量表，直接與相關因素

資優青少年*自我傷害防治課程與教學*
——以生命教育為取向

（續表）

量表名稱	編製者	測量向度	信　度	效　度	陳述形式
Templer 死亡焦慮量表（Templer Death Anxiety Scale）	Templer（1970）	對時間飛逝、死後生命、癌症、世界大戰的態度	內部一致性 .76，重測信度 .83	C-LFDS 求同時效度 .40-.61	對、錯回答，直接因素
修正死亡態度量表（Death Attitude Profile -Revised）	Wong、Reker 與 Gesser（1994）	死亡的恐懼，死亡的避免，趨近接納死亡，避免接納死亡，中性接納死亡	分量表內部一致性 .81-.97	Frommelt Scale 求同時效度	Likert 量表，直接因素

　　Grosze、Zimmerman 與 Asnis（1995）主張自我傷害防治，不僅要確認與自殺行為有正相關的危險因素（risk factors），而且要尋找與自殺行為有負相關的保護因素（protective factors），為達到防治的成效，需要減少危險因素的影響及增進保護因素的功能。危險因素是指易受害的因子（vulnerabilities），會發展出適應不良的因素，保護因素則指促成適應的有利因子。Cicchetti 與 Cohen（1995）認為保護因素會對危險因素，形成補償（compensatory）與對抗平衡（counterbalancing）的效果，以降低高危險情況的影響程度。「我的人生」量表的設計採用這種雙向人生的觀點，在功能上不但分成四個屬於「負向人生」的向度，可測出困擾性、慮病性、失落感、疏離感等自殺行為的危險因素，也分為四個屬於「正向人生」的向度，可測知愉悅性、效率性、積極性、主控性等自殺行為的保護因素。

　　青少年的典型困擾來自煩惱不安、敵對反抗、缺乏自信、性的專注、逃避現實、升學壓力及代溝的衝擊（吳武典，2000）。黃正鵠、楊瑞珠（1998）調查青少年對自殺行為的態度與看法，發現有半數以上青少年

認為課業壓力、感情問題、不正確的生命態度、藥物濫用、酗酒、犯下大錯等是自殺的危險因素。Lewinsohn、Rohode 與 Seeley（1993）分析有自殺企圖的青少年之身心特質，包括的危險因素諸如心理疾病、藥物濫用、行為問題、近期壓力事件、交友困擾、低學業成就、家庭功能失調等，這些看法大部分涵蓋在困擾性、慮病性、失落感、疏離感等「負向人生」分量表的範疇內。

　　憂鬱與自殺兩者有正向因果關係，憂鬱程度高者的自殺意念較嚴重，採取自殺的機率較高（Brubeck, & Beer, 1992）。De Man 與 Leduc（1995）取男女、自尊、內外控、憂鬱、壓力、酒癮、健康知覺、家庭狀況、學習成就、社會支援等變項，對自殺意念進行複迴歸分析，結果只有發現憂鬱與酒癮具有顯著的預測指標，且憂鬱可解釋的變異量達 39%，顯示憂鬱為自殺意念的重要指標（引自王彩鳳，1999）。Beck（1976）並對憂鬱提出對自己的負向看法、對環境事件的消極看法及對未來悲觀看法的三個思考向度。憂鬱的反面特質是為愉悅，在愉悅性方面之設計，即在於測知受試者對自己生活的正向看法、對環境適應的積極看法、對自己與家人未來樂觀的看法及適時獲得適當的協助等，與前述 Beck 提示憂鬱的三個特質正好相反。亦即愉悅性愈強，則憂鬱程度較低，自殺風險愈低；愉悅性愈弱，則憂鬱程度較高，自殺風險愈高。

　　Freud（1957）曾嘗試用「生死態度」（the attitude of life and death）構念自殺行為隱藏的心理動力，開闢另一條預測自殺行為的路徑，認為自殺行為是生與死兩種態度的彼此衝突，且各區分成「吸力」與「斥力」兩個向度，共形成四種基本態度，分別為「對生的吸力」、「對生的斥力」、「對死的吸力」與「對死的斥力」。Range 與 Knott（1997）認為「對生的吸力」是個體享受生命樂趣的程度，「對生的斥力」是個體在

身心上痛苦的經驗，「對死的吸力」是在生理與情緒上死優於生的狀態，「對死的斥力」是指死亡所引發的恐懼或焦慮。Orbach 與 Milstein（1991）運用這四種生死態度的現象學，編訂「多元態度自殺傾向量表」（Multi-Attitude Suicide Tendency, MAST），在對兒童、青少年與大學生的受試者各分為正常組、自殺組與精神病組進行施測時，發現「對生的吸力」、「對生的斥力」、「對死的吸力」可鑑別三組的差異，但在「對死的斥力」上則三組並無顯著差異。在積極性方面之設計，即在探討前三種生死態度的現象學對生與死所抱持的積極性與消極性，且避免敏感字眼，以「活在世上」說明「生」、「消失於世」表明「死」、「自我傷害」表達「自殺」等方式來陳述。

　　Durkheim（1897）認為個體適應社會整合（social integration）及社會規範（social regulation）的過度或不足均為造成自殺的成因，Powell（1958）更指出缺乏自我效能（lack of self-validation）是需要被同時考慮的影響因素（以上引自 Lester, 2000）。Bandura（1977）認為自我效能是確信自己能有效地達成目標的行為，在效率性方面即在評估受試者於生活與學習中是否能有效率地達成既定目標的作為，因為自我效率性的高低牽動著個人的情緒，效率過低會引發較高度的負面情緒（Bandura, 1986; Miller, 1991）。Seligman（1975）試圖由習得的無助感（learned helplessness）說明負面情緒的產生，當一個人知覺事件後果（event out-come）無法由本人所控制，自己努力的行為與期望的後果沒有關聯，會產生無助感，使情緒處於惡劣低下的狀態，導致無望及自殺的意念。在主控性方面的設計即在了解受試者控制思考情境、人際互動與生活適應，主控性愈高則無助感與無望感可減至較低的程度。

　　Beck（1976）在擔任美國國家心理衛生研究院自殺防治中心（National Institute of Mental Health Center for Suicide Prevention）主任期間，曾數度召開自殺防治會議，從自殺意圖（intent）及自殺致命性（lethality）兩個向度，將自殺的進程主要分成結束自我生命想法的自殺意念期（suicide ideation period）、表現危及生命的行為但沒有造成死亡的自殺企圖期（suicide attempt period）與終結生命致死的自殺完成期（completed suicide period）。綜合上面所述，作者曾試圖建立衡鑑自我傷害量表雛形的理論架構（詳見圖 3-1），當個體處於自殺意念期，保護與危險因素兩者即形成拉鋸，假若正向人生的張力大於負向人生，則個體往上提

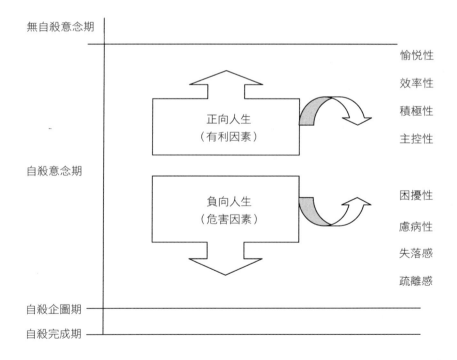

圖 3-1　「我的人生」量表－學生自我傷害行為篩檢的理論構設
　　　　（取自程國選、吳武典，2004）

升，擺脫自殺意念期；如果負向人生的張力大於正向人生，則個體往下掉落，淪入自殺企圖期，即接近自殺完成期，且正負向人生二者間的張力差距愈大，表示向上或向下移動的機率愈高。而正向人生的保護因素應包含上述探討的愉悅、效率、積極與主控，負向人生的危險因素則應涵蓋困擾、慮病、失落與疏離。

憂鬱、絕望感與自殺意念的關係，有些學者指出，憂鬱與自殺意念能解釋成人及青少年自殺企圖者的大部分變異量（Abramson, Metalsky, & Alloy, 1989），亦即憂鬱與自殺意念愈嚴重，自殺企圖的可能性就愈高。依照 Beck（1976）的自殺進程，自殺企圖是源於自殺意念，從自殺意念來看，則憂鬱是自殺意念最重要的預測指標（Fisher, 1999）；而 De Man（1999）在預測自殺意念中，發現憂鬱變項是進入多元迴歸分析中最強烈的因素。絕望感是指個人對自我的評價與未來的期望，假若這些認知、想法是負向時，會使個人覺得自己是沒有希望的。Beck、Kovacs 與 Weissman（1979），以多元迴歸分析研究絕望感與自殺意念的相關，結果在測量自殺意念時，絕望感有42%的解釋量；有些研究也指出，絕望感能有效地預測自殺意念或未來的自殺行為（Wetzel, Margulies, Davies, & Karam, 1980）。Minkoff、Bergman、Beck 與 Beck（1973）即已發現憂鬱與絕望感成正相關，以部分相關探討三者間的關係，發現絕望感與自殺意念的相關為.47，憂鬱與自殺意念的相關為.26，可見關係的密切。而 Simon 與 Murphy（1985）和 Bedrosian 與 Beck（1979）等學者則主張應廣泛了解絕望感，作為憂鬱與自我傷害的主要連結；Young、Fogg、Sheftner、Fawcett、Akiskal與Maser（1996）提出如果個人絕望感沒有處於憂鬱的狀態時，則只是發生自殺行為的易受害因素（vulnerable factor），若個人絕望感處於重大壓力的憂慮症狀，則會激發此易受害因素，

導致自殺行為，亦即絕望感＋憂鬱＝自殺行為。因此，憂鬱與絕望感直接影響自殺行為，可從憂鬱與絕望感兩個層面來檢驗篩檢自殺行為的量表，以明瞭自我傷害行為篩檢量表的建構與功能。

　　自我傷害的介入防治，依據吳英璋、許文耀等（1992）認為最好分成三個層次，如表 3-2 來進行。

　　在第一層次預防處治，能維護青少年的身心健康及預防自我傷害行為的發生。第二層次危機處治，對高危險性的青少年提供立即的情緒支持與關懷，了解自我傷害的動機，並真誠協助青少年澄清自我傷害的想法，控制自我傷害的衝動，以消弭自我傷害的原因。至於第三層次事後處治，則在針對死者的親友（包含雙親與兄弟姊妹，學校裡較親近的其他同學、教師等），協助其因應不幸事件的不良影響，幫助紓解悲傷的情緒，避免自我傷害行為的傳染與模仿效果。作者擬針對具自我傷害傾向資優生，編訂自我傷害防治課程，實施第一層預防處治，至於第二層危機處治與第三層次事後處治則不在本處理範圍內。

　　總之，從「正向人生」的保護因素與「負向人生」的危險因素相互較勁，奠定「我的人生－自我傷害行為篩檢量表」的理論設計，探討該

表 3-2　自我傷害行為的介入防治之層次說明

第一層次：預防處治
　　1.消極的作法：及早發現有自我傷害可能性的孩子，及早介入，使之消失於無形。
　　2.積極的作法：促進每個孩子的正常成長，使每個孩子的身心健康都很好，而根本不發生自我傷害。

第二層次：危機處治
　　發現高危險狀態的孩子，恰當介入，阻止自我傷害行為之執行，並消弭其發生之原因。

第三層次：事後處治
　　對受該自我傷害（自殺）事件所影響到的所有人，進行立即的危機處治與長期的後續幫助。

量表所測出的特質和憂鬱、絕望感與自殺意念的關係，以驗證它的結構與功能，作為學校推動自我傷害行為的預防處治中一項方便可行的篩檢工具。

第 *4* 章

資優青少年
自我傷害的危機

　　國內有關探討資優青少年自我傷害的研究甚少，在國外也不多，根據Cross（1996）的看法，這主要是由於：(1)現行蒐集全國性青少年自我傷害的資料，沒有包含孩子是否為資優生；(2)各地對於資優與才能的界定不一，很難知道自我傷害的孩子是否為資優生；(3)屬於私密問題，研究者很難接觸到資料；(4)實施資優青少年自我傷害原因的剖析費時耗財；(5)很多學校（尤其大專院校）並未積極鑑定資優生；(6)研究自我傷害所需某些最終特質的資料（如現場遺物）在事件之後未能妥善保存。依據行政院衛生署的統計（2003），青少年自我傷害的發生率，最近有逐年上升的趨勢，至於資優青少年自我傷害的發生率，是否也有如此現象，無從查證。從資優青少年病理研究的角度，自我傷害的發生率是值得關注的問題。有些研究者根據資優青少年自我傷害的推估，而有資優生的自殺率低於或高於其他青少年團體的不同看法（Delisle, 1986; Leroux, 1986; McCant, 1985），惟缺乏實證資料。Cross（1996）則針對資優青少年的自我傷害發生率提出三個重要的論點：(1)有些青少年會自我傷害，所以有些資優青少年也會自我傷害；(2)在過去十年，所有年齡組群，包含一般青少年在內的自我傷害發生率都已經上升，合理的推論，資優青少年的自我傷害發生率在過去十年也已上升，惟在這個議題上缺乏可用

的界定資料；(3)由於可用的資料有限，我們無法斷定資優青少年的自我
傷害發生率是否有別於一般青少年。這種較客觀且符合邏輯的看法，很
能說明目前國內資優青少年自我傷害的發生現象。

探討學者專家從不同層面探討資優青少年自我傷害的危機，分別說
明如下：

一、長期縱貫追蹤資優個案

Lester（1991b）在檢核 Terman 等（1947）長期追蹤資優學生名單中
有關自我傷害的案例，發現母親有較長懷孕期及早期失親者較有可能自
我傷害；Tomlinson-Keasey、Warren 與 Elliot（1966）同樣使用 Terman 長
期縱貫式追蹤研究的資料，調查女性資優生的自我傷害個案，認為先前
的自我傷害企圖、焦慮、憂鬱、性情、心理健康、早期失親、起源家庭
壓力、生理健康與酒精濫用等是自我傷害的危險因素。Cross、Karyn 與
Ball（2002）則認為前述以女性資優生為主，從一九五〇年以後，自我傷
害的發生率持續上升，而案例以男性較多，且使用 Terman 在一九二〇年
對資優的界定，其推論的解釋力自然受到相當的限制。

二、資優生自殺已遂個案的心理剖析

這是經由心理剖析（psychological autopsies），衡量自殺已遂資優生
的行為、思想、情感與人際關係，以探討資優生的自我傷害危機，減低
其他個體的類似自我傷害行為。Cook、Cross 與 Gust（1996）和 Cross、
Karyn 與 Ball（2002）針對三位自殺已遂就讀美國高中的資優生及一位在
加拿大就讀大學的資優生進行心理剖析，透過與家長的晤談及遺留檔案
的文件分析等，綜合他們的發現，有以下共同的特徵：

㈠他們具有下列四種情緒狀態：憂鬱、憤怒、情緒起伏與對未來感到困惑。

㈡他們表現下列類似的行為：很難控制衝動、物質的濫用。

㈢他們很難建立良好人際關係：包含親密關係的困難、自尊心低、與家人的衝突及不合理性邏輯地從人群孤立。

㈣他們共同的警告訊號：不能解決的問題接踵而至、人際問題的退縮、思維僵硬壓縮、常採二分法及學業的不穩定表現等。

㈤他們表現極端自我中心的價值系統。

㈥他們視自我傷害為值得讚賞可行的解決方法。

　　建立資優生自我傷害的個案，有助於探究資優生為什麼要自我傷害與進行自我傷害的防治。這種研究可從不同角度，應用不同的自我傷害理論，提供更多有關資優生自我傷害危機的了解。

三、資優生的完美主義

　　處理事務講求完美主義者，其優點在採取高標準，凡事井然有序，惟同時帶來焦慮，苛評自己，也嚴格批評他人；資優學生是否比其同儕較具有完美取向。根據 Kline 與 Short（1991）的研究，發現九至十二年級資優女生在完美的要求方面顯著高於非資優同儕，資優男生則與非資優同儕沒有顯著差異。Parker 與 Adkins（1994）測量美國幾所名校的學生，發現在神經質完美主義上顯著較高，因而懷疑完美主義是不適應的心理傾向與追求學術的必要條件。而Kottman（2000）提出由於個體無法適應日益高漲的期望，當覺得不夠好時，就感到沮喪，產生極度焦慮。

這種狀況主要可分為：(1)案主過度地關注錯誤，反而妨害本身順利地完成作業，與其有可能少於一百分，他們寧可考零分；(2)案主不適應的完美主義，對於不能達成標準的部分，極端地苛責，導致憂鬱與自殺意念。Blatt（1995）也持相同看法，認為資優生的特徵之一是嚴格的自我苛責，產生自卑、失敗感、缺乏價值與罪惡感，他們經常從事嚴厲的自我檢核與評價，常有受到批評與拒絕的恐懼。

資優生的完美主義，建立起超高與不易妥協的標準，一旦主客觀條件不能配合，目的不能達成，就無法滿足而造成不快樂。而任何可能的失敗，都可能引發資優生內在的焦慮與壓力，如加上父母與社會高度期待的落空，更可能導致憂鬱、自貶與自我傷害。

四、資優生的智力與情緒、社會技巧的落差

資優生的情緒與社會技巧的發展，常無法與智力的成長並駕齊驅（Webb, Meckstroth, & Tolan, 1982），Hollingworth（1942）調查高智商的學生（IQ 在 170 以上）在學校中的人際關係，結果顯示他們因高智商而引發社會適應的困難。Delisle（1986）認為資優青少年在情緒與社會發展上，遠落後於學術性向的成就；他們在學校功課的表現優異，但不善於處理社會的互動，這種落差被公認，惟受到忽視。一般而言，資優學生在小學階段較受普通學生的歡迎，但資優生如不具備良好的情緒與社會技巧，這種受歡迎程度在高中階段會急遽降低（Austin & Draper, 1981）。

每個青少年都有想融入同儕團體的渴望與需求，由於資優生缺乏社會技巧，以致常受到孤立與傷害，常視自己為稀有人類（Torrance, 1962）；他們在情緒發展首當其衝的是挫折，起因於他們雖然理解成人

的情境與世界的大事，但卻無力影響其結果（Hollingworth, 1942，引自 Delisle, 1986）。而缺乏情緒與社會技巧，產生人際疏離與較大壓力，會引發資優生的自我傷害（Neihart, 1999）；因此，發展資優生的情緒與社會技巧是極為重要的課題。

五、資優生的敏感性

　　Dixon 與 Scheckel（1996）認為資優生多愁善感，對自己身分與影響力非常敏感。對事物的靈敏反應、能及早因應，本是解決問題的不二法則，但如資優生對於問題的高度覺察，卻由於年齡與能力關係，不能改變現有環境或說服成人，可能產生挫折與憂鬱。Weisse（1990）即提出資優生敏於事物的想法，常找不到解答，很少求助輔導人員，很難隨遇而安，又必須忍受內在壓力的煎熬，長久累積下來，可能造成憂鬱。如何主動發現與抒發資優生的問題與壓力，應是資優生輔導工作的重點項目。

六、資優生的孤獨隔離與極端內向

　　資優生對個人的高度期望，加上特殊的興趣與喜好，有關課業疑難又不易在同儕間找到切磋對象，較容易感到孤獨疏離。此外，資優生的社會能力發展相對地較晚，不容易建立親密的人際關係，故無法結交知心的朋友，不能獲得朋友的認同，更容易與群體隔離（Grueling & DeBlassie, 1990）。這種缺乏友誼的關係，如再加上資優生完全投入自己個人的興趣，或很少與人互動的活動，可能衍生極端內向的性格。Willing 與 Arseneault（1986）指出資優生長期孤獨隔離會陷入無聊與憂鬱，Dixon 等（1996）認為資優生的孤獨隔離與極端內向的特質常與自我傷害的危機相連結，這些皆是值得關注的問題。

七、資優生自我傷害的其他危機

資優生自我傷害的其他危機,尚包括家庭關係、學業成就、酒精藥物濫用與性氾濫等方面。家庭的關係,可以左右家庭成員的互動與決定家庭的凝聚力,Carris、Sheeber 與 Howe(1998)認為當個體家庭互動僵化,無法有效因應困境,個體也無法發展有效且彈性解決問題的技巧,就有增加自我傷害的可能性。Williams 與 Lyon(1976)也認為家庭關係的僵硬,會減少家人善意的溝通,增加家人的摩擦,進而造成自我傷害行為。有些資優生很難迎合家庭的期望與價值觀,形成家庭關係的僵硬(Weisse, 1990)。而 Neihart(1999)更指出資優生對事物敏感度高,比同儕非資優生也許有相同或更多家庭與學校的人際互動問題,由此可見,家庭關係不良是導致資優學生自我傷害的高危險因素。

學業成就也是與資優學生自我傷害有關的因素,尤其國內高中生往往以升大學為單一價值,故學業困擾特別多。Moron(1990)調查一般高中學生,發現害怕學業失敗是預測自我傷害的重要變項,學業的表現與自我傷害行為有密切關係,如果課業成績不振,一直遭受挫折,會使青少年自尊受損、感到無望及沒有價值感(引自 Fremouw et al., 1990)。Baird(1990)檢核高中生自我傷害的危機,發覺學業低成就者較多處於高危險群中。Kottman(2000)提出資優生的完美主義,為了追求學業的過度完滿,當學習結果無法達到預期的高水準,可能造成希望落空與極度沮喪。而資優生的學業挫折與渴望達到高成就有很大的落差時,便常有較多的自我傷害意念產生(Shaughnessy & Nystoul, 1985; Weisse, 1990)。

資優青少年的過量飲酒、藥物濫用與性氾濫,同樣會危害本身的健

康，Felts（1992）指出長期酒精與藥物濫用，對情緒及行為的控制減低，較易做出衝動行為，對情勢作出偏頗的判斷，可能導致自殺企圖。其他如性氾濫（Schneidman, 1985）等，也是自我傷害的危機。

　　針對資優學生而言，Delisle（1986）指出，缺乏朋友的孤獨性、學校表現的轉變（大好或大壞）、對學業成績的放棄、情緒起伏不定（大起或大落）、過分的完美主義但卻遭遇自認為重大的挫折、對未來感到困惑等，均是自我傷害的危機。總括來說，學者專家探討資優青少年自我傷害的危機，主要的途徑包含長期縱貫追蹤資優個案、資優生自殺已遂個案的心理剖析、資優生的完美主義、資優生的智力與情緒、社會技巧的落差、資優生的敏感性、資優生的孤獨隔離與極端內向、與其他家庭關係、學業成就、酒精藥物濫用與性氾濫等層面。Pfeffer（1986）指出，如能及早發現自殺高危險性的學生，可避免自殺行為的產生及其影響；因此，各級學校輔導人員對資優學生的自我傷害危機應有所了解與掌握，適時地介入與輔導具有自我傷害傾向的資優學生，並作為編製資優生自我傷害防治教材的參考，以期減低自我傷害發生的可能性。

第 *5* 章

生命教育、死亡教育與
自我傷害防治教育

　　生命教育有助於個體去體會生命律動的可貴，進而產生對生命的尊重及熱愛，發揮生命的潛能。牟宗三（1971）認為傳統文化就是以生命為中心的生命學問，而實踐生命為中心的學問，就是明明德、親民及止於至善的大學之道。古聖先賢無論是孔子的「知命」、孟子的「立命」，或者老子的「安命」、墨子的「非命」，雖然對於生命的解釋不同，但基本上都是對生命的尊重。黃天中（1991）認為死亡教育彰顯生命的真義；段德智、陳修齋等（1994）提出生與死是對立統一、密不可分的，死亡哲學雖名為談死，實乃談生，明顯的具有人生觀和價值觀的意義，孔子說：「未知生，焉知死」，即知生乃知死的前提，但知死也為全面知生所必需。傅偉勳（1993）倡議以「生死學」來涵蓋「死亡學」或「死亡教育」，不但要探討死亡的問題，也要理解生命的問題，可見生命教育與死亡教育實是一體之不可分離的兩面。

　　美國自 Elliot, T.S.在一九五五年首倡死亡教育與性教育同樣需要，即已正式開始推動死亡教育的發展。南加州大學醫學院 Feifel（1977）主編《死亡的新意義》（*New Meanings of Death*），引起各方人士的共鳴與熱烈反應，一直成為死亡教育的標準教科書。其內容收錄了二十篇左右的文章，分別放在引論、發展的定向，如死亡對於兒童的意義、大學生

與自殺、臨床的管理、對死亡的反應以及結論等章。另由加州大學洛杉磯分校醫學院 Schneidman（1976）主編的《死亡：當代面面觀》（*Death: Current Perspectives*）一書，內容分成死亡的各層面、死亡的看法、死亡的定義、死亡過程諸相、絕症患者、自殺、遺囑、二十世紀集體死亡等八大部分，也是在美國很多學校採用的標準教科書。

　　傅偉勳（1993）曾在美國費城天普大學開設生死學講座，認為探討萬物之靈的人類生命應該具有下列層面：身體活動、心理活動、政治社會、歷史文化、知識性、審美經驗、人倫道德、實存主體、終極關懷、終極真實等十個層面，其間穿插介紹世界宗教對於生命的不同看法，討論 Kubler-Ross, E. 醫師的臨終精神狀態五階段模型—震驚與否認期（shock and denial）、憤恨期（anger）、交易期（bargining）、沮喪期（depression）和接納期（acceptance），指導學生閱讀號稱死亡文學極致的十九世紀俄國大文豪托爾斯泰（Leo Tolstoy）傑作《伊凡·伊里奇之死》，了解文學藝術與生死教育課程的關聯性。

　　生命教育是關乎全人的教育，目的在促進個人生理、心理、社會與靈性全面均衡之發展（吳庶深、黃麗花，2001），它包含生命的意義、價值及臨終教育、死亡教育的觀點。前台灣省教育廳於一九九七年底開始推動生命教育，提倡背景與暴力有某些關係（孫效智，2000），訂定「台灣省國民中學及高級中學推展生命教育實施要點」，其中研發生命教育教材為推行生命與實施的重點（吳庶深、劉欣懿，2001）。而目前國高中缺乏有關人生觀、生死觀與價值觀等相關課程，然青少年正處於人格主體逐漸成熟獨立的階段，在人生觀的摸索與心理調適有許多問題，特別需要在理性思考及反省批判上有所學習，惟現行國高中課程尚不能滿足生命教育的需要（教育部，2001）。因此，近幾年有些專家學者與

學校教師開始有系統地編製生命教育教材或單獨設立相關課程，其中已經出版發行或實施有具體成效。作者以德光女中設立「人生哲學」課程，曉明女中與得榮社會福利基金會編纂的生命教育成套的教材為例，分別說明於後：

㈠私立德光女中一至三年級均規劃有「人生哲學」課程，實施綱要如表 5-1。其任課教師說明該課程的結構是理論與實習並重，從理論部分使學生了解生命之誕生、意義、價值、可貴等，實習部分則使學生從生活中體驗生命的可貴及對別人生命的關懷，二者合一，使學生對生命產生正確的認知。自實施課程以來，教學的成效良好。

表 5-1　德光女中人生哲學生命教育實施綱要

主　題	內　容
生命的智慧	接納欣賞自己、自己的家庭、社會、國家
生命的事實	⑴中學生性生理、心理發展 ⑵交往二部曲 ⑶影帶：生命的第一天，婦女的抉擇
關懷生命	⑴週末安老活動 ⑵社團：愛愛社
生命的成長	社團：青年會
接觸生命	人物專訪：訪問在社會中默默奉獻者
生命的實踐	義工活動：義務工作的意義和價值

㈡台中市曉明女中在一九九八年成立生命教育中心，從以往實施倫理教育經驗中，結合學者專家及全省高中十位教師，完成六年一貫課程單元及單元重點（錢永鎮，2000）。共編纂十二單元的生命教育教材與教師手冊（如表 5-2）。每個單元均有：

表 5-2　曉明女中編製生命教育教材單元名稱

年　級	單元名稱	年　級	單元名稱
國一	欣賞生命 做我真好	高一	良心的培養 人活在關係中
國二	生於憂患 應變與生存	高二	思考是智慧開端 生死尊嚴
國三	敬業樂業 信仰與人生	高三	社會關懷與正義 全球倫理與宗教

(1)課程教案：包含單元名稱、適用對象、單元目標、具體學習目標與教學設計。

(2)時間運用：每單元以三節課一百五十分鐘為主。

(3)學生教材：包含教材內容、參考資料與學生作業。

(4)教師手冊：除與學生教材相同外，另含補充資料、小故事與參考書目。

(5)教學方法：採用思考、體驗，反省與實踐教學法。

(6)單元評鑑：教師自我評鑑、團體評鑑與學生自我評鑑等。

　　本套教材的教師手冊補充資料豐富，學生教材印製精美，從教師的課程教案、學生的作業單到教學後的評鑑表，可說較為完整。

㈢得榮社會福利基金會生命教育課程研編小組（1998），為了教導學生了解生命的意義，增進人際互動的技巧，建立進取的人生觀，結合一群學者專家與青少年實務工作者，研編生命教育課程，能協助青少年在思考及體驗中認清生命的價值，活出充實而有意義的人生（林注進，1998）。教材的編排及內容（如表 5-3）計高中有六冊，每冊分為三個單元，每個單元均有：

表 5-3　得榮基金會編製生命教育教材內容主題

年　級	內容主題	年　級	內容主題
國一上	欣賞生命	高一上	良心的培養
國一下	做我真好	高一下	人活在關係中
國二上	生於憂患	高二上	能思會辯
國二下	應變與生存	高二下	生死尊嚴
國三上	敬業樂業	高三上	社會關懷與社會正義
國三下	信仰與人生	高三下	全球倫理與宗教

⑴教學目標：包含認知、情意、技能的目標。

⑵時間運用：每單元以五十分鐘為主。

⑶教學內容：概述內容架構、闡述教學內容、具體而微的結語、
　　另含故事選讀、問題討論、輔導活動、佳文共賞等學習活動。

⑷體驗活動：鼓勵親身體驗及做中學。

　　採用國高中六年一貫，十二個學習內容主題，主題論述充實，
單元結構分明，且教學方法多元化，探討問題簡明精要。

　　針對自我傷害及包含情緒沮喪、自殺想法、攻擊性行為等高危險群
青少年實施防治課程，國內學者楊瑞珠從社會技巧著手，國外學者Cepe-
rich（1997）、Amish（1991）與Barth（1982）等從認知策略、問題解決
與人際關係的學習著眼，以降低危險行為的發生，都有實徵性的教學成
效，分別闡述如下：

　　楊瑞珠（1997）引用Gibbs、Barriga與Potter（1992）提出為反社會
高危險群青少年設計的社會技巧彈性課程，安排連續六週，共有十個單
元的課程，內容包括辨識問題類型、矯正錯誤思考、社會技巧的訓練—

憤怒情緒的管理、建設性地表達怨言、處理對你生氣的人與負向同儕壓力等。

　　Clun、Patsiokas 與 Luscomb（1979）提出由於認知僵硬（cognitive rigidity）及缺乏解決問題技巧的人，在經歷負向的生活壓力源時，自殺的機會增加。而 O'Carroll（1993）對青少年自殺的涵義，也提出癥結在於認知過程的缺陷，影響一個人試圖解決問題的方法，或用其他方法以抗衡艱困生活事件的能力。Schotte 與 Clum（1987）同樣認為，認知僵硬、問題解決缺陷與無望是自我傷害的主要因素，並且獲得實證研究的支持，尤其發現人際問題解決能力不良（poor interpersonal problem-solving ability）的青少年，其自殺意念最高。可見認知僵硬、解決問題缺陷與人際關係的問題深深地影響著青少年的自殺行為。

　　認知缺陷導致僵硬的思考與行為的壓抑，阻礙個人使用適應及抗衡策略的布局，包含處理壓力事件的問題解決，由於這些思考與行為的僵硬，產生適應抗衡（adaptable coping）的缺陷，而與日益擴大的自殺危機相連結。Ceperich（1997）認為能藉著教導問題的解決與其他抗衡策略（other coping strategies），以試圖減少這些缺陷。Amish（1991）與 Barth（1982）認為，抗衡的基本技巧包含解決社會問題技巧、憤怒和衝動的控制等，對於這些基本技巧的訓練，可以有效地減少青少年自我傷害行為的發生。

　　蔡培村教授（1995）認為，生命教育應從生存、心理、社會、哲學四個層次來落實：

　(1)生命的生存層次：體會生之喜悅，及生長過程所必須付出的心血和辛苦。

　(2)生命的心理層次：體驗喜、怒、哀、樂而知覺生命可貴，接觸生命

律動並能欣賞生命。

(3)生命的社會層次：社會互動增進生命圓融的發展，體會一己生命對家庭、社會及國家的重要性。

(4)生命的哲學層次：追求生命意義、提升生命價值、鼓勵自我成長和自我實現。

張光甫教授（1995）亦認為生命教育應從科學方法研究生命現象，從哲學理念探討生命的境界，生命教育的內涵應慎始而教、持中不懈、臨終不懼，而以道德修養及哲學藝術充實與提升生命的意境。

在生命教育課程實施的成效研究方面，Kalafat 與 Elias（1994）運用 Kalafat（1990）出版之《學校本位青少年自殺反應課程》（*A School Base Adolescent Suicide Response Program*），強調課程目的在於協助朋友解決問題，使用所羅門（Solomon）四組設計，結果發現在自殺知識獲得、尋求協助的正向態度與介入協助自殺傾向的夥伴上，參與課程的實驗組學生均與控制組有顯著差異，並且學生對於課程的反應相當正向。此外，另一種同屬學校本位的青少年自殺覺察課程（The Adolescence Suicide Awareness Program, ASAP）（Ryerson, 1980），以模擬情境與介入處理方式進行教學，自一九八二至一九八七年間，在 New Jersey 州的 Bergin 郡四十所公私立中學實施；經過十年的追蹤調查，在排除了未參加實驗課程的學校地區及退學的學生後，該郡一九八八至一九九二年十五到二十四歲青少年的自殺率，由先前一九七八至一九八二年期間的 7.26%及一九八三至一九八七年期間的 7.53%降至 4.38%，並且有三十一所學校仍持續採用學校為本位的預防課程（引自 Kalafat, 1997）。而有關資優生自殺防治與介入的部分，Adams（1996）敘述在美國一所州立高中實施的實例，指出該校原先以為資優生的資質聰穎，可能較少心理問題，因此

刪除了社會適應與情緒課程，然卻在同一個年度連續有三位資優生自殺死亡，造成學校與社區人士極度的震驚，在採取積極的行動，包括聘用心理健康專業人員、成立危機處理工作坊、修改入學申請程序（必須包含學生的情緒、社會適應及健康資料）、恢復原有社會適應與情緒課程、開設自殺防治的相關課程等，之後學生的自我傷害風氣才得以改善。張淑美（2000）調查我國中等學校實施生命教育與生死教育概況，在二百二十五名教師中，有 80%肯定生命教育或生死教育的推行能有效預防自殺行為的產生。上述國內外的研究均顯示，如能協助有自我傷害傾向的學生建立正確的生命價值觀，體驗生命律動的可貴，進而產生對生命的尊重及熱愛，納入從生到死的整個過程之生命教育內涵，「從認識死亡中，學會活著」亦可啟發這群學生，關懷成長、擁抱生命，為自己甚至為他人的生命塗上絢爛的色彩，或可免去一個悲劇或遺憾的造成！

第 **6** 章

輔導教師對青少年自我傷害處理與
需求之問卷調查分析

第一節　前言

　　處於國高中階段的青少年，正值人生的青春期，在豆蔻年華的時代，應充滿無限生機與潛力。由於受到科技高度發展的影響，攸關生命的價值、人生的意義、人我關係、人與大自然關係以及生死問題，常無法真正了解（教育部，2001）；且由於心智發展未臻成熟、經濟能力尚未具備、適應挫折常嫌不足，加上社會支援又不夠健全，遭遇困難時，一旦求助無門，在退縮無望的情況下，如未能珍惜生命的可貴、體會生命的意義，有部分青少年恐會走上不歸路（許文耀、程國選等，1994）。

　　Davis 與 Sandoval（1991）、Husain 與 Vindiver（1984）與 Pfeffer（1986）在有關自我傷害危險徵兆的研究中發現，造成自我傷害的動機及原因不是單一的，歸納造成自我傷害的高危險因素計有：⑴對死亡、自我傷害概念與計畫等之不當認知；⑵對於死亡的負面態度及個人存活負向的價值觀；⑶表達性與接受性之自主分化程度不夠成熟等性格特徵；⑷心理需求不被滿足、環境壓力無法紓解；⑸生活中的重大事件所造成想法上與生活上的改變；⑹自身或關係親密之重要他人罹患重病、精神

分裂等身心疾病；(7)家庭、學校、朋友或其他有意義他人等之社會環境因素對個人的影響。Pinto 與 Whisman（1996）就十三至十八歲的二百二十八位住院接受精神治療的青少年進行分析，發現有自殺意念的青少年情緒的不穩定性高且自我概念低。

國內學者吳小琴、葉筱玫與劉明麗（1997）對馬偕醫院所蒐集一百五十七名自殺個案（平均年齡為28.9歲）進行分析，其中以家庭問題（占24.8%）居首位，包括夫妻溝通、親子管教、家庭暴力、婆媳問題及外遇等；排名同列第二是感情問題與人格問題（各占 15.7%）；再其次是本身有精神疾病（占 14%）及經濟問題（占 9.9%）。孫敏華（1997）探討我國青年在軍中服役自殺案例，在複選項中發現個性因素占 65.2%（個性內向封閉、衝動及完美主義性格者）；家庭因素占 32.6%（父母過度寵愛、親子溝通不良或破碎家庭）；感情因素占 28.3%；工作壓力因素與恐懼無法適應各占 15.2%；精神疾病因素占 13.0%（精神分裂、被害妄想傾向）。黃正鵠、楊瑞珠（1998）針對 1287 位國高中青少年調查對自殺行為的態度與看法，指出有半數以上青少年認為課業壓力、感情問題、家庭問題、父母期望過高、不正確生命態度及犯下無法挽回的大錯等，是青少年自殺的原因，且較多人數比例的高中生表示感情問題是造成青少年自殺原因。綜合上述文獻的探討，不論成人或青少年自我傷害之動機及原因，都與家庭、感情、工作或課業壓力、人格及精神疾病、經濟問題等有關。惟上述調查對象均為青少年本身，學校教師的看法是否亦相同頗令人好奇，故本調查擬從教師的角度驗證其所處理的青少年自殺個案，是否與上述文獻的發現一致，期藉由教師的看法與所需的協助中，積極發展與防治屬高危險群學生之自傷行為。

在防治學生自傷行為的表徵、發生與輔導方面，許多學者主張必須

認清自我傷害者在語言、行為、情境、症候與合併的訊號表徵（Hicks, 1991; Popenhagen & Qualley, 1998；吳英璋、金樹人、許文耀等，1994）。在語言訊號表徵部分，包括直接與間接表達強烈求助與需求的訊號；行為訊號表徵則包括安排及交代私人事物（Guetzloe, 1989; Schnaidman, 1985）、態度突然改變、極端憤怒、長期哀泣、過度罪惡、難於溝通等行為（Guetzloe, 1989; Kalafat, 1990; Hicks, 1991; Schnaidman, 1985）；情境訊號表徵包括失去所愛的人、友誼的決裂、疏離或青少年生活中突然或不可預期的改變（Gordon, 1985; Richman, 1986）；症候訊號表徵包含胃口改變、失眠、精神渙散、極端沮喪，此一現象在青少年階段較不普遍（Gordon, 1985; Richman, 1986）；而合併訊號表徵則是指合併上述兩種或多種訊號出現，且持續一段時間，諸如由活躍於社交團體中逐漸退縮、睡眠飲食規則變得紊亂、疲憊、身體常有不適、生病等。Pfeffer（1986）指出，如能及早發現自殺高危險性的學生，可避免自殺行為的產生及其影響，各級學校對校內學生的自傷行為應有所了解與掌握，適時地介入與輔導，以減低再度發生的可能性。而了解最可能發生的地點與使用之方法，能幫助學校與教師預先採取防範措施，因此對屬自殺高危險群的國高中青少年提供生命教育課程更刻不容緩。此外，Cliffone（1993）認為個人對自殺特質的了解，有助於其願意積極協助有自殺傾向的夥伴，故針對所有學生實施生命教育課程，不但可協助學校的輔導工作，更可以減低自傷行為的出現率，此亦是作者所欲探索的動機、方向與重點。

　　生命教育是關乎全人的教育，目的在促進個人生理、心理、社會、靈性全面均衡之發展（吳庶深、黃麗花，2001），而生命教育有助於個體去體會生命律動的可貴，它包含生命的意義、價值及臨終教育、死亡

教育的觀點。期待本調查能促動教育及社會各界人士，重視與了解學生自我傷害的動機及原因，並推動生命教育活動，共同防治學生自我傷害行為發生的可能性，因此，作者期望藉由輔導教師的問卷調查了解下列問題：

一、輔導教師受理學生自我傷害件數及個案學生背景。

二、輔導教師分析學生自我傷害動機及原因。

三、輔導教師分析學生自我傷害訊號表徵、發生與輔導之情形。

四、輔導教師對實施生命教育的看法。

五、輔導教師對推行生命教育內容及其優先次序的想法及建議，可作編製自我傷害防治課程的參考及依據。

第二節　問卷調查的方法

一、調查樣本

本調查以台北市所有公立國高中職校為問卷調查對象，計有六十所國中、二十所高中（內含完全中學）、七所高職及三所特殊學校。作者先將問卷寄發各校輔導室，請負責處理學生自我傷害個案的輔導教師協助填寫。問卷份數的分配原則係依學校類形大小，六十班以下每校寄三份，超過六十班以上，每增十五班多加一份問卷。回收工作在寄發兩星期後進行，經過數次電話敦促並當面懇託，有四十八所國中（80%）、十六所高中（80%）、六所（86%）高職、三所（100%）特殊學校共七

十三所學校寄回，占原發問卷總校數（90 所）的 81%。經整理歸納後，總計有二百零一件（占原發問卷 281 件的 72%），刪除十一件作答欠缺完整者，有效問卷共計一百九十件（68%）。不論校數與教師填答數的回收率均有相當之代表性。

二、問卷工具

　　本問卷根據調查目的及文獻探討的結果設計「學生自我傷害防治調查問卷」，內容涵蓋：(1)填答者基本資料、受理件數及學生個案的背景：資料包括服務學校類別、職稱、性別及教師年資，最近三年受理學生自我傷害的件數，自傷行為發生率較高的年級、智商及家庭社經背景；(2)自我傷害動機及原因：包含家庭問題、人格問題、學業問題、感情問題、經濟問題；(3)自我傷害表徵、發生與輔導：包含自我傷害學生較常染患之症候、自殺的徵兆、最常發生自我傷害的地點與使用的方式、自傷未遂的獲救途徑、獲救後輔導的介入程度及協助後再自殺的可能性；(4)實施生命教育的看法：含介入階段、常扭曲之死亡概念、轉移自我傷害之方式與預防自我傷害之策略；以及(5)推行生命教育活動內容：涵蓋培養生命價值觀、充實心理與社會層面、建構生存與哲學層面等，共五大部分。由於題目涵蓋的內容較廣，在問卷題型的設計上，採多元方式，包含單選、複選及依優先次序填選等方式。

三、實施程序

　　作者自一九九九年二月起先蒐集國內外有關生命與死亡教育的相關文獻，並加以探討、分析與比較，以作為本調查的理論基礎及設計問卷的依據。問卷經編擬、修正、預試及修訂後，於同年六月間發函至全台

資優青少年自我傷害防治課程與教學
—以生命教育為取向

北市各國高中，請輔導教師協助填寫，並在十月收回完成，之後進行資料處理與分析工作，並撰寫研究報告。

四、資料處理與分析

回收的問卷經整理、編碼、輸入與校對後，使用社會科學統計套裝軟體SPSS進行統計分析外，採描述性資料統計，以次數分配、百分比來比較各題選項狀況，並以加權總分作為比較各選項優先順序排列情形。對於質的資料分析部分，將部分受試者在「其他」選項及開放式意見所表達的看法，進行整理與歸納，並在討論各選項時一併敘述。

第三節　調查結果的分析與討論

一、教師之基本資料、受理件數及個案背景分析

研究樣本之各項資料如表 6-1 所示。由表 6-1 可知，在一百九十位負責處理學校自我傷害輔導教師的有效樣本當中，男性共有十九人（國中14 人、高中 5 人），占 10%，女性有一百七十一位（國中 122 人，高中49 人），占 90%；任職國中 136 人，占 71.5%，任職高中 54 人，占28.5%。其中接受過輔導專業訓練的輔導人員（包含輔導主任、組長、輔導老師、臨床心理人員、社會工作人員）占 67%（126 人），當中任職國中八十二人、高中四十四人，約為全部樣本數的三分之二；未接受過輔導專業訓練的一般教師（包括導師、科任老師）占 33%（64 人），當中任教國中五十四人、高中十人，約占全部樣本數的三分之一。探索國內外文獻，和本研究調查性質極相近的唯一一篇，即與 Klingman

表 6-1　本研究取樣基本資料

校別	性別	輔 導 人 員						一 般 教 師						共計
		教 師 年 資						教 師 年 資						人數(%)
		1-5	6-10	11-15	16-20	21↑	小計	1-5	6-10	11-15	16-20	21↑	小計	
國中	男	1	1	1	0	2	5	6	0	1	1	1	9	14(7.3)
	女	31	8	6	11	21	77	12	6	5	9	13	45	122(64.2)
	小計	32	9	7	11	23	82	18	6	6	10	14	54	136(71.5)
高中職	男	0	0	1	1	0	2	0	1	1	1	0	3	5(2.7)
	女	7	2	8	7	18	42	5	0	1	1	0	7	49(25.8)
	小計	7	2	9	8	18	44	5	1	2	2	0	10	54(28.5)
總計		39	11	16	19	41	126(67)	23	7	8	12	14	64(33)	190(100)

（）內數字代表所占全部人數的百分比

（1990）調查以色列一百四十一位處理學生自我傷害個案的輔導教師中發現僅有 21%受過正規輔導訓練相比，顯然我國輔導教師的專業素質比較好。由教師年資觀之，年資在一至五年約占全部樣本的三分之一，六年以上者占了其餘的三分之二，其中年資二十一年以上者約占全部樣本的五分之一。上述資料顯示，學校頗重視自我傷害個案的處理，大半均能由專業素養及經驗豐富的輔導教師接案，惟對於少數未具備專業背景的輔導教師，教育與學校行政單位恐須舉辦在職訓練與提供研習機會。

　　表 6-2 為北市教師受理學生自我傷害的件數統計。在一九九七至一九九九的三個年度，都有超過半數以上的教師有處理自我傷害一至三件的經驗，尤其最近二年間均在 70%左右；一個輔導教師在同一年度處理四件以上個案者，一九九七年度有占 4%（6 人），一九九八年度占 4.9%（8 人），一九九九年度有 8.8%（16 人）；處理十件以上個案者，在一

表 6-2　台北市輔導教師受理學生自我傷害件數統計

件　　數	1997 年度		1998 年度		1999 年度		共計	(%)
	n	(%)	n	(%)	n	(%)		
0　件	65	(44.0)	45	(27.6)	31	(17.1)	141	(29)
1-3 件	77	(52.0)	110	(67.5)	134	(74.1)	321	(65)
4-6 件	5	(3.3)	4	(2.5)	9	(5.0)	18	(4)
7-9 件	0	(0)	3	(1.8)	3	(1.7)	6	(1)
10 件以上	1	(0.7)	1	(0.6)	4	(2.1)	6	(1)
總　　計	148	(100)	163	(100)	181	(100)	492	(100)

n=輔導教師受理個案總數

九九七及一九九八年度，各有 1%（1 人），在一九九九年度增加為 2%
（4 人）。上述結果顯示，輔導教師的工作負擔可說相當的沉重，也顯示
自我傷害個案有上升之趨勢。合計三年處理的件數，在一百九十位輔導
教師有 70% 曾處理過學生自我傷害的案件，與前述 Klingman（1990）調
查中發現，有 32% 的教師曾處理過他們自認是有自殺企圖的高危險群，
我國的比率顯然較高。教育與學校行政單位似應及早推動生命教育，建
立輔導資源網絡，成立危機處理小組，協助處理個案問題。

　　有關自我傷害學生個案的背景見表 6-3。經發生率最高、發生率其
次、發生率最少分別加權處理後，國中部分以二年級發生率最高，其次
為三年級，但兩者加權總分很接近，最少為一年級。高中部分，由發生
次數分析，似乎高一的發生率較高，惟經加權後三個年級的發生率幾乎
無差異。可見除國一外，國二與國三的發生率相近，而高中階段三個年
級的發生率均相當，顯示自我傷害防治工作似應普遍介入，且似乎以處
於青春叛逆期間（國二至高一）的學生出現率最高。從整體社經背景來
看，中社經者發生率最高，其次為低社經者，而高社經者明顯的低於中
低社經者。由自傷個案之智商高低來看，以普通智力者發生率最高，其

表 6-3　不同年級、家庭社經背景、智商的學生自我傷害發生率

項　目	分類	發生率最高 n(%)	發生率居次 n(%)	發生率最少 n(%)	合　計 n(%)	加權總分	排序
國中	一	36(26.5)	16(11.8)	62(45.6)	136(100)	202	3
	二	45(33.1)	43(31.6)	20(14.7)	136(100)	241	1
	三	42(30.9)	44(32.4)	19(14.0)	136(100)	233	2
高中	一	20(37.0)	7(13.0)	11(20.4)	54(100)	85	1
	二	12(22.2)	18(33.3)	10(18.5)	54(100)	82	2
	三	16(29.6)	10(18.5)	13(24.1)	54(100)	81	3
社經背景	低	72(49.3)	39(26.7)	35(24.0)	146(100)	329	2
	中	74(48.4)	47(30.7)	32(20.9)	153(100)	348	1
	高	24(17.8)	49(36.3)	62(45.9)	135(100)	232	3
智商	低	23(18.1)	23(18.1)	81(63.8)	127(100)	196	3
	普	102(65.0)	41(26.1)	14(8.9)	157(100)	402	1
	高	41(31.5)	63(48.5)	26(20)	130(100)	275	2

加權=發生率最高*3+發生率居次*2+發生率最少*1

n=教師選定各項目分數的總次數

附註：發生率的其他欄，因加權不計分，故省略不列。

次為高智商者，最少為智能低下者。惟由於輔導教師處理的學生母群體，為一常態分配，中社經者與普通智力者的發生率最高，正可能反映出這種趨向，且以高智商者所占的人口比率觀之，資優者似猶可能是自我傷害的較高危險群，未來研究似可針對此一部分深入探究。而由普通智能與高智商者多於智能低下者的發現顯示認知功能與自我意識的影響，也看出對其實施生命教育課程的可行與潛在之有效性。

二、自我傷害動機及原因

關於學生自我傷害動機的分析，由表 6-4 中可知，全體輔導教師認

為家庭問題為第一優先次序占 22%（42 人），第二優先次序占 28%（53
人），經加權後雖較高，然選感情問題為第一優先次序有 34%（64
人），第二優先次序有 17%（33 人），且兩者加權總分相當接近。再其
次為人格問題，學業問題較少，而經濟問題占最少。此與吳小琴、葉筱
玫與劉明麗（1997）對成人自殺動機研究的前三者相符合，惟該研究發
現經濟問題優於工作課業壓力，與本研究順序顛倒，可能與研究對象的

表 6-4　教師對學生自我傷害動機的意見分析（複選題）

對　象　項　目		優　先　次　序					加權總分	排序
		1 n(%)	2 n(%)	3 n(%)	4 n(%)	5 n(%)		
全體教師 (n=190)	家庭問題	42(22.1)	53(27.9)	33(17.4)	12(6.3)	3(1.6)	548	1
	人格問題	45(23.7)	32(16.8)	34(17.9)	23(12.1)	2(1.1)	503	3
	學業問題	15(7.9)	26(13.7)	30(15.8)	30(15.8)	4(2.1)	333	4
	感情問題	64(33.7)	33(17.4)	22(11.6)	10(5.3)	5(2.6)	543	2
	經濟問題	0(0)	3(1.6)	3(1.6)	6(3.2)	54(28.4)	87	5
高中教師 (n= 54)	家庭問題	8(14.8)	16(29.6)	7(13.0)	9(1 6.7)	0(0)	143	2
	人格問題	10(18.5)	11(20.4)	10(18.5)	3(5.6)	1(1.9)	131	3
	學業問題	9(16.7)	8(14.8)	9(16.7)	5(9.3)	1(1.9)	115	4
	感情問題	17(31.5)	12(22.2)	7(13.0)	3(5.6)	1(1.9)	161	1
	經濟問題	0(0)	0(0)	1(1.9)	0(0)	14(25.9)	17	5
國中教師 (n=136)	家庭問題	34(25.0)	40(29.4)	26(19.1)	3(2.2)	3(2.2)	417	1
	人格問題	35(25.7)	21(15.4)	24(17.6)	20(14.7)	1(0.7)	372	3
	學業問題	6(4.4)	18(13.2)	21(15.4)	25(18.4)	3(2.2)	218	4
	感情問題	47(34.6)	21(15.4)	15(11.0)	7(5.1)	4(2.9)	382	2
	經濟問題	0(0)	3(2.2)	2(1.5)	6(4.4)	40(29.4)	70	5

加權=1*5+2*4+3*3+4*2+5*1

n=教師選定各項目的總和

附註：各項目的其他欄，因加權不列入，予以省略。

年齡層有關。上述發現顯示，不論青少年或成人，家庭、感情與人格問題均是造成自我傷害的主要成因；其次成人因需要擔負生計責任，青少年則常有課業壓力，導致成人在經濟問題較多，而青少年的學業問題較重。進一步將國高中輔導教師分別分析發現，高中輔導教師認為高中生以感情問題居首位，家庭問題居次；國中輔導教師則以為國中生在這兩方面剛好相反，其餘因素的順序排列兩者均相同。此一現象可能與高中生的身心發展較為成熟，涉入感情問題的可能性較高有關，且與黃正鵠、楊瑞珠（1998）的發現相同。

　　為進一步了解上述五大項因素的具體形成原因，以為防治的參考依據，表 6-5 所列為其意見統計結果。分別說明與討論如下：

㈠家庭方面：輔導教師認為最可能形成的原因以父母管教態度為第一優先次序有 47%（90 人），經加權後居領先；其次為親子溝通，選第一優先次序有 23%（43 人）；再其次為父母婚變、父母身心問題，兩者相差較接近；最少為手足爭吵。黃正鵠、楊瑞珠（1998）的研究亦發現，過半數的受訪青少年認為，父母期望過高是青少年自殺的重要原因之一；Richman（1986）指出，家庭功能不健全與家庭壓力是導致青少年自殺的高危險因子，因此父母正確的管教子女態度，並做充分的親子溝通，且能組織溫暖健全的家庭、減輕家庭的壓力來源，毋寧是避免孩子自我傷害的重要方式。Davis 與 Sandoval（1991）即指出，父母親的自殺行為有可能帶給孩子錯誤的示範；而吳英璋、許文耀、金樹人等（1994）亦認為自殺代表一個家庭系統的病例，自殺子女通常是父母或其他家人敵意的收受者，因此對父母有身心異常狀況的學生亦應多加

表 6-5　教師對學生自我傷害動機形成原因的意見分析（複選題）

項目	形成原因	優　先　次　序					加權	排序
		1 n(%)	2 n(%)	3 n(%)	4 n(%)	5 n(%)		
家庭問題	父母管教	90(47.4)	43(22.6)	25(13.2)	6(3.2)	0(0)	709	1
	父母身心	22(11.6)	24(12.6)	30(15.8)	35(18.4)	8(4.2)	374	4
	父母婚變	25(13.2)	32(16.8)	42(22.1)	23(12.1)	2(1.1)	427	3
	親子溝通	43(22.6)	63(33.2)	37(19.5)	18(9.5)	1(0.5)	615	2
	手足爭吵	0(0)	0(0)	9(4.7)	11(5.8)	69(36.3)	118	5
人格問題	性格退縮	79(41.6)	34(17.9)	28(14.7)	14(7.4)	4(2.1)	647	1
	性格冷漠	13(6.8)	25(13.2)	49(25.8)	26(13.7)	20(10.5)	384	4
	喜怒不定	40(21.1)	42(22.1)	16(8.4)	27(14.2)	10(5.3)	480	3
	規避現實	43(22.6)	51(26.8)	35(18.4)	20(10.5)	8(4.2)	572	2
	暴力傾向	11(5.8)	21(11.1)	18(9.5)	15(7.9)	49(25.8)	272	5
學業問題	低成就	34(17.9)	40(21.1)	26(13.7)	17(8.9)	14(7.4)	454	2
	同儕競爭	12(6.3)	45(23.7)	35(18.4)	17(8.9)	4(2.1)	383	3
	期許太高	106(55.8)	29(15.3)	10(5.3)	7(5.3)	6(3.2)	688	1
	校規獎懲	2(1,1)	7(3.7)	9(4.7)	24(12.6)	41(21.6)	154	5
	師生溝通	15(7.9)	30(15.8)	44(23.7)	17(8.9)	12(6.3)	373	4
感情問題	男女交友	132(70)	23(12.1)	5(2.6)	1(0.5)	1(0.5)	770	1
	同性交友	28(14.7)	98(51.6)	11(5.8)	6(3.2)	1(0.5)	578	2
	師生交往	4(2.1)	12(6.3)	50(26.3)	10(5.3)	12(6.3)	250	3
	偶像迷戀	4(2.1)	13(6.8)	23(12.1)	27(14.2)	9(4.7)	204	4
	寵物失落	2(1.1)	3(1.6)	4(2.1)	16(8.4)	34(17.9)	100	5
經濟問題	嚴控零錢	27(14.2)	28(14.7)	17(8.9)	17(8.9)	13(6.8)	345	2
	突陷困境	50(26.3)	25(13.2)	15(7.9)	10(5.3)	8(4.2)	423	1
	長期貧窮	21(11.1)	28(14.7)	28(14.7)	15(7.9)	7(3.7)	338	4
	借貸償還	15(7.9)	19(10)	17(8.9)	18(9.5)	16(8.4)	254	5
	奢靡慾望	35(18.4)	23(12.1)	16(8.4)	6(3.2)	18(9.5)	345	2

加權=1*5+2*4+3*3+4*2+5*1

n=教師選定各項目形成原因的總數

附註：各項目形成原因的其他欄，因加權不列入，予以省略。

輔導與關懷。

㈡人格方面：輔導教師認為最可能的原因以性格退縮內向，無法抒發內在抑鬱為第一優先次序占 42%（79 人），經加權後居首位；其次為規避現實，藉自傷引起關懷，選第一優先次序有 23%（43 人），第二優先次序有 27%（51 人）；再其次為喜怒哀樂不定、無法控制情緒與性格冷漠、人際關係疏離，最少為具有暴力傾向、攻擊別人也自戕。此一結果和 Wodarski 與 Harris（1987）、Yang 與 Clum（1996）、Pinto 與 Whisman（1996）對一般學生人格特質造成自我傷害的發現類似。

㈢學業方面：從表 6-5 可得知，選擇自我期許太高為第一優先次序占 56%（106 人），經加權後明顯高於其他選項；其次為學業低成就，選擇第一優先次序占 18%（34 人）；再其次為同儕競爭激烈及師生溝通不良，兩者相差極為接近，而校規獎懲問題居末。未來培養學生適度客觀的自我期望是奠定健康心理的重點，而對於低成就的學生似應積極探討其心理問題、學習態度與方法和加強補救教學，且避免過度之個人競爭及鼓勵團體合作學習，可能是減少學生自我傷害的努力方向。此外，師生溝通亦需建立信任互賴關係，運用真誠、接納與同理心，才能達到充分溝通的目的。

㈣感情方面：如果導因於感情問題，約有 70%之輔導教師選擇男女交友為第一優先次序，有 12%選擇為第二優先次序，經加權後明顯高出其他選項；同性交友有 15%為第一優先次序，有 52%為第二優先次序，經加權後居其次；再其次為師生交往與偶像迷戀，最少為寵物失落。與孫敏華（1997）、吳小琴等（1997）的結果相符合。此一結果與國內國高中階段的教育安置常為男女分班、甚至分校，造成對異性的認識不足與交往的機會缺乏可能有關，

未來似應加強校園兩性教育、認識兩性生理、建立正確的交友與婚姻生活觀。

㈤經濟方面：國高中學生通常不需擔負生計，故此一因素導致自傷者發生較少。如有以此為自傷動機者，輔導教師認為以家庭經濟突陷困境為最優先，其次為父母嚴格控制零用錢與案主奢靡慾望很難滿足，再其次為無法改變或脫離長期貧窮環境，最末為案主借貸無法償還。國內目前經濟問題較趨嚴重，此一動機亦是學校應加強防範的重點。

三、自我傷害表徵、發生與輔導

　　表 6-6 為教師對自我傷害學生最常染患徵候、透露自殺訊息、自我傷害發生方式、地點與發現的意見分析。

㈠染患症候：輔導教師認為，自我傷害學生最常染患的症候以精神疾病為第一優先次序者占 32%，經加權處理後居領先；其次為抽菸行為與生理疾病，兩者加權總分相當接近；而濫用藥物與酗酒習慣均較少。此與吳小琴等（1997）調查的自殺案例中，酗酒習慣最多，其次才為精神疾病、藥物濫用習慣、生理疾病的排列次序有些不同，除可能與調查對象的年齡層與當下青少年的次文化有所差異外，也反映出肅清煙毒條例有關不販賣菸酒給十八歲以下青少年的執行不夠徹底。未來學校似應加強目前推動的春暉輔導工作，肅清藥物、煙毒、酒精與檳榔的危害，給青少年身心健康的環境。

表 6-6　教師對學生自我傷害表徵、發生與輔導的意見分析（複選題）

項目	形成原因	優　先　次　序					加權	排序
		1 n(%)	2 n(%)	3 n(%)	4 n(%)	5 n(%)		
染患症候	精神疾病	61(32.1)	18(9.5)	6(3.2)	2(1.1)	2(1.1)	401	1
	生理疾病	11(5.8)	33(17.4)	14(7.4)	4(2.1)	1(0.5)	238	3
	濫用藥物	4(2.1)	6(3.2)	13(6.8)	4(2.1)	5(2.6)	96	4
	酗酒習慣	2(1.1)	4(2.1)	4(2.1)	8(4.2)	4(2.1)	58	5
	抽菸行為	45(23.7)	8(4.2)	4(2.1)	3(1.6)	6(3.2)	281	2
自殺訊息	自殺意圖	98(51.6)	5(2.6)	10(5.3)	1(0.5)	0(0)	542	2
	處理私務	19(10.0)	4(2.1)	1(0.5)	1(0.5)	2(1.1)	118	7
	社會退縮	76(40.0)	7(3.7)	11(5.8)	0(0)	1(0.5)	442	3
	明顯抑鬱	101(53.2)	12(6.3)	2(1.1)	3(1.6)	0(0)	565	1
	人格改變	31(16.3)	3(1.6)	3(1.6)	4(2.1)	2(1.1)	186	4
	自殺計畫	26(13.7)	2(1.1)	1(0.5)	2(1.1)	4(2.1)	149	5
	留有遺書	20(10.5)	3(1.6)	1(0.5)	2(1.1)	0(0)	119	6
自傷方式	跳　　樓	16(8.4)	19(10.0)	16(8.4)	5(2.6)	1(0.5)	215	3
	服　　藥	18(9.5)	40(21.1)	10(5.3)	0(0)	0(0)	280	2
	割　　腕	128(67.4)	16(8.4)	2(1.1)	2(1.1)	0(0)	714	1
	上　　吊	2(1.1)	2(1.1)	5(2.6)	7(3.7)	5(2.6)	52	5
	喝強酸鹼	2(1.1)	3(1.6)	6(3.2)	5(2.6)	6(3.2)	56	4
	刺　　腹	2(1.1)	1(0.5)	0(0)	0(0)	2(1.1)	16	6
自傷地點	家　　庭	121(63.7)	32(16.8)	5(2.6)	0(0)		590	1
	學　　校	44(23.2)	74(38.9)	8(4.2)	6(3.2)		420	2
	戶外場所	7(3.7)	14(7.4)	28(14.7)	10(5.3)		136	3
	室內場所	5(2.6)	12(6.3)	13(6.8)	12(6.3)		94	4
自傷發現	家人發現	60(31.6)	18(9.5)	26(13.7)	7(3.7)	2(1.1)	466	2
	老師發現	22(11.6)	47(24.7)	37(19.5)	5(2.6)	4(2.1)	423	3
	同儕發現	67(35.3)	42(22.1)	19(10.0)	1(0.5)	1(0..5)	563	1
	聯絡他人	16(8.4)	19(10.0)	12(6.3)	17(8.9)	1(0.5)	227	4
	聯生命線	3(1.6)	3(1.6)	4(2.1)	5(2.6)	16(8.4)	65	5

加權＝1*5+2*4+3*3+4*2+5*1

n＝教師選定各項目形成原因的總數

附註：各項目形成原因的其他欄，因加權不計分，不予列入。

㈡透露自殺訊息：有各約一半的輔導教師選擇有明顯抑鬱（53%）與
透露自殺意圖（52%）為第一優先次序，經加權後分數相當接近。
其次依序為社會退縮行為，至於選擇人格突然有大的改變、自殺
計畫、留有遺書、預先處理私人事務等的明顯較少，但大致相當。
此一看法與吳英璋、許文耀、金樹人等（1994）、Guetzloe
（1989）、Hicks（1991）、Kalafat（1990）、Schnaidman
（1985）等提出之學生自我傷害的訊號表徵符合。此外，有五位
輔導教師提出情緒失控與不穩定，也是透露自殺訊息的重要線索，
因此如根據流露的線索，採取事前防範措施，可能可以避免遺憾
發生。

㈢自我傷害發生方式：約有70%（128人）的輔導教師選擇割腕為學
生最常用之自我傷害方式，加權後明顯高於其他選項；其次為服
藥與跳樓，選第一順位約各一成；再其次為喝強酸鹼、上吊與刺
腹，均相當少見。孫敏華（1997）發現自殺方式與就地取材及自
殺意念強弱有關，而採割腕能得逞者較少，故本研究之發現至少
顯示生命教育實施有極強之著力點與潛在之成效性。此外有四位
輔導教師提出撞頭、一位輔導教師提到開瓦斯，亦是青少年用來
自我傷害的方式。

㈣自我傷害發生地點：有64%（121人）的輔導教師選擇家庭為第一
優先地點，加權後亦明顯居先；其次選學校為第一順位者有23%，
加權後亦高於剩餘之選項；可見學生自我傷害發生地點以在家庭
與學校居多。選擇戶外公共場所與室內公共場所者各不到5%，而
各有一位輔導教師在其他地點中提到在旅館與偏僻處。

㈤自我傷害獲救方式：選填同儕發現為最優之次序之教師占35%（67

人），經加權後居領先；其次為家人發現與老師發現，兩者加權總分相當接近；再其次為案主自行聯絡他人；最少為案主自行聯絡一一九或生命線。由於青少年的人際關係以同儕取向，同儕常是最先發現問題的人，也顯示普遍實施生命教育的重要性。再以學校同儕與老師發現的加權總分合計，則約為家人發現總分的兩倍，然由上述發生地點的意見分析中卻顯示家庭才為主要地點，顯示有部分家庭可能因為家長工作忙碌或親子關係生疏，而未能及時發覺與預防孩子的自傷行為，未來似乎亦應加強家長對生命教育的正確看法與輔導。此外求救資源或專線的使用率偏低，固然涉及案主的意願，但未來需要加強推廣與宣傳仍是促進使用率的不二法門，否則徒然失去設置之功能，浪費有限之資源。

四、對實施生命教育的看法

教師對獲救的自我傷害學生再自殺的可能性、輔導的程度、介入的階段、轉移自傷行為的方式、扭曲死亡的概念及預防發生的策略等意見之分析（詳見表 6-7 至表 6-9）。

從下表可看出，在經過協助及關懷後學生再自殺的可能性上，約82%（156人）的輔導教師認為會降低，有3%（6人）表示不會發生，相當地肯定輔導的成效。在對自我傷害學生輔導的複選項上（詳見表 6-8），有 76%（145 人）的輔導教師認為，最重要為須強調事件的時效性與環境的可改變性；有 75%（144 人）的輔導教師認為是與學生討論他的自殺想法，兩者加權總分也相當接近；約 60%（113 人）的老師則認為應避免個案獨處的時間；而有 55%（105 人）則表示須協助學生釐清死亡

資優青少年自我傷害防治課程與教學
—以生命教育為取向

表 6-7　經教師協助及關懷後自我傷害學生再自殺的可能性（單選題）

項目	可能性〈人 數／%〉						x^2
	一樣會	不會	應該降低	不知道	其他	合計	
再自殺	12(6.3)	6(3.2)	156(82.1)	8(4.2)	3(1.6)	190(100)	587.28**

** p<.01

表 6-8　教師對自我傷害學生輔導的程度（複選題）

輔導程度	填答次數／%		排序
	同意	加權總計	
討論想法	144（75.8）	144	2
避免獨處	113（59.5）	113	3
保證解決	31（16.3）	31	5
可改變性	145（76.3）	145	1
釐清死亡	105（55.3）	105	4
其他	14（7.4）	14	6

加權總計=同意*1+未填*0

現象。在其他選項上，有兩位輔導教師認為須與學生討論各種問題解決模式，讓其明白問題總是可以解決的；另外一位輔導教師提到與其在討論自殺想法時，應涵蓋自殺會產生的後果。

　　由表 6-9 可看出，教師們認為對自我傷害學生實施生命教育教學最適當的介入階段，經加權後，以國中最適當，選擇小學的比率亦相當高，尤其在第一優先次序上比國中高出一倍，其次為高中、大學與大學畢業後。Davis 與 Sandoval（1991）即曾提出青少年許多時間在學校度過，故大部分的預防課程需以學校為據點。因此，針對自我傷害發生率較高的青少年實施生命教育，安排在國小與國高中階段較適合。

　　有關轉移自傷行為的方式，輔導教師認為建立支持網絡，營造接納

表 6-9　教師對實施生命教育的看法（複選題）

項目	形成原因	優 先 次 序					加權	排序
		1 n(%)	2 n(%)	3 n(%)	4 n(%)	5 n(%)		
介入階段	小　　學	117(61.)	12(6.3)	19(10.0)	4(2.1)	6(3.2)	704	2
	國　　中	57(30)	115(61)	1(0.5)	1(0.5)	0(0)	750	1
	高　　中	10(5.3)	41(21.6)	119(63)	0(0)	0(0)	571	3
	大　　學	1(0.5)	2(1.1)	21(11.1)	98(51.6)	1(0.5)	273	4
	大 學 後	0(0)	0(0)	2(1.1)	7(3.7)	86(45.3)	106	5
轉移方式	工作投入	8(4.2)	34(17.9)	39(20.5)	24(12.6)	23(12.1)	492	3
	參加活動	16(8.4)	68(35.80)	32(16.8)	16(8.4)	12(6.3)	636	2
	參觀機構	6(3.2)	32(16.8)	26(13.7)	28(14.7)	25(13.2)	435	5
	支持接納	146(76.8)	10(5.3)	11(5.8)	2(1.1)	2(1.1)	980	1
	觀賞作品	5(2.6)	21(11.1)	39(20.5)	31(16.3)	29(15.3)	443	4
扭曲概念	死亡念頭	33(17.4)	37(19.5)	28(14.7)	11(5.8)	2(1.1)	532	2
	死能復生	2(1.1)	4(2.1)	5(2.6)	14(7.4)	23(12.1)	141	5
	解決問題	121(63.7)	37(19.5)	9(4.7)	1(0.5)	1(0.5)	952	1
	極樂世界	2(1.1)	19(10)	25(13.2)	16(8.4)	6(3.2)	267	4
	以死明志	13(6.8)	55(28.9)	30(15.8)	5(2.6)	4(2.1)	496	3
預防自傷	生命概念	68(35.8)	23(12.1)	29(15.3)	31(16.3)	15(7.9)	762	2
	生活適應	41(21.6)	61(32.1)	39(20.5)	24(12.6)	5(2.6)	789	1
	生活不利	13(6.8)	15(7.9)	21(11.1)	16(8.4)	61(32.1)	408	5
	社會支持	37(19.5)	30(15.8)	38(20)	44(23.2)	12(6.3)	680	4
	解決策略	25(13.2)	54(28.4)	48(25.3)	17(8.9)	16(8.4)	695	3

加權總分=1*5+2*4+3*3+4*2+5*1
n=教師選定各項目形成原因的總數
附註：各項目形成原因的其他欄，因加權不計分，不予列入。

氣氛為最優先有 77%（146 人），經加權後明顯高於其他選項。其次依序為參加學校社團活動、對學業或工作的投入、閱讀或觀賞生命之美作品與參觀重度傷殘機構。此外有兩位輔導教師提出運用心理輔導及諮商方法，改變其想法。此與黃正鵠、楊瑞珠（1998）的發現類似。

　　輔導教師認為學生常扭曲之死亡概念，以死亡能解決問題為第一優

先次序者有 64%（121 人），經加權後亦明顯高於其他選項。其次為常
存死亡念頭，再其次為以死明志，選擇以死通往極樂世界與選擇死能復
生（可逆性）者較少。其他填答中，有兩位老師提出學生以死亡懲戒或
報復他人，另兩位老師表示學生認為死亡可逃脫現況，避免痛苦。此一
結果與相關文獻（Peck, Farberow, & Litman, 1985; Pfeffer, 1986；吳英璋、
許文耀、金樹人等，1994）的看法頗為一致。

　　輔導教師認為預防自傷行為發生的策略上，以協助生活狀況適應與
建立正向生命概念為最重要，再其次為發展解決問題策略與提供社會支
持系統，最少為減少生活不利事件。而與吳英璋、許文耀（1992）指出
防治自我傷害應先了解學生的生活變動，協助發展解決問題的策略，尋
求社會資源及幫助對生活壓力事件的成功因應等策略頗為一致。

五、推行生命教育活動內容

　　教師對推行生命教育活動內容的意見分析見表 6-10。在培養生命價
值觀方面，有 54%（103 人）的輔導教師選擇鼓勵自我成長，追尋生命
目的為第一優先次序，加權總分居領先；其次為建立人際關係，挖掘快
樂泉源（在第二優先次序有 46%，第一優先次序有 31%）；再其次為體
認一己生命，對家庭社會奉獻與訪問各行人士，了解生活目標；較少為
效法中外聖賢，達成自我實現。黃正鵠、楊瑞珠（1998）認為協助青少
年建立正確的生命價值觀，可減少青少年自殺事件的發生。其他選項中，
有位輔導教師填答體驗尊重生命的重要，另位輔導教師提議從宗教理念
培養生命價值觀，均是未來編製生命教育課程的參考。

　　在充實心理與社會層面上，有 24%（46 人）的輔導教師選填培養群
我關係，促進生命圓融發展為最優先次序，第二優先次序有 30%（57

表 6-10　教師對推行生命教育活動內容的意見分析（複選題）

項目	形成原因	優 先 次 序					加權	排序
		1 n(%)	2 n(%)	3 n(%)	4 n(%)	5 n(%)		
生命價值觀	訪問人士	7(3.7)	11(5.8)	38(20)	55(28.9)	11(5.8)	436	4
	效法聖賢	1(0.5)	3(1.6)	8(4.2)	14(7.4)	68(35.8)	232	5
	自我成長	103(54.2)	58(30.5)	17(8.9)	1(0.5)	.0(0)	979	1
	體認生命	14(7.4)	21(11.1)	70(36.8)	27(14.2)	7(3.2)	564	3
	人際關係	58(30.5)	88(46.3)	24(12.6)	6(3.2)	3(1.6)	908	2
心理與社會	感受生命	49(25.8)	25(13.2)	22(11.6)	27(14.2)	19(10)	628	4
	培養ＥＱ	41(23.6)	30(15.8)	30(15.8)	26(13.7)	18(9.5)	631	3
	良心自省	9(4.7)	25(13.2)	28(14.7)	29(15.3)	32(16.8)	443	5
	群我關係	46(24.2)	57(30)	29(15.3)	14(7.4)	15(7.9)	749	1
	生命意義	29(15.3)	38(20)	51(26.8)	16(8.4)	19(10)	655	2
生存與哲學	生命喜悅	55(28.9)	52(27.4)	27(14.2)	20(10.5)	4(2.1)	608	2
	欣賞自我	74(38.9)	52(27.4)	26(13.7)	11(5.8)	11(5.8)	689	1
	人生無常	21(11.1)	36(18.9)	39(20.5)	38(20)	10(5.3)	452	4
	人生信仰	27(14.2)	33(17.4)	62(32.6)	29(15.3)	5(2.6)	516	3
	人 生 觀	7(3.7)	6(3.2)	11(5.8)	15(7.9)	71(37.4)	193	5

加權總分=1*5+2*4+3*3+4*2+5*1
n=教師選定各項目形成原因的總數
附註：各項目形成原因的其他欄，因加權不計分，不予列入。

人），經加權居先；其次為體會個人生命對家庭社會意義（第一優先次序有 15%、第二優先次序有 20%）；再其次為建立正確兩性關係，培養高度 EQ 與感受生老病死、知覺生命可貴的意義，較少為明白良心的特質與自省的方法。上述意見與蔡培村（1995）與張光甫（1995）對生命的心理與社會層面的看法大體類似。

　　至於充實生存與哲學層面上，有 39%（74 人）輔導教師選擇接納欣賞自我並能保護生活環境為最優先次序，其次為領悟生命成長的喜悅，兩者加權總分相差不多。再其次為學會正確思考且能探討人生與信仰的

問題，以及了解人生無常並能面對及預防天災與人禍，較少為建構東西
方學者與宗教的積極人生觀。此與蔡培村（1995）與張光甫（1995）對
生命的生存層面與哲學層次所述之生命教育內涵大體一致，惟未來實施
之優先次序似可參考上述之發現。

　　輔導教師認為提供生命教育教學活動重要內容，詳見表 6-11，本題
為複選題，經加權總計後，依重要次序為生命的價值觀、生命的意義、
生死的面面觀、生命的省思與自白、自殺和自傷行為、生命的心理層次、
生命的審美觀、生命的社會層次、生命的生存層次、死亡發展心理觀、
生命的週期與生命的哲學層次；張淑美（2000）認為從相關研究與文獻
來看，大多數教師皆肯定生命教育或生死教育課程的實施，也極有意願

表 6-11　教師對提供生命教學活動重要內容的看法（複選題）

教學內容	同意次數（人數／%）	加權總計	排序
生命意義	155（81.6）	155	2
生命週期	61（32.1）	61	11
生存層次	85（44.7）	85	9
心理層次	112（58.9）	112	6
社會層次	89（46.8）	89	8
哲學層次	62（32.6）	62	12
審美觀	95（50.0）	95	7
自傷行為	114（60.0）	114	5
死亡心理	71（37.4）	71	10
生死面面觀	122（64.2）	122	3
價值觀	166（87.4）	166	1
省思自白	127（66.8）	127	4
其他	5（2.6）	5	13

總計=同意*1+未填*0

提供學生相關課程。上述這些重要的教學活動內容，似乎可供編製生命
教育課程的參考。

第四節　問卷調查的結論與建議

一、結論

歸納本問卷調查的主要發現如下：

（一）目前台北市學校處理自我傷害個案的教師中，有三分之二具有專
業輔導背景與六年以上的年資，約七成教師在最近三年間有處理
自傷個案經驗，顯見學校日益重視特殊個案，會轉介較經驗老練
或有專業素養的輔導教師處理。此外，輔導教師接案人數的比例
亦有逐年遞增的趨勢，顯示自我傷害防治應積極介入。

（二）學生自我傷害發生率，以年級而言，國中最多在二、三年級，高
中則幾乎無差異；以社經水準觀之，中社經最高，其次為低社經、
高社經者；以智力觀之，普通智力者最高，其次屬高智商之資賦
優異者，最少為智能低下者。

（三）學生自我傷害的動機以家庭問題與感情問題為主，其次為人格問
題，再次為學業問題，經濟問題占最少。其中，國中以家庭問題
為主，感情問題次之；而高中則以感情問題為主，家庭問題居次。
在家庭因素方面，輔導教師認為最可能形成原因為父母管教態度
與親子溝通；在感情因素方面，以男女與同性交友為主；在人格
因素方面，性格退縮內向，無法抒發內在抑鬱占首位，其次為規

避現實藉自傷引起關懷、喜怒哀樂不定無法控制情緒；在學業因
素方面，以自我期許太高占極大優勢，其次為學業低成就、同儕
競爭激烈及師生溝通不良；在經濟因素方面，以家庭經濟突陷困
境為最優先，其次為父母嚴格控制零用錢、無法改變或脫離長期
貧窮環境與奢靡慾望無法滿足。

㈣在自我傷害表徵、發生與輔導方面，超過半數的輔導教師認為自
我傷害青少年最常染患症候是精神疾病與抽菸行為；最常透露出
抑鬱、自殺意圖與社會退縮等行為；以就地取材使用的割腕自傷
方式最多；約六成自傷行為發生在家庭，兩成發生在學校，而被
學校同儕及老師發現是家庭親人發現的兩倍，與上述家庭問題是
自傷最主要的成因相呼應。

㈤在實施生命教育看法方面，八成的輔導教師認為自我傷害的學生
經協助及關懷後再自殺的可能性會降低；而輔導時需強調事件的
時效性與環境的可改變性、與學生討論自殺想法、避免學生獨處
並協助其釐清死亡的現象；至於生命教育教學的介入時間，以國
小與國高中等就學階段最合適，且愈早實施愈好；在轉移自傷行
為上，以建立支持網絡、營造接納氣氛與參加學校社團活動為最
主要的方式；學生扭曲的死亡概念常以死亡能解決問題為最主要
者；預防發生所採取的策略上，則以能協助生活狀況適應、建立
正確生命概念、發展解決問題策略及提供社會支持系統為重心。

㈥在推行生命教育活動的意見方面，輔導教師們認為培養生命價值
觀的最好方法為鼓勵自我成長與建立人際關係，其次為體認生命
的意義；在充實心理與社會層面方面，以能培養群我關係、體會
生命的意義、培養高度EQ及感受生老病死等生命的可貴性為主；

至於充實生存與哲學層面，則以接納欣賞自我、體會生命喜悅與建立人生信仰為最重要。

二、本問卷調查的限制

由於自我傷害行為畢竟占人類行為的少數，大量蒐集自我傷害學生的案例誠屬不易，因此徵詢關於處理一般青少年自我傷害的經驗，對於未被發現或未就學的青少年，自然無法涵蓋在內，因此在對全體自我傷害青少年的推論上，有一定的限制。

儘管問卷對象以負責處理自我傷害的輔導教師為主，然因為在專業背景、輔導經驗與工作年資會有個別差異，可能影響本問卷調查的效度。

本問卷的調查對象，限於學生受壓力較大的台北都會區，是否適用於其他不同地理區，仍待後續的探討。

三、建議

綜合本問卷調查的結論，提出下列建議：

(一)受理自我傷害防治教師，除重視處理經驗與專業素養外，應考慮輔導教師的最大負荷，分散個案的壓力，始能對個案做深層及長期輔導，對於未具備專業背景的一般教師，應提供自我傷害防治研習。

(二)輔導教師接案比率有逐年遞增趨勢，反映學生自我傷害人數有日益增多情況，學校應組織危機處理小組，行政單位須建構輔導網絡。

㈢本調查發現自我傷害動機以家庭問題最多，發生地點大半在自宅，但被發現大都在學校，顯示親子關係生疏，應推廣親職教育，加強父母親認識自我傷害防治及有關自殺訊息。

㈣本調查發現自我傷害動機起因於人格問題，以退縮抑鬱及規避現實的情況最多，且最常染患精神疾病，反映出精神科醫師及心理臨床人員介入自我傷害防治的重要性。

㈤教師應指導學生建立客觀合理的期望水準，對低成就學生加強補救教學，並鼓勵團體合作替代同儕競爭；輔導學生建立正確兩性觀念，培養良好人際關係，樹立正確價值觀，追求健康偶像與減少感情問題。

㈥輔導教師在協助自我傷害個案，應尋求支持網絡，營造接納氣氛，避免個案獨處，討論傷害問題核心，強調事件的時效性與環境的可改變性，協助釐清死亡現象，建立正確生命概念。

㈦自我傷害個案經協助後，有八成輔導教師認為再自殺可能性會降低，充分肯定輔導成效，針對自我傷害青少年實施生命教育，以在發生率較高的國高中及小學階段較合適。實施生命教學活動內容，過半數輔導教師強調生命的價值觀、生命的意義、生死的面面觀、生命的省思與自白、自殺與自傷行為、生命的心理層次和生命的審美觀等，可作為編寫生命教育教學活動或課程的參考。

第 7 章

生命教育取向－自我傷害
防治課程實驗教材

第一節　課程編製的理論構設

　　為獲得輔導人員對有自我傷害傾向學生積極介入與輔導處理的重要訊息，作者先採自編之「學生自我傷害防治調查問卷」，徵詢實際負責學校自我傷害防治的輔導教師，調查有關防治學生自我傷害處理與需求的建議（詳見第六章）。以台北市現有九十所公立國高中為問卷對象，請各校轉交輔導教師填寫；有效回收率為 81%，包含四十八所國中、十六所高中、六所高職、三所特殊學校，共有七十三校，總計一百九十位教師（其中國中教師有 136 人，高中職教師有 54 人）。所得資料經百分比、加權分數與等第處理，主要發現為：(1)目前台北市學校處理自我傷害個案的教師中，有三分之二具有專業輔導背景與六年以上的年資，約七成教師在最近三年間有處理自傷個案經驗，顯見學校日益重視特殊個案，會轉介較經驗老練或有專業素養的輔導教師處理；(2)輔導教師接案比率有逐年遞增之趨勢；(3)約八成輔導教師認為自我傷害個案經協助後再自殺可能性會降低，且實施生命教育課程的時機以國小與國高中階段較合適，且愈早實施愈好；(4)輔導教師們認為編製生命教育課程的重點

為鼓勵自我成長與建立人際關係，其次為體認生命的意義；在充實心理與社會層面以能培養群我關係、體會生命的意義，培養高度 EQ 及感受生命的可貴性為主；至於充實生存與哲學層面，則以接納欣賞自我、體會生命喜悅與建立人生信仰為最重要（程國選，2000）。由此可見，經實徵調查結果，大部分學校輔導教師均認為實施生命教育可防治學生自我傷害，並且提出他們的看法與意見，可作為編製生命教育取向－自我傷害防治課程之依據。

孫效智（2000）認為生命教育的理念在於：(1)深化人生觀－體悟人生意義、追求人生理想與勾勒生命願景；(2)內化價值觀－培養道德判斷與多元價值；(3)知情意行整合－將內化的價值理念統整於人格之中並形諸於外；(4)發展多元智能及優勢潛能。因此，如何建立學生正確的價值觀與鼓勵發展多元潛能，以了解生存意義，可說是生命教育的重要課題，亦即吳庶深（2003）所指出應協助學生追求生命的價值與意義，以期達到健康與正向的人生。

Phillps（1980）指出兒童或青少年的自殺，和其存有不正確的死亡觀念有關，Orbach 等人（1983）提出死亡的態度和兒童與青少年的自殺傾向有關（引自張淑美，1997），而透過死亡教育的實施，使兒童與青少年有正確的死亡概念，則有助於自我傷害的預防（張淑美，1997）。此外，研究者整理 Ceperich（1997）、Amish（1991）、Barth（1982）、楊瑞珠（1997）等所提認知上的缺陷與因應策略（coping strategies），他們指出社會技巧的缺乏，在青少年自殺行為中扮演關鍵的角色，這些基本技巧包含解決問題技巧、憤怒和衝動的控制等，藉著教導問題的解決與其他因應策略，可試圖減少這些缺陷。

綜合上述，研究者深入地探討生命意義、死亡態度及因應認知與策略

等三個學習領域的文獻，積極蒐集及整理學者傅偉勳（1993）、孫效智
（2000）、Feifel（1977）、Schneidman（1985）、Ceperich（1997）、
Amish（1991）、曉明女中生命教育中心（1998）、得榮社會福利基金會
生命教育課程研編小組（1998）等編著有關生命尊嚴與生死教育活動的
學習策略，及研究者在研究所期間修習「生死教育專題研究」與「資優
生命教育獨立研究」等課程的學習心得。在指導教授引領之下，編寫及
規劃十個單元的實驗教材，每一單元包括兩節的教學活動及三個至四個
學習活動核心，均編寫為單元教學活動設計，並製作成電腦可操控的
PowerPoint 投影片。整個單元活動設計主要分成活動目標和活動過程兩
部分，活動目標分成認知、技能、情意三大部分，活動過程可分為：(1)
準備活動—課前準備；(2)發展活動—引起動機、團體互動；(3)綜合活動—
歸納結論、學習評鑑。有關自我傷害防治課程的各單元學習活動名稱與
學習活動核心如表 7-1，各單元活動設計、學習活動評鑑表與作業單如本
章第三節，有關實驗課程的教學媒體使用，詳見第八章。

第二節　實驗教材各單元學習活動名稱與學習核心設計

　　生命教育取向－自我傷害防治課程各單元學習活動名稱與學習活動
核心設計，如下表 7-1。

　　自我傷害防治課程的實驗教材經適當地擬定，邀請指導教授和有關
專家指正後，開始進行試教，以初步了解學生對課程的反應和理解程度，
提供修訂與調整實驗教材的參考。教材方案經修訂後，作為實驗組進行
實驗教學的主要學習內容。

表 7-1　防治課程各單元學習活動名稱與學習活動核心設計

領域	活動內涵 學習活動名稱	學習活動核心
生命意義與死亡態度	1. 生命的孕育與價值 　(1)生命的孕育 　(2)生命的價值	1. 認識生命孕育的遺傳與環境，了解生命與死亡定義。體會生命律動，關懷成長、尊重生命、熱愛生命。 2. 體驗生命的孕育，了解生物的生、老、病、死是天然的法則。 3. 認知生命的價值，設計生命價值量表，明瞭做我自己真好，自我是別人無從取代，只要活著就有希望。
	2. 生死的面面觀 　(1)揭開死亡的謎底 　(2)死亡及瀕死態度與調適	1. 了解造成死亡的主要原因，認識死亡面貌的真相。增加對自己或他人面對死亡與瀕死心理反應的認識。 2. 了解「臨終關懷」的涵義，認識造成的失落與引發的哀傷反應。 3. 檢視自己對死亡的情緒與想法製作「臨終六個月前的生命規劃表」，藉認識死亡，彰顯生命意義。
	3. 生命與死亡的尊嚴 　(1)死亡的尊嚴 　(2)生命的省思	1. 認識生命與死亡尊嚴，訂定生涯規劃表，明瞭善生才會樂死的概念。 2. 明瞭死亡的本質，死亡是生命最終的一個過程，接納自己瀕臨死亡與自己死亡後的身心與環境變化。 3. 討論植物人、安樂死、墮胎、自殺、器官捐贈等生死權利議題，引發對自己生命的省思。
	4. 自殺和自傷行為 　(1)自我傷害原因、動機與評價 　(2)自我傷害危機、求助與預防	1. 明瞭青少年對死亡與瀕死態度的迷思，認識自我傷害主要原因、動機因素與在倫理與宗教上的評價。 2. 認識自我傷害的訊號表徵、高危險因素，增進辨識自我傷害訊息真假的技能與對求助行為的認知。 3. 了解輔導自殺行為的成效及如何預防自殺行為，學習痛苦與苦難是生命的一部分，養成快樂人生觀。
因應	5. 正確的思維術 　(1)邏輯思維的原則與應用 　(2)認知缺陷的覺察與矯治	1. 了解正確思考的意義、過程與影響，認識邏輯思考的原則。 2. 分析認知的缺陷—自我中心、減輕責任、往最壞處想、怪罪他人。 3. 避開思考謬誤的陷阱，運用邏輯的推理與求證，避免常犯的錯誤。

（續表）

領域	活動 內涵 學習活動名稱	學習活動核心
認 知 與 策 略	6.情緒的管理 (1)憂鬱的覺察與預防 (2)憤怒的認知與管理	1.了解憂鬱症狀，增進對憂鬱訊號表徵的自我覺察。 2.認識憤怒失控的嚴重性，分析憤怒狀態，增加對憤怒表徵的覺察。 3.使用「自我陳述法」修正與改變產生憂鬱的認知結構。運用憤怒化解技巧，學習控制憤怒的方法。
	7.人際問題的認知 (1)同儕衝突的解決 (2)家人衝突的化解	1.認識青少年的人際問題主要為同儕關係及家人關係。了解同儕衝突常是青少年自殺的重要原因。 2.討論同儕衝突的類型與同儕衝突的典型反應。明瞭家人關係在青少年成長過程提供社會化的功能，家人衝突造成青少年自我傷害的主因。 3.運用社會解決問題方法處理同儕衝突與家人衝突。
	8.問題解決策略 (1)做決定與腦力激盪的技巧 (2)問題解決步驟的應用	1.了解問題解決的主要歷程及其歷程中運用個人做決定與腦力激盪的重要，並發展適時做決定的要件。 2.增進對界定問題與選擇目標的認知，提高解決方案的產生與實施選擇方案的能力。 3.學習決定衡鑑表的運用與熟練應用問題解決步驟。
	9.壓力管理策略 (1)生活壓力與因應策略 (2)社會支持與壓力紓解	1.認識什麼是生活壓力，及其對健康造成的影響，與熟悉如何因應壓力及採行有效的因應策略。 2.認識社會支持的意義、功能與抗壓，並了解紓解壓力的意義與方法。 3.避免使用抽菸、喝酒或藥物來紓解壓力的習慣，練習漸進式放鬆術，學習紓解壓力簡易方法，培養良好的休閒活動。
統 整 應 用	10.生命的蛻變與挑戰 (1)生命的蛻變 (2)生命的挑戰	1.模擬各種問題情境，統整生命與死亡的認知及因應技巧，尋求解決策略。 2.養成邏輯思考，正確評估各種可行方案，以紓解壓力，提升自我尊重的態度。 3.教戰實例的應用，實務與理論的結合，運用社會問題解決技巧，妥善管理情緒、壓力與解決人際問題。 4.學生根據內心的剖析，練習寫封「臨終前對上帝的告白」。

第三節　自我傷害防治課程單元活動設計、學習評鑑表與作業單

單元一：生命的孕育與價值

單元名稱	生命的孕育與價值		教學資源			
教材研究						
教學方法			設 計 者		時　間	

單　元　目　標	具　體　目　標
一、認知方面： 　1.認識生命孕育的因素與條件。 　2.明瞭生命的醫學意義。 　3.了解生命的法律與心理意義。 　4.認知人的生命價值。 　5.了解做我自己真好。 二、技能方面： 　6.體驗生命的孕育。 　7.設計生命價值量表。 三、情意方面 　8.珍惜自己的生命 　9.樹立活著就有希望的堅韌求生力。	1-1 能説出生命的起源。 1-2 能列舉組成生命的遺傳與環境。 2-1 能説明醫學上對生命與死亡的定義。 2-2 解釋肉體（生理）扮演生命的重要角色。 3-1 討論法律對「生命」與「死亡」的界定。 3-2 討論精神（心靈）層面賦予生命的意義。 4-1 能説出人的生命價值。 4-2 能發表一己生命對於家族綿延的奉獻與責任 4-3 能説出個體生命對於社會群體的價值與關係。 5-1 能舉出自己的最大長處及別人無可取代的地方。 6-1 能以分組接力，把約重十公斤背包或書包反背在胸前，體驗母親懷胎孕育新生命的辛苦。 7-1 能列出十五項生命中最有價值的事。 7-2 能判斷價值高低，評定各項目的分數，定出生命價值量表。 8-1 從艱苦生命孕育過程的體驗中，養成愛惜自己生命情操，善用寶貴的生命，尋找人生的意義。 9-1 培養堅強的生命力，能存活下來，有美麗的人生，才能追求人生的價值。

時間分配	節次	月	日	活　　動　　重　　點
	1			生命的孕育
	2			生命的價值

活動目標	活　動　過　程	時間	學習評鑑 4	3	2	1
	第一節　活　動					
	㈠準備活動					
	1.師生蒐集醫學、心理、社會及法律等對於「生命」與「死亡」的定義。					
	2.學生進行分組，選出組長、紀錄及分配成員的工作任務。					
	㈡發展活動					
	1.引起動機					
	「從精細胞與卵細胞兩個小細胞的結合，到一個會哭、會笑、能動、能爬的小嬰兒，如此的令人感到驚奇與奧秘！在成長的過程，我們能感受到無限的希望與生命的喜悅，首先我們來了解命起源、意義，能體會母親孕育的艱苦，台灣俗話說：『生得過，雞酒香；生不過，四塊板（指棺材）』，懷孕的辛苦常不是外人所能想像，除了要克服身體不適，如噁心嘔吐、腹腔壓迫、昏眩貧血，還要面對生命危險，如妊娠毒血、體內血崩、心臟衰竭，更不用提如撕裂身體般的陣痛了！想到這些，我們是不是更要向自己的母親致敬，好好地珍惜自己的寶貴生命呢？」					
1-1	2.教師提示生命的起源，大自然的演化，如何從無生物到有生物的形成。					
1-2	3.觀賞錄影帶短片，了解遺傳與環境對生命構成的重要影響。					
2-1	4.分組討論					
2-2	⑴討論醫學上對「生命」與「死亡」的定義。					
	⑵發表肉體（生理）扮演生命的重要角色。					
	⑶討論法律對「生命」與「死亡」的界定。					
	⑷探討精神（心靈）層面賦予生命的意義					
3-1	5.教師綜合以上各組討論，說明從醫學、生理、心理、社會與法律等的觀點對於「生命」與「死亡」的看法。					
3-2						
6-1	6.學生分組接力，把約重十公斤背包或書包反背在胸前，體驗母親懷胎孕育新生命的辛苦。					
	㈢綜合活動					
	1.教師對生命意義的各種說法作一個總結，並引申從艱苦生命孕育過程的體驗中，養成愛惜自己生命情操，善用寶貴的生命，尋找人生的意義。					
	2.指定作業					
	寫「感人的生命故事」三百字短文一篇。					

活動目標	活　動　過　程	時間	學習評鑑			
			4	3	2	1
	第二節　活　動					
	(一)準備活動					
	1.製作「生命價值量表」學生作業單。					
	2.製作「活著就有希望」及「做自己真好」學生作業單。					
	(二)發展活動					
5-1	1.引起動機					
	「熱門電影，超人一片的前男主角克里斯李維在幾年前，因騎馬摔倒受重傷，使得頸部以下成為殘廢，當他知道自己鐵定成為廢人，又不願意親人為他而痛苦一生，實在沒有勇氣活下去。他想要自殺，向家人說，或許應該讓我走吧！最後李維的妻子黛娜給他求生的信心，黛娜深情地向他說，無論未來如何，我都會永遠愛你、支持你，站在你身邊。經過那次瀕臨死亡的經驗，李維開始熱心從事公益活動，也不畏艱苦地接受復健工作，幫助無數瀕臨死亡的人，他也體會到活著就有希望，才能實現真正生命的價值，如今李維因心臟病過世，留給世人很多懷念。從這則實例中，我們是否能領會到為什麼活著就有希望？為什麼要追求人生價值？你的人生價值是什麼？假若你都不能活著，豈不空談追求人生的價值。」（取自《生命教育教師手冊》，1998）					
4-1	2.教師說明人的生命價值，可能是自我評價較負面與低自尊的利己行為，也可能是自我評價較正面與高自尊的利他行為，如賺錢、喜歡的工作、健康與助人。					
4-2	3.教師說明一己生命對於家族綿延的奉獻與責任。					
4-3	4.教師述說個體生命對於社會群體的價值與關係。					
5-1	5.教師說明地球上有著數億的人口，但從未有兩個完全一樣的人，沒有人能否認別人的生存價值，也沒有人能取代別人，在多元智能時代，每個人不一定功課好才是優點，我們有很多別人不一定看得到的優點，不需要羨慕別人，做我自己最好。					
7-1	6.學生設計「生命價值量表」，能列出十五項生命中最有價值的事。					
7-2	7.學生依判斷價值高低，評定各項目的分數，最高給6分，最低給1分，訂出生命價值量表。					
	(三)綜合活動					
9-1	1.教師對生命的價值作總結，並發表同學「感人的生命故事」的作業，印證培養堅強的生命力，能存活下來，有美麗的人生，才能追求人生的價值。					

活動目標	活　　動　　過　　程	時間	學習評鑑			
			4	3	2	1
	2. 指定作業 　尋找「活著就有希望」及「做自己真好」的例子各兩則。					

生命教育課程學生自我評鑑表（單元一）

單　元　名　稱	生命的孕育與價值			
學　生　姓　名				
評鑑符合程度 差　　　　好 1　2　3　4	評　　鑑　　項　　目			
☐　☐　☐　☐	1.我可以認識生命孕育的因素與條件。			
☐　☐　☐　☐	2.我可以明瞭生命的醫學意義。			
☐　☐　☐　☐	3.我能夠了解生命的法律與心理意義。			
☐　☐　☐　☐	4.我能夠認知人的生命價值。			
☐　☐　☐　☐	5.我可以了解做我自己真好。			
☐　☐　☐　☐	6.我願意體驗生命的孕育。			
☐　☐　☐　☐	7.我會設計生命價值量表。			
☐　☐　☐　☐	8.我能夠珍惜自己的生命。			
☐　☐　☐　☐	9.我認為活著就有希望。			
☐　☐　☐　☐	10.我能認真閱讀參考教材，不懂時能向老師發問。			
☐　☐　☐　☐	11.我能夠完成本單元的作業。			
☐　☐　☐　☐	12.我認為老師設計的教學活動能夠幫助我認識本單元的主題。			

生命價值量表（單元一）

【填寫說明】請你列出十五項生命中最有價值的事，如健康、誠實、榮譽、愛國、愛人、賺錢、交友、助人、學業、一份喜歡的職業、結婚、生兒育女、買別墅、購置豪華座車……等等，填妥後並請你判斷價值高低，評定各項目的分數，最高給 6 分，最低給 1 分，訂出生命價值量表。

生　命　的　價　值	評定價值高低 差 1　好 2　3　4　5　6					
1	☐	☐	☐	☐	☐	☐
2	☐	☐	☐	☐	☐	☐
3	☐	☐	☐	☐	☐	☐
4	☐	☐	☐	☐	☐	☐
5	☐	☐	☐	☐	☐	☐
6	☐	☐	☐	☐	☐	☐
7	☐	☐	☐	☐	☐	☐
8	☐	☐	☐	☐	☐	☐
9	☐	☐	☐	☐	☐	☐
10	☐	☐	☐	☐	☐	☐
11	☐	☐	☐	☐	☐	☐
12	☐	☐	☐	☐	☐	☐
13	☐	☐	☐	☐	☐	☐
14	☐	☐	☐	☐	☐	☐
15	☐	☐	☐	☐	☐	☐

總分：_____

學生作業單（單元一）

姓　　名	
主　題　一	敘述「感人的生命故事」一則（三百字內短文）。
內　　容	
主　題　二	尋找「活著就有希望」及「做自己真好」的例子各兩則。
內　　容	

單元二：生死的面面觀

單元名稱	生死的面面觀		教學資源		
教材研究					
教學方法			設 計 者	時　　　間	

單　元　目　標	具　體　目　標
一、認知方面 　1.增進對死亡及瀕死各種定義的了解。 　2.了解造成死亡的主要原因。 　3.認識死亡面貌的真相。 　4.認知印象最深的「死亡經驗」和當時反應。 　5.增加對自己或他人面對死亡與瀕死心理反應的認識。 　6.了解「臨終關懷」的本質與涵義。 　7.認識造成的失落與引發的哀傷反應。 二、技能方面 　8.檢視自己對死亡的情緒與想法。 　9.製作「臨終六個月前的生命規劃表」。 三、情意方面 　10.破除死亡的禁忌，培養健康正確的死亡態度。 　11.學習如何撫平失落與哀傷的情緒。	1-1 能說出死亡及瀕死是什麼。 1-2 能舉出死亡在醫學、法律、宗教、哲學與心理學的定義。 1-3 能舉出瀕死的定義。 2-1 能說出造成死亡的主要原因－自然、疾病、意外、自殺與流產等。 3-1 能說出人的死亡概念之發展。 3-2 能歸納不同宗教背景的死亡態度。 3-3 能舉出喪葬儀式的主要功能。 4-1 能分享與討論印象深刻的「死亡經驗」和當時反應。 5-1 能舉出臨終死亡的心理反應與調適的重要性。 5-2 能說出臨終死亡的心理反應－ Rose, E. K.的五階段說：否認或拒絕、憤怒、討價還價、沮喪和接受。 6-1 能說出臨終關懷的創設、組織發展、意義和目的。 7-1 能表達原先依附的對象，因不可抗拒的力量剝奪，造成失落哀傷的痛苦經驗。 8-1 能畫出及分享自己所認為死亡的圖像，並以比喻方式寫出死亡像……。 9-1 能製作及分享生命規劃表。 10-1 消除談論死亡禁忌，減低對死亡產生神秘與恐懼，養成健全的死亡態度。 11-1 能舉出哀傷反應的過程。 11-2 學習調整哀傷反應情緒，度過哀傷過程，走出死亡陰霾，重組情緒，更能珍惜生命。

時間分配	節次	月	日	活　動　重　點
	1			揭開死亡的謎底
	2			死亡及瀕死態度與調適

活動目標	活　　動　　過　　程	時間	學習評鑑			
			4	3	2	1
	第一節　活　動					
	(一)準備活動					
	1.師生蒐集死亡及瀕死各種定義、原因、真相、不同宗教的死亡態度、死亡忌諱及喪禮等相關資料。					
	2.準備「死亡面貌」錄影帶、畫出死亡圖像的紙張顏料或色筆。					
	3.學生進行分組，選出組長、紀錄及分配成員的工作任務。					
	(二)發展活動					
	1.引起動機					
	「國外的研究指出，約有 **44%** 的兒童從來沒有人告訴他們死亡是什麼？在小學只有 **1%** 不到的老師曾在課堂中討論死亡主題，父母很少或根本不談死亡的事（Wass,1991）。反觀國內是否也有相同的現象？我們常透過電影電視、報章雜誌誇大不實的報導，扭曲死亡認知，影響死亡態度，造成害怕、恐怖、疑惑、神秘的負面情緒。也有研究證實青少年的自殺傾向與不正確的死亡態度有關。而從死論生，只有死亡才會令人思索時間有限，珍惜自己生命。」					
	2.教師簡介「死亡面貌」影片，要求學生深入探索死亡的問題。					
	3.觀看「死亡面貌」影片。					
1-1	4.針對影片情節，學生發表對下列問題看法：					
	⑴人為什麼會死亡？					
	⑵臨終是什麼？					
	⑶死亡是什麼？					
	⑷人會不會怕死？為什麼怕死？					
1-2	5.教師從幾個層面說明死亡定義：					
	⑴醫學與法律的界定。					
	⑵宗教與哲學的看法。					
	⑶心理學的定義。					
1-3	6.教師解說瀕死的定義。					
2-1	7.教師簡述造成死亡的主要原因－自然、疾病、意外、自殺與流產等。					
3-1	8.教師說明人對於死亡概念的發展。					
3-2	9.師生比較不同宗教－佛教、道教、基督教、儒教的死亡態度。					
3-3	10.教師解說喪葬儀式的主要功能。					
8-1	11.學生畫出自己所認為的死亡，並以比喻方式，寫出「死亡像……」。					

活動 目標	活　　動　　過　　程	時 間	學習評鑑			
			4	3	2	1
	12.學生共同分享所畫死亡的涵義與自己對死亡的感受。					
10-1	(三)綜合活動					
	1.教師對揭開死亡的謎底作一個總結，並說明如何破除死亡的禁 忌，減低對死亡產生神秘與恐懼，培養健康正確的死亡態度。					
	2.指定作業 蒐集描述死亡的音樂、繪畫或文學作品一則，並寫出自己的感 觸。					
	第二節　活　動					
	(一)準備活動					
	1.製作 Rose, E. K.臨終心理反應的五階段：否認或拒絕、憤怒、 討價還價、沮喪和接受。					
	2.製作「生命規劃表」的範例。					
	(二)發展活動					
	1.引起動機					
	「老師在七歲的時候，經歷過喪親之痛，慈祥的父親因患肝硬 化，病情不樂觀，當時的我心情非常苦悶，不願相信這個事實， 憤怒的認為不公平，祈求上蒼，不惜任何代價，要換回他的生 命，但他還是去世了！哪位同學能說說寵物死亡的體驗，或類 似親友過世的經驗？」					
4-1	2.師生分享與討論：					
	(1)面對所認識的人或所愛的人死亡，會有什麼情緒反應？應如 何調適。					
	(2)當我知道我的親友快死了，應如何告知他和寬慰他？					
	(3)假若有一天我快要死了，我與我的親友應如何來面對？					
5-1	3.學生能舉出臨終死亡的心理反應與調適的重要性。					
5-2	4.教師說明 Rose, E. K.臨終死亡心理反應的五階段說：否認或拒 絕、憤怒、討價還價、沮喪和接受。					
6-1	5.教師敘述趙可式博士所說「臨終病人是生命的導師」，能協助 所愛的人走完人生旅程，可避免抱憾終身。簡介英國桑德絲 （Saunders, D. C.）醫生創辦全世界第一座安寧醫院，並說明 其組織發展、意義和目的與衛生署所完成「緩和醫療條例」的 立法。					

活動 目標	活　動　過　程	時間	學習評鑑			
			4	3	2	1
7-1	6. 教師說明原先依附的對象，無論抽象的（如與重要他人關係）、具體的（如心愛物品），或有形的（如配偶）、無形的（如青春）為不可抗拒的力量剝奪，都是一種失落，且因失落造成哀傷痛苦的經驗。					
9-1	7. 學生製作生命只剩六個月時間的「生命規劃表」，包含： ⑴我最想完成的事？ ⑵我最想去的地方？ ⑶我最想見的人？ ⑷我最想說的話？—對父母、老師、兄弟姊妹與朋友分別來說。 ⑸如果我還有遺憾，最感到遺憾的有哪些？ 8. 學生彼此分享所製作的「臨終六個月前的生命規劃表」。					
	㈢綜合活動					
11-1 11-2	1. 教師說明哀傷反應的過程：⑴逃避：震驚、憤怒與身心解組；⑵對抗：情緒異常、罪惡感、失落與孤單；⑶重新建立：解脫與身心重組（Rando,1984）。對死亡及瀕死態度與調適作一個總結，學習調整哀傷反應情緒，度過哀傷過程，走出死亡陰霾，重組情緒，更能珍惜生命。 2. 指定作業 　寫一封無法寄給逝去親友（或寵物）的信，表達內心的哀傷、懷念與來不及道別的話語和訴說目前的狀況等。					

生命教育課程學生自我評鑑表（單元二）

單　元　名　稱	生死的面面觀
學　生　姓　名	

評鑑符合程度 差　　　　好 1　2　3　4	評　鑑　項　目
☐ ☐ ☐ ☐	1.我可以了解死亡及瀕死的各種定義。
☐ ☐ ☐ ☐	2.我可以了解造成死亡的主要原因。
☐ ☐ ☐ ☐	3.我能認識死亡面貌的真相。
☐ ☐ ☐ ☐	4.我願意談印象最深的「死亡經驗」和當時反應。
☐ ☐ ☐ ☐	5.我能認識自己或他人面對死亡與瀕死的心理反應。
☐ ☐ ☐ ☐	6.我可以了解「臨終關懷」的涵義。
☐ ☐ ☐ ☐	7.我能認識失落與引發的哀傷反應。
☐ ☐ ☐ ☐	8.我會檢視自己對死亡的情緒與想法。
☐ ☐ ☐ ☐	9.我會製作「臨終六個月前的生命規劃表」。
☐ ☐ ☐ ☐	10.我能破除死亡的禁忌，培養健康正確的死亡態度。
☐ ☐ ☐ ☐	11.我能認真閱讀參考教材，不懂時能向老師發問。
☐ ☐ ☐ ☐	12.我能夠完成本單元的作業。
☐ ☐ ☐ ☐	13.我認為老師設計的教學活動能夠幫助我認識本單元的主題。

臨終六個月前的生命規劃表（單元二）

　　【說明】假若生命只剩下半年，我將會如何的做好安排？我是否能鼓起勇氣，做一個臨終六個月前的生命規劃表，讓人生劃下句點：

一、我最想完成的事有哪些？

二、我最想去的地方是哪裡？

三、我最想見的人是哪些？

四、我最想說的話是哪些？
　　我要對父母說：

　　我要對老師說：

　　我要對兄弟姊妹說：

　　我要對朋友說：

五、如果我這一生還有遺憾的話，我的遺憾是哪些？

（修改自劉明松，1997）

學生作業單之一（單元二）

姓　　名	
主　　題	蒐集描述死亡的音樂、繪畫或文學作品一則，並寫出自己的感觸。
內　　容	

資優青少年自我傷害防治課程與教學
—以生命教育為取向

學生作業單之二（單元二）

姓　　名	
主　　題	寫一封無法寄給逝去親友（或寵物）的信，表達內心的哀傷、懷念與來不及道別的話語和訴說目前的狀況等。
內　　容	

單元三：生命與死亡的尊嚴

單元名稱	生命與死亡的尊嚴		教學資源			
教學方法			設 計 者		時　間	
單　元　目　標			**具　體　目　標**			

單　元　目　標	具　體　目　標
一、認知方面 　1. 增進對建立死亡尊嚴、善生才會樂死的認識。 　2. 明瞭及接納死亡的本質。	1-1 能舉出建立死亡尊嚴、善生才會樂死的重要性。 2-1 能討論凡人必然老化及死亡現象。 2-2 能坦然接受死亡─對親友死亡不煩躁與焦慮、不忌諱看到墳墓、辨認屍體與探訪病危朋友。
3. 了解自己瀕臨死亡的身心與環境的變化。	3-1 能接納瀕臨死亡的身心自然衰退─身體疼痛惡化、智能退化、自理能力限制。 3-2 能接受告知瀕臨死亡、親友哀傷、人事新陳代謝、物換星移等環境改變。
4. 認識自己死亡後的身心與環境的改變。	4-1 能接納死亡後身心與環境的變化─無法思考、經歷事件、漸被淡忘、人際關係與生命的結束等。
5. 明瞭生命的旋律，死亡是生命最終的一個過程。 　6. 認識生死權利─植物人與安樂死問題。 　7. 了解生命的剝奪─墮胎問題。 　8. 認知意外事件的發生與預防。 　9. 體認生命大愛─器官捐贈與樂善布施。	5-1 能舉出不同階段的生命圖像─嬰兒、少年、青年、衰老、死亡等。 6-1 能說出生死權利不可剝奪，植物人與安樂死的意義、現況與爭論。 7-1 能舉出墮胎問題的情況與爭議。 8-1 能說出意外事件的發生與預防。 9-1 能舉出器官捐贈與樂善布施的積極奉獻與法定程序。
二、技能方面 　10. 製作一封表達身後願望具有法定要件的遺囑。 　11. 設計一份從現在至成年、壯年、老年的「生涯規劃表」。	10-1 能製作及分享預擬遺囑的積極功能與法定效力的條件。 11-1 能編製依各人未來不同生活年代的「生涯規劃表」。 11-2 能批判與修正「生涯規劃表」。
三、情意方面 　12. 體會死亡是生命的一部分，是成長的最後階段，培養死亡尊嚴的態度。 　13. 明白善終的意義，避免死亡的焦慮與恐懼。	12-1 能接受死亡事實，珍惜當下擁有的人生，養成活得豐盛，死得尊嚴的態度。 13-1 能實踐身體、心理與靈性的平安，驅除死亡的煩躁與恐懼。

時間分配	節次	月	日	活　　動　　重　　點
	1			死亡的尊嚴
	2			生命的省思

活動 目標	活　動　過　程	時間	學習評鑑			
			4	3	2	1
	第一節　活　動					
	(一)準備活動					
	1. 師生蒐集活得豐盛、死得尊嚴、瀕死與死亡的身心及環境改變 　　　等相關資料。					
	2. 準備製作遺囑與墓誌銘的紙張、卡片與顏料或色筆。					
	3. 學生進行分組，選出組長、紀錄及分配成員的工作任務。					
	(二)發展活動					
	1. 引起動機					
	「鄰國日本有民間組織－尊嚴死協會，到公元兩千年，已有九 　　萬會員，提倡維持人性尊嚴死亡的權利，包括在目前無法醫治 　　的病情，可以拒絕接受那種只是將死期延後的維生治療。會員 　　可在表達個人意志的宣示卡簽名，共同認為死亡尊嚴為洋溢著 　　尊嚴而接受死亡的一種方式。」					
1-1	2. 教師鼓勵學生舉出建立死亡尊嚴、善生才會樂死的重要性。					
2-1	3. 教師簡述 Speece 與 Brent（1984）對死亡提出三個重要概念： 　　無法再復活的不可逆性（irreversibility）、一切生命機能均停止 　　的無機能性（unfunctionality）與所有生物都會死亡的普遍性 　　（universality）。凡人生下來，就有生命週期，無法避免老 　　化、生病和死亡。					
2-2	4. 師生討論在無法避免死亡的前提下，能坦然面對死亡，減低死 　　亡的恐懼態度－對親友死亡不會煩躁焦慮、不忌諱看到墳墓、 　　辨認屍體與探訪病危朋友。					
3-1	5. 教師舉例說明人在瀕臨死亡，接納身心的自然衰退－如身體疼 　　痛惡化、智能退化、自理能力限制。					
3-2	6. 教師要學生發表在瀕臨死亡，能接受告知、親友哀傷、人事新 　　陳代謝、物換星移等環境改變。					
4-1	7. 師生討論能接納自己死亡後身心與環境的變化－如無法思考、 　　再經歷事件、漸被淡忘、人際關係終止與生命結束等。					
9-1	8. 能在「活得豐盛，死得尊嚴」的前提下，製作一份希望他人協 　　助達成身後願望的遺囑，包含財產處理、器官捐贈、選擇葬禮、 　　安葬方式等。					
	9. 師生分享及討論有法定效力的遺囑應具備的條件。					
	(三)綜合活動					
	1. 教師對死亡尊嚴作一個總結，並說明如何能接受死亡事實，珍 　　惜當下擁有的人生，養成活得豐盛，死得尊嚴的態度。					

活動 目標	活　　　動　　　過　　　程	時間	學習評鑑			
			4	3	2	1
	2.指定作業 　設計一份墓誌銘－內容有生平簡述、最美回憶、最後話語、遺 　願、簡單形容自己一生等。 **第二節　活　動** ㈠準備活動 　1.蒐集墮胎、植物人、安樂死、意外傷害、器官捐贈與樂善布施 　　等相關資料，準備無聲的吶喊短片。 　2.製作「生涯規劃表」的範例。 ㈡發展活動 　1.引起動機 　　「年僅十歲的抗癌小詩人周大觀，在他的作品《我還有一隻腳》 　　，當中有篇〈活下去〉，這樣寫道：醫師是法官，宣判了無期 　　徒刑（死刑），但我是病人，不是犯人，我要勇敢的走出去。 　　……我要與癌症惡魔爭健康，向上帝要公平，我才只有十歲， 　　我不只有十歲，我還有好多的十歲。」 　　「假如我是周大觀，在得知患了絕症，將如何面對死亡？省思 　　整個生命，我會只有等死嗎？恐懼死亡嗎？還是繼續活得有意 　　義？人的生死權可以剝奪嗎？我們要談墮胎、安樂死與自我傷 　　害。如何預防造成死亡的意外事件？發揚生命大愛，也談談樂 　　善布施與器官捐贈問題。」					
5-1	2.教師簡述不同階段的生命圖像與生活重心－嬰兒長大、少年學 　習、青年結婚、成年工作、老年衰退、最終死亡等生命的旋律， 　而死亡是生命最終的一個過程。 3.教師簡述我國憲法保障人民的生命與財產，生死權利不可剝奪， 　說明植物人高中女生王曉民故事，引發安樂死問題。 4.請學生就安樂死的意義、現況與爭議發表簡要看法，並作修正 　與補充。 5.觀賞「無聲的吶喊」短片。					
7-1	6.就影片內容，學生對下列問題提出看法： 　⑴胎兒是個人嗎？ 　⑵母親有權利決定墮胎嗎？ 　⑶墮胎有什麼害處？ 　⑷男女交往的正確態度。					

活動目標	活　動　過　程	時間	學習評鑑			
			4	3	2	1
8-1	7. 教師簡述「意外傷害」與自我傷害一樣，占青少年死亡的前三位，主要包含車禍、溺斃、中毒等事件（發給意外傷害預防參考資料），能多留意自身安全，可預防問題的發生。					
9-1	8. 發表器官捐贈與樂善布施對社會人群的積極奉獻。					
11-1	9. 學生編製一份從現在至青年、成年、壯年、老年的「生涯規劃表」。					
11-2	10. 學生批判與修正「生涯規劃表」。					
	㈢綜合活動					
	1. 教師對生命的省思作一個總結，並說明能實踐身體、心理與靈性的平安，就能驅除死亡的煩躁與恐懼。					
	2. 指定作業 寫「生命的省思—對墮胎、植物人、安樂死、自我傷害、器官捐贈等生死權利的看法」短文一篇。					

生命教育課程學生自我評鑑表（單元三）

單 元 名 稱	生命與死亡的尊嚴
學 生 姓 名	

評鑑符合程度 差　　　　好 1　2　3　4	評　　鑑　　項　　目
☐　☐　☐　☐	1.我可以了解建立死亡尊嚴、善生才會樂死的意義。
☐　☐　☐　☐	2.我可以明瞭及接納死亡的本質。
☐　☐　☐　☐	3.我可以了解自己瀕臨死亡的身心與環境的變化。
☐　☐　☐　☐	4.我能接納死亡後身心與環境的變化。
☐　☐　☐　☐	5.我可以明瞭生命的旋律，死亡是生命最終的一個過程。
☐　☐　☐　☐	6.我能認識生死權利－植物人與安樂死問題。
☐　☐　☐　☐	7.我可以了解生命的剝奪－墮胎問題。
☐　☐　☐　☐	8.我能認知意外事件的發生與預防。
☐　☐　☐　☐	9.我能體認生命大愛－器官捐贈與樂善布施。
☐　☐　☐　☐	10.我能製作一封表達身後願望具有法定要件的遺囑。
☐　☐　☐　☐	11.我能設計一份從現在至成年、壯年、老年的「生涯規劃表」。
☐　☐　☐　☐	12.我可以明白善終的意義，避免死亡的焦慮與恐懼。
☐　☐　☐　☐	13.我能夠完成本單元的作業。
☐　☐　☐　☐	14.我認為老師設計的教學活動能夠幫助我認識本單元的主題。

生涯規劃表（單元三）

　　【說明】我現在是位高中生，正值進入青年期，面對未來的青年期、成年期、壯年期與老年期，應如何面對與進行規劃，如升學、就業、成家、立業、休閒活動、參加義工、信奉宗教、服務社會……等，請填寫下列表格：

項目 期間	想做到什麼	如何實現想法	備　考
青　年　期			
成　年　期			
壯　年　期			
老　年　期			

預立遺囑無憂無慮（單元三）

　　【說明】謝中文（2002）提起在台灣如果生前要立遺囑是很不尋常的事，然而，在國外通常有立遺囑的習慣，就是把所有財產、保險賠償金、工作、事情、葬禮、器官捐贈、慈善捐獻……等作交代處理，假若萬一有事發生，指定專人處理財產、後事等，也避免突然出現一些親友來爭奪保險賠償金等問題。需要立遺囑人的親筆簽名、有見證人、日期等要件，方具有法定的效力。

學生作業單之一（單元三）

姓　　名	
主　　題	設計一份墓誌銘－內容有生平簡述、最美回憶、最後話語、遺願、簡單形容自己一生等。
內　　容	

學生作業單之二（單元三）

姓　　　名	
主　　　題	寫「生命的省思─對墮胎、植物人、安樂死、自我傷害、器官捐贈等生死權利的看法」短文一篇。
內　　　容	

單元四：自殺和自傷行為

單元名稱	自殺和自傷行為		教學資源			
教學方法			設 計 者		時 間	

單 元 目 標	具 體 目 標
一、認知方面	
1. 明瞭青少年對死亡與瀕死態度的特徵與迷思。	1-1 能討論青少年死亡與瀕死態度的特徵，破除死亡浪漫的迷思。
2. 認識自我傷害主要原因。	2-1 能舉出自我傷害的主要原因在於－不良家人同儕關係、憂鬱、無望、唯一解決方法與逃避問題。
3. 了解自我傷害動機因素。	3-1 能説出以感情與家庭問題為主，其次依序為人格、學業和經濟問題。
4. 認知我國中學生自我傷害相關問題。	4-1 能説出我國中學生自我傷害最常發生訊息、地點與獲救方式。
5. 增加自己對自我傷害在倫理與宗教上評價的認識。	5-1 能舉出自我傷害在倫理與宗教上的負面評價。
6. 認識自我傷害的訊號表徵。	6-1 能説出自我傷害在語言、行為、環境與併發性的訊號表徵。
7. 了解自我傷害的高危險因素。	7-1 能説出自我傷害高危險因素－父母關係、管教方式、人際與情緒問題。
8. 覺察有自我傷害傾向的同儕親友。	8-1 能發現有自我傷害傾向的同儕親友。
9. 增進對自我傷害求助行為的認知。	9-1 能舉出自我傷害危機處理的憤怒與情緒的紓解。
	9-2 能列出求助自我傷害危機處理的重要他人與社會機構支持。
10. 明瞭輔導自殺行為的成效及如何預防自殺行為。	10-1 能説出輔導自殺行為的成效。
	10-2 能舉出預防自殺行為的重點。
二、技能方面	
11. 檢視自己對青少年自殺行為的感觸與想法。	11-1 觀賞「六個女孩與一根繩子」影片。
12. 增進辨識自我傷害訊息真假的能力。	12-1 練習自我傷害訊息真假的測驗。
三、情意方面	
13. 消除青少年死亡的迷思，培養正面健康的死亡態度。	13-1 破除青少年死亡浪漫的迷思，養成健康正向的死亡態度。
14. 學習痛苦與苦難是生命的一部分，應積極的面對，養成快樂人生觀。	14-1 體驗人生常有苦難與不如意，應如何克服，培養快樂進取的人生觀。

時間分配	節次	月	日	活 動 重 點
	1			自我傷害原因、動機與評價
	2			自我傷害危機、求助與預防

活動目標	活　動　過　程	時間	學習評鑑			
			4	3	2	1
	第一節　活　動					
	㈠準備活動					
	1. 師生蒐集青少年對死亡的迷思、自我傷害原因、動機、在倫理與宗教上評價等相關資料。					
	2. 準備「六個女孩與一根繩子」錄影帶、「文藝創作極短篇」－語句完成測驗。					
	3. 學生進行分組,選出組長、紀錄及分配成員的工作任務。					
	㈡發展活動					
	1. 引起動機					
	「有些青少年較少思索死亡的事,加上社會一向視死亡為禁忌,對死亡產生的恐懼與疑問無法得到適當開導;也有部分青少年,或因在現實生活中,個人需求無法得到滿足,或因周遭大人給予過大的壓力,或因過早閱讀各種探索生死的書刊,或因各種媒體渲染的影響,在缺少長者協助,且缺乏對死亡認識,竟以黃金年華,就靜悄悄的,或與同伴相邀,選擇探索死亡之路,不料此一探索之路是無法返回的,結果徒然留下父母親人傷痛與扼腕。(得榮社會福利基金會,1998)」					
1-1	2. 教師解說「青少年常認為生命的長短不似品質重要,誰在乎活得長?只要生得逢時,死得其所就好了(Patterson & McCubbin 1987)。看重的是火堆上鮮亮的火焰,有些抱持浪漫主義的迷思,甘為一種目標冒險,希望擁有最多感官經驗(Stone, 1970),他們在向死神挑戰,如藉著飆車、吸食藥物,已朝向此一目標,他們沒有長壽觀念,生命永遠不能再來一次,造成死亡的遺憾。」					
2-1	3. 師生討論自我傷害的主要原因－不良家人同儕關係、憂鬱、無望、視死亡為唯一解決方法與逃避問題。					
3-1	4. 教師簡述「台北市中等學校教師對學生自我傷害處理與需求之調查研究」(程國選,2000),報告我國高中生在自我傷害的動機,以感情與家庭問題為最多,其次依序為人格、學業和經濟問題。					
4-1	5. 教師說明上述調查,我國中學生顯現的自殺訊息以明顯抑鬱、自殺意圖、社會退縮、人格改變為最多,有自殺計畫。留有遺書較少。自我傷害地點以在家庭,方式以割腕較多,也造成家庭、學校與社會的很多困擾。					

活動目標	活　動　過　程	時間	學習評鑑			
			4	3	2	1
5-1	6.教師簡述自我傷害在倫理與宗教上的負面評價：					
	⑴自殺違反生物保護自我存在的本能。					
	⑵自殺違反尊重生命的行為，否定愛自己。					
	⑶自殺代表絕望，否定生命的意義。					
	⑷自殺僅是一種痛苦的逃離，不僅傷害自己，也傷害別人。					
	⑸自殺侵犯上帝賦予生命的權力。					
11-1	7.觀賞「六個女孩與一根繩子」剪輯短片。					
	8.就影片內容，學生對下列問題發表看法：					
	⑴為了「遊天上花園」—對自殺的謬誤觀點。					
	⑵不如一根繩子—對人權的踐踏看法。					
	㈢綜合活動					
13-1	1.教師對自我傷害原因、動機與評價作一個總結，並說明如何破除青少年死亡浪漫的迷思，養成健康正向的死亡態度。					
	2.指定作業					
	填寫「文藝創作極短篇」—語句完成測驗。					
	第二節　活　動					
	㈠準備活動					
	1.師生蒐集青少年自我傷害、求助與預防等相關資料。					
	2.製作青少年自我傷害在語言、行為、環境與併發性等線索的訊號表徵圖表、自我傷害訊息測驗。					
	3.編製自我傷害求助機構的地址與緊急電話聯絡表。					
	㈡發展活動					
	1.引起動機					
	「依據行政院衛生署最近出版的統計資料（2000），台灣地區人民在自殺及自傷的死亡人數，在一九九五一一九九六年間居十五大主要死亡原因的第十一名，一九九七至一九九八年間則邁入第十名，一九九九至二〇〇〇年間更躍居第九名，且以十五至二十四歲的青少年組居十大死亡原因的第三位，僅次於意外事故及惡性腫瘤。鄰國日本在一九九九年自殺人數是死於交通事故的 3.7 倍，十五至二十四歲青少年齡層的自殺人數，在一九九八年比前一年增加近四成。從上述統計顯示青少年自殺情況有日趨嚴重的現象。事實上，透過自殺激烈行為的人，內心潛藏意識願望，就是要引起別人注意，博取更多同情，如果我們能傾聽支持和同理心，就可能引導他們放棄自殺的念頭。」					

活動目標	活　動　過　程	時間	學習評鑑			
			4	3	2	1
6-1	2. 教師簡介青少年自我傷害在語言、行為、環境與併發性等線索的訊號表徵（《校園自我傷害防治處理手冊》，P11-12）。					
7-1	3. 教師說明自我傷害高危險因素—父母關係、管教方式、社經背景、學業成就、人際與情緒問題。					
8-1	4. 師生共同討論如何運用自我傷害的訊號表徵與自我傷害高危險因素發現自我傷害傾向的同儕親友。					
9-1	5. 教師舉出自我傷害危機處理，對於憤怒與情緒的紓解： (1)從惡劣的情緒中冷靜下來。 (2)尋找發洩憤怒與負面情緒的管道，如大哭一場、騎車兜風、釣魚、打打球或游泳等。 (3)暫時離開困擾情境，思索問題解決方法。					
9-2	6. 師生共同列出求助處理自我傷害危機的重要他人與社會機構： (1)重要他人：同儕、親人、學校輔導老師、導師等。 (2)社會機構：救國團張老師、生命線總會、119 緊急救護、各大醫院急診中心、精神科或精神科診所等。					
10-1	7. 教師簡述在調查台北市中等學校教師對學生自我傷害處理與需求的研究，在經過協助及關懷後學生再自殺的可能性上，約 82%（156 人）的輔導教師認為會降低，有 3%（6 人）表示不會發生，相當地肯定輔導的成效，鼓舞同學要有求助的信心與勇氣。					
10-2	8. 師生能歸納舉出防止自殺行為的重點： (1)正確的死亡態度。 (2)對訊號表徵保持高度警覺。 (3)排除自我傷害高危險因素。 (4)適當抒發憤怒與負面情緒。 (5)適時提出求助的行為。					
12-1	9. 學生練習自我傷害訊息真假的測驗（《校園自我傷害防治處理手冊》，P11-12）。 10. 師生共同評定與檢討自我傷害訊息真假測驗。					
	(三)綜合活動					
14-1	1. 教師對自我傷害危機、求助與預防作一個總結，並說明自我傷害不能解決問題，只是逃避問題，使關心的人感到悲痛。人生常有苦難與不如意，應學會如何克服，培養快樂進取的人生觀。					

資優青少年自我傷害防治課程與教學
——以生命教育為取向

活動 目標	活　　動　　過　　程	時間	學習評鑑			
			4	3	2	1
	2.指定作業 　蒐集報章的自我傷害案例二則，分析其死亡態度、訊號表徵、 　高危險因素、負面情緒與求助的行為。					

生命教育課程學生自我評鑑表（單元四）

單　元　名　稱	自殺和自傷行為
學　生　姓　名	

評鑑符合程度 差　　　　好 1　2　3　4	評　　鑑　　項　　目
☐ ☐ ☐ ☐	1.我可以明瞭青少年對死亡與瀕死態度的特徵與迷思。
☐ ☐ ☐ ☐	2.我能認識自我傷害主要原因。
☐ ☐ ☐ ☐	3.我可以了解自我傷害動機因素。
☐ ☐ ☐ ☐	4.我能認知我國中學生自我傷害相關問題。
☐ ☐ ☐ ☐	5.我能認識自我傷害在倫理與宗教上的評價。
☐ ☐ ☐ ☐	6.我可以認識自我傷害的訊號表徵。
☐ ☐ ☐ ☐	7.我可以了解自我傷害的高危險因素。
☐ ☐ ☐ ☐	8.我能覺察有自我傷害傾向的同儕親友。
☐ ☐ ☐ ☐	9.我能認知自我傷害的求助行為。
☐ ☐ ☐ ☐	10.我可以明瞭輔導自殺行為的成效及如何預防自殺行為。
☐ ☐ ☐ ☐	11.我能檢視自己對自殺行為的感觸與想法。
☐ ☐ ☐ ☐	12.我能增進辨識自我傷害訊息的真假。
☐ ☐ ☐ ☐	13.我可以消除青少年死亡的迷思，培養正面健康的死亡態度。
☐ ☐ ☐ ☐	14.我能學習痛苦與苦難是生命的一部分，應積極的面對，養成快樂人生觀。
☐ ☐ ☐ ☐	15.我能夠完成本單元的作業。
☐ ☐ ☐ ☐	16.我認為老師設計的教學活動能夠幫助我認識本單元的主題。

青少年自殺訊息測驗（單元四）

姓名：_____　　　得分_____

是　否

☐　☐　1. 有自殺計畫的青少年會將自殺想法保密，在沒有預警下自殺。

☐　☐　2. 自殺的青少年目的在求得一死。

☐　☐　3. 自我傷害過的人會一直想再自我傷害。

☐　☐　4. 藥物、酒精和自殺毫無關聯。

☐　☐　5. 導致自我傷害的主要原因通常有一至二個。

☐　☐　6. 自殺的傾向是遺傳的，自殺會在家族中流行。

☐　☐　7. 會威脅要自殺或採取自殺的青少年是為了能操縱別人，所以應該被忽視。

☐　☐　8. 自殺的人均屬於某一類型的。

☐　☐　9. 自殺是有心理疾病或精神病的人才會採取的行動。

☐　☐　10. 公開的討論自殺會使自我傷害的人真的採取自殺行動。

☐　☐　11. 在自殺危機過後，即保證不會再有自殺危機。

☐　☐　12. 自殺的人都是情緒憂鬱的。

☐　☐　13. 除去自殺的工具或環境（如拿掉毒藥和手槍，不准到高樓上）會避免許多自殺的發生。

☐　☐　14. 每年中有一段特別容易發生自殺的時期。

☐　☐　15. 統計的資料告訴我們，每發生一起自殺死亡案例，大概同時發生了一百起自殺嘗試（自殺未遂）的案例。

☐　☐　16. 小孩子不會自殺。

☐　☐　17. 自我傷害是青春期死亡因素的第二大原因。

☐　☐　18. 自我傷害的青少年對阻止他採取行動的人會十分憤怒。

☐　☐　19. 宗教信仰認為自殺是壞事，因此會防止一個人去自殺。

☐　☐　20. 大多數的自殺均是在凌晨三時到午夜之間在家中發生。

☐　☐　21. 青少年會將他們的自殺想法告訴大人而非他們的朋友。

☐　☐　22. 自殺是只在青少年中發生的社會問題。

☐　☐　23. 女性較男性有較多的自殺企圖，但使用的是較不致命的方法。

☐　☐　24. 女性和男性在自殺的行動和方法上愈來愈相似。

☐　☐　25. 每個人都有自殺的權利，所以我們不應干涉。

（取自《校園自我傷害防治處理手冊》p. 11-12）

學生作業單之一（單元四）

文藝創作極短篇

　　「文藝創作極短篇」，有五個自由發揮題，請將這些語句分別完成，能描述出你平日的心情寫照與感受想法。

＊＊＊＊＊＊＊＊＊＊＊＊＊＊＊＊＊＊＊＊＊＊＊＊＊＊＊＊＊＊＊＊＊＊

一、彩色的生命像 ＿＿＿＿＿＿＿＿＿＿＿＿＿＿＿＿＿＿＿＿＿＿＿＿
＿＿＿＿＿＿＿＿＿＿＿＿＿＿＿＿＿＿＿＿＿＿＿＿＿＿＿＿＿＿＿＿
＿＿＿＿＿＿＿＿＿＿＿＿＿＿＿＿＿＿＿＿＿＿＿＿＿＿＿＿＿＿＿＿
＿＿＿＿＿＿＿＿＿＿＿＿＿＿＿＿＿＿＿＿＿＿＿＿＿＿＿＿＿＿＿＿

二、黑白的生命像 ＿＿＿＿＿＿＿＿＿＿＿＿＿＿＿＿＿＿＿＿＿＿＿＿
＿＿＿＿＿＿＿＿＿＿＿＿＿＿＿＿＿＿＿＿＿＿＿＿＿＿＿＿＿＿＿＿
＿＿＿＿＿＿＿＿＿＿＿＿＿＿＿＿＿＿＿＿＿＿＿＿＿＿＿＿＿＿＿＿
＿＿＿＿＿＿＿＿＿＿＿＿＿＿＿＿＿＿＿＿＿＿＿＿＿＿＿＿＿＿＿＿

三、凡是花草樹木、鳥獸或人類，沒有不會枯萎凋零的，我對死亡的看法和感受
　　是 ＿＿＿＿＿＿＿＿＿＿＿＿＿＿＿＿＿＿＿＿＿＿＿＿＿＿＿＿＿
＿＿＿＿＿＿＿＿＿＿＿＿＿＿＿＿＿＿＿＿＿＿＿＿＿＿＿＿＿＿＿＿
＿＿＿＿＿＿＿＿＿＿＿＿＿＿＿＿＿＿＿＿＿＿＿＿＿＿＿＿＿＿＿＿

四、有人遇到困難或挫折時，就提前結束自己生命，我覺得這種行為 ＿＿＿＿＿
＿＿＿＿＿＿＿＿＿＿＿＿＿＿＿＿＿＿＿＿＿＿＿＿＿＿＿＿＿＿＿＿
＿＿＿＿＿＿＿＿＿＿＿＿＿＿＿＿＿＿＿＿＿＿＿＿＿＿＿＿＿＿＿＿
＿＿＿＿＿＿＿＿＿＿＿＿＿＿＿＿＿＿＿＿＿＿＿＿＿＿＿＿＿＿＿＿

五、我的人生＿＿＿＿＿＿＿＿＿＿＿＿＿＿＿＿＿＿＿＿＿＿＿＿＿＿＿
＿＿＿＿＿＿＿＿＿＿＿＿＿＿＿＿＿＿＿＿＿＿＿＿＿＿＿＿＿＿＿＿
＿＿＿＿＿＿＿＿＿＿＿＿＿＿＿＿＿＿＿＿＿＿＿＿＿＿＿＿＿＿＿＿
＿＿＿＿＿＿＿＿＿＿＿＿＿＿＿＿＿＿＿＿＿＿＿＿＿＿＿＿＿＿＿＿

＊＊＊＊＊＊＊＊＊＊＊＊＊＊＊＊＊＊＊＊＊＊＊＊＊＊＊＊＊＊＊＊＊＊
取自程國選(2001)「我的人生」評量表編製報告

學生作業單之二（單元四）

姓　　名	
主　　題	蒐集報章的自我傷害案例兩則，分析其死亡態度、訊號表徵、高危險因素、負面情緒與求助的行為。
內　　容	

單元五：正確的思維術

單元名稱	正確的思維術		教學資源			
教材研究						
教學方法			設 計 者		時　間	

單　元　目　標	具　體　目　標
一、認知方面 　1.了解正確思考的意義、過程與影響。	1-1　說出哲學家 Russell 認為正確思考應具備的條件。 1-2　討論思考過程扮演四種不同角色的轉換－冒險家、藝術家、法官與勇士。 1-3　列出影響正確思考的因素－偏見、風尚、習俗、情感與利害等。
2.認識邏輯思維的原則。	2-1　精確描述何以邏輯是研究正確思考的科學。 2-2　舉例說出三段式邏輯命題，包含大前提、小前提與結論。 2-3　說出與分析演繹法與歸納法的應用與區別。
3.增進對認知缺陷的認識。	3-1　比較思考僵硬與思考流暢對問題解決的影響。 3-2　討論平日生活常見思考扭曲的事例。
4.分析認知缺陷的狀態，增加對自我認知缺陷的覺察。	4-1　辨識自我思考僵硬的特殊感覺與特質。 4-2　辨別思考扭曲的不同類型與相關特質。
5.增進矯治認知缺陷的能力。	5-1　說出認知缺陷矯治的步驟。
二、技能方面 　6.挑戰自我思考謬誤的陷阱。	6-1　分組較量挑戰思考謬誤的陷阱。 6-2　評鑑各種自我思考謬誤的因素。
7.運用認知扭曲的四種基本類型，將「我認為」陳述句分類。	7-1　精準判斷「我認為」陳述句屬於認知扭曲的正確類型。
三、情意方面 　8.培養日常生活中講求邏輯思考正確推論的態度。	8-1　批判思考謬誤，凡事養成邏輯推理實事求證的習慣。
9.養成覺察認知缺陷的敏感度，導入正確的思維。	9-1　靈敏覺察自我認知缺陷，能自我調整或求助方式，培養追求事物原因、了解因果關係的態度。

時間分配	節次	月	日	活　動　重　點
	1			邏輯思維的原則與應用
	2			認知缺陷的覺察與矯治

活動目標	活　動　過　程	時間	學習評鑑			
			4	3	2	1
	第一節　活　動					
	㈠準備活動					
	1.師生蒐集邏輯思維的相關資料。					
	2.製作三段式邏輯命題的架構圖、演繹法與歸納法的應用與區別圖片各一張。					
	3.學生進行分組，選出組長、紀錄及分配成員的工作任務。					
	㈡發展活動					
	1.引起動機					
	「假如有人說在天狼星上有一個種族，猴面人身，身高三百英尺，有七十二個器官，不食五穀，長生不老，並且能飛天鑽地。你們能證實這種天狼人不存在嗎？既然無法證實他們不存在，所以他們存在？」					
	「前面的例子即犯思維上訴諸未知的謬誤，但也有例外，如在法庭上不能證明某人有罪，那麼某人便無罪。」（改編自拉比著，王曼君譯，1998）					
1-1	2.教師提出英國哲學家 Russell 認為正確思考應具備下列四個條件：					
	⑴證明有根據－解決問題要實地了解。					
	⑵避免思維謬誤－與別人不同見解要反思自己的論證。					
	⑶判斷要恰當－避免無知與武斷衍生錯誤。					
	⑷推理要合理－理性的推理，客觀的評斷。					
1-2	3.討論思考過程，可用四種不同角色的替換，作具體與深刻的比喻：					
	⑴冒險家－憑著好奇與求知探索未知的領域及發掘自己潛在的能力。					
	⑵藝術家－將冒險家獲得的資訊重新詮釋與組合，轉化成新穎獨特的想法。					
	⑶法官－仲裁來自藝術家的構想，決定接納、修正或推翻。					
	⑷勇士－悍然執行法官仲裁有價值的構想，化成為具體行動，並融為生活一部分（參考曉明女中生命教育中心，1998）。					
1-3	4.鼓勵學生發表影響正確思考的因素－包括偏見、風尚、習俗、情感與利害等。					
2-1	5.教師說明任何學問包含兩種對象：⑴質料對象（object material）－思維內容；⑵形式對象（object formal）－思維形式，思維的正確與否屬於思維形式，而邏輯正是研究正確思維的科學。					

活動目標	活　　動　　過　　程	時間	學習評鑑 4	3	2	1
2-2	6.配合製作的三段式邏輯命題的架構圖，隨機指派同學舉例寫出包含大前提、小前提與結論三段式邏輯命題，例如： 凡人都會死　　　　　因為 A 是 B 秦始皇是人　　　　　而且 C 是 A 所以秦始皇會死　　　所以 C 是 B					
2-3	7.使用製作的演繹法與歸納法的應用與區別圖片，隨機指定同學說出兩者的運用與差異： 演繹法－由普通的原則為基礎，去認識特殊事例。 歸納法－由許多特殊的事例，去認識普通的原則（參考殷海光，1995）。					
6-1	8.分組分別提問與回答思考謬誤的陷阱，依陽士毅（1998）的分類，可分成形式與非形式的謬誤，非形式的謬誤又分成歧義、不相干與不充分證據的謬誤。					
6-2	9.評鑑及歸納自我思考謬誤的因素，必須含： ⑴以偏概全或偶殊因素 ⑵常識誤導或知識不足 ⑶先入為主或雙重標準 ⑷外界影響或自我閉鎖 ⑸不容例外或非黑即白					
	㈢綜合活動					
8-1	1.師生批判思考謬誤，凡事養成邏輯推理實事求證的習慣。並對邏輯思維的原則與應用作一個結論。 2.指定作業 練習與辨識思維謬誤，並找出生活中常見的事例十則以上。					

第二節　活　動

㈠準備活動
1.師生蒐集有關認知問題的相關資料。
2.製作思考扭曲類型與矯正錯誤思考步驟的圖片各一張。
3.編製供練習判斷認知扭曲類型的「我認為」陳述句作業單。
4.學生進行分組，選出組長、紀錄及分配成員的工作任務。
㈡發展活動
1.引起動機
「前面一節，我們談到思維的一般通則，關於邏輯思維的原則與應用，這節我們要談由於個別認知的缺陷，造成思考僵硬與

活動目標	活　　動　　過　　程	時間	學習評鑑			
			4	3	2	1
	思考扭曲，也是影響正確思維的主要因素。一個人遇到重大的困難，是否還可思考許多其他應變方法，避免不變、逃避或結束生命等思考僵硬的消極處理方式。」 對於思考扭曲的發生，例如不拿白不拿，因為你不拿，別人也會拿。又如開走別人的車有什麼大不了的事，只要車沒事，最後車歸原主就好。各位想想他們是否有錯？錯在哪裡？」					
3-1	2. 教師說明 Torrance 在創造思考能力提出思考的流暢性，對一個刺激來源產生許多反應，即對一個問題會產生許多解決方案。這比思考的僵硬性，對一個問題只能有固定或少數幾個解決方法，顯然要有利得多。					
3-2	3. 分辨思考僵硬有別於思考流暢，常有窮於應付，找不出或沒有最好的應變方案。隨機指派同學對思考流暢與思考僵硬二者作一完整的比較。					
4-1	4. 分組討論平日生活常見思考扭曲的事，例如： ⑴當我憤怒時，我不在乎自己或別人受到傷害（自我中心）。 ⑵假如我不採激烈的行動，他是不會重視問題嚴重性的（往壞處思考）。					
4-2	5. 解說 Gibbs、Barriga 與 Potter（1992）提出思考扭曲的類型與相關特質： ⑴自我中心（SC）—根據自己觀念、需求、期望與感覺來行事，忽視他人正確的看法。 ⑵減責化／錯誤標籤（MM）—認為自己行為並未對他人造成傷害，且被社會所允許。對他人貼上貶損、無人性的標籤。 ⑶往壞處思考（AW）—毫無理由認為他人對自己懷有敵意，凡事總往最不利的狀況著想。 ⑷責怪他人（BO）—將傷害行為歸罪於外在原因，自己才是身受其害，將自己歹運歸咎於無辜的人（楊瑞珠，1997）。					
7-1	6. 根據分發「我認為」陳述句的作業單，練習判斷認知扭曲類型的技巧，過濾正確的思維。 作業解答：⑴ SC　⑵ MM　⑶ BO　⑷ SC　⑸ SC 　　　　　⑹ MM　⑺ AW　⑻ SC　⑼ SC　⑽ MM					
5-1	7. 討論與示範認知缺陷矯治的步驟： ⑴反轉—用在責備他人，認為自己是犧牲者。例如「因為我認識他，我才會變得這樣」，反轉為「認識他的人，包括他最親密的家人，都會捲入這個麻煩事件中嗎？」					

活動 目標	活　　動　　過　　程	時間	學習評鑑			
			4	3	2	1
	⑵挑戰－隨時警惕與覺察自己的行為，對自己與別人造成的傷害。 ⑶重新標定－幫助別人、照顧自己是負責行為，報復別人、傷害自己是不負責行為。 ⑷檢核－在適當時機要檢核自己，進一步想想，我的思維邏輯是否正確，以便做好自我主控（參考黃珮怡，1999）。 ㈢綜合活動					
9-1	1. 師生對認知缺陷的覺察與矯治作總結，凡事養成靈敏覺察自我認知缺陷，能自我調整矯治或求助方式，培養探求事物真正原因、了解因果關係的態度。 2. 指定作業 　練習與辨識認知缺陷的類型五則以上，並列出認知缺陷矯治的步驟。					

生命教育課程學生自我評鑑表（單元五）

單　元　名　稱	正確的思維術
學　生　姓　名	

評鑑符合程度 差　　　　好 1　2　3　4	評　　鑑　　項　　目
☐ ☐ ☐ ☐	1.我可以了解正確思考的意義、過程與影響。
☐ ☐ ☐ ☐	2.我能認識邏輯思維的原則。
☐ ☐ ☐ ☐	3.我能了解認知的缺陷。
☐ ☐ ☐ ☐	4.我可以辨別思考扭曲的不同類型與相關特質。
☐ ☐ ☐ ☐	5.我可以了解認知缺陷矯治的步驟。
☐ ☐ ☐ ☐	6.我能指出自我思考謬誤的陷阱。
☐ ☐ ☐ ☐	7.我可以判斷「我認為」陳述句屬於認知扭曲的正確類型。
☐ ☐ ☐ ☐	8.我能養成邏輯推理實事求證的習慣。
☐ ☐ ☐ ☐	9.我可以覺察認知缺陷的敏感度，導入正確的思維。
☐ ☐ ☐ ☐	10.我能認真閱讀參考教材，不懂時能向老師發問。
☐ ☐ ☐ ☐	11.我能夠完成本單元的作業。
☐ ☐ ☐ ☐	12.我認為老師設計的教學活動能夠幫助我認識本單元的主題。

「我認為」陳述句作業單（單元五）

請你將下列的陳述句分類，如自我中心（SC）、減責化／錯誤標籤（MM）、往壞處思考（AW）、責怪他人（BO）。

_____1. 有時你需要說謊才能得到你想要的。

_____2. 每個人都說謊，沒什麼大不了的。

_____3. 如果我犯錯，是因為我結交壞朋友。

_____4. 想要遠離打架是不可能的。

_____5. 我看到喜歡的東西就拿走。

_____6. 如果有人沒鎖車門就走了，東西被偷是他們自找的。

_____7. 不管我多努力，我總是無法使自己不惹麻煩。

_____8. 只有懦弱膽小鬼才會在打架時溜走。

_____9. 如果你不整人的話，別人也會整你。

_____10. 如果一個商店或民宅被搶，其實是他們自己的錯，誰叫他們沒做好更

好的防衛措施。

參考 Gibbs，Barriga 與 Potter (1992)和楊瑞珠 (1997) 我的思考方式等相關資料。

學生作業單之一（單元五）

姓　　名	
主　　題	練習與辨識思維謬誤，並找出生活中常見的事例十則以上。
內　　容	

學生作業單之二（單元五）

姓　　　名	
主　　　題	練習與辨識認知缺陷的類型五則以上，並列出認知缺陷矯治的步驟，如採取反轉、挑戰、重新標定、檢核等方法。
認知缺陷類型與矯治步驟	

單元六：情緒的管理

單元名稱	情緒的管理		教學資源		
教材研究					
教學方法			設 計 者	時　間	

<table>
<tr><th colspan="2">單　元　目　標</th><th colspan="2">具　體　目　標</th></tr>
<tr><td colspan="2">一、認知方面
　1.增進對憂鬱的知識與覺察。</td><td colspan="2">1-1 引用Beck（1976）等學者對憂鬱的看法與解釋。
1-2 說明憂鬱、絕望與自殺行為三者的關係。
1-3 討論「為何悲觀想法是憂鬱的營養補給站？」</td></tr>
<tr><td colspan="2">　2.了解憂鬱症狀，促進對憂鬱訊號表徵的自我覺察。</td><td colspan="2">2-1 說出如何辨認自己或他人患有憂鬱感。
2-2 列出憂鬱症者在生理、情緒、行為與認知會產生哪些改變（參考 DSMIII）。</td></tr>
<tr><td colspan="2">　3.認識憤怒失控的嚴重性與做好憤怒管理的重要性。</td><td colspan="2">3-1 說明極端憤怒，常失去理智激發自殺企圖。
3-2 發表憤怒不能解決原來問題，反而提升或增加問題的嚴重性。</td></tr>
<tr><td colspan="2">　4.分析憤怒狀態，增加對憤怒訊號表徵的自我覺察。</td><td colspan="2">4-1 列舉憤怒狀態時在生理、情緒、行為與認知會發生哪些變化？
4-2 說出如何辨識個人憤怒的訊號表徵，以便早期預防憤怒失控。</td></tr>
<tr><td colspan="2">　5.分析腦力激盪（brainstorming）的功能與熟悉使用的原則。</td><td colspan="2">5-1 列舉腦力激盪的用途。
5-2 發表腦力激盪的使用原則。</td></tr>
<tr><td colspan="2">二、技能方面
　6.挑戰自我失敗的悲觀擂台。
　7.使用「自我陳述法」修正與改變產生憂鬱的認知結構。
　8.分組練習腦力激盪技巧。
　9.運用憤怒化解技巧，學習控制憤怒的方法。</td><td colspan="2">6-1 分組挑戰自我失敗悲觀想法。
7-1 練習「自我陳述法」，說明如何遠離憂鬱，避開悲觀的念頭。
8-1 針對共同命題，正確運用腦力激盪技術。
9-1 參考 Amish（1991）憤怒化解六個技巧，腦力激盪想出不同控制憤怒的方法。</td></tr>
<tr><td colspan="2">三、情意方面
　10.陶冶生活的愉悅性。

　11.培養冷靜思考的態度。</td><td colspan="2">10-1 養成對生活多持正向看法與對未來抱著樂觀看法。
11-1 學習解決問題不受激怒失控，而能冷靜化解危機的態度。</td></tr>
<tr><td rowspan="3">時間分配</td><td>節次</td><td>月</td><td>日</td><td colspan="2">活　動　重　點</td></tr>
<tr><td>1</td><td></td><td></td><td colspan="2">憂鬱的覺察與預防</td></tr>
<tr><td>2</td><td></td><td></td><td colspan="2">憤怒的認知與管理</td></tr>
</table>

活動目標	活　　動　　過　　程	時間	學習評鑑			
			4	3	2	1
	第一節　活　動					
	㈠準備活動					
	1. 師生蒐集 DSMIII 關於「憂鬱症狀」的解說與憂鬱的相關資料。					
	2. 製作憂鬱、絕望與自殺行為三者關係的架構圖一張（如第八章單元教字投影片 6-10）。					
	3. 學生進行分組，選出組長、紀錄及分配成員的工作任務。					
	㈡發展活動					
	1. 引起動機					
	「在詩人筆下，月圓花好是良時美景，固然月有陰晴圓缺，花有花開花落，但如果一味只有月缺與花落，想必何其的單調；同理，內心的情感也一樣，如果只有憂鬱，沒有愉悅，人生何其的落寞，長久以往，還會生出很多的問題來，你們認為呢？」					
	「當個體覺得憂鬱與無望時，則生活永遠不會更好，縱然最近生活好過一些，他們也從不會有樂觀想法，永遠沉淪在過去悲觀想法的漩渦裡及沒有希望的未來！學者提出個體在憂鬱感和無望時會想到自殺，有誰能提出一個類似的案例？」					
1-1	2. 教師說明 Beck（1976）對憂鬱提三個思考向度：對自己負向看法、對環境適應消極看法及對未來悲觀看法。					
1-2	3. 教師解釋，何以憂鬱高、絕望高的人，自殺行為風險較大；反之，則較小。					
1-3	4. 討論悲觀的想法：常常錯誤解讀生活事件，為正在發生的事件，先下不利的結論，歪曲發生的事實，屬於自我失敗者。					
2-1	5. 說出如何知道自己或別人有憂鬱感。					
2-2	6. 隨機指派同學寫出憂鬱症者在生理、情緒、行為與認知會產生的改變，必須包括：胃口與睡眠改變、悲觀失敗、沒有價值感、社交退縮、愧疚感、自我處罰、減弱專注與思考能力、重複浮現自殺念頭、嚴重扭曲的認知、容易興奮與情緒易生變化等。					
5-1	7. 學生分成兩組提出挑明自我失敗悲觀想法的反對意見或策略，點子最多，即為擂台主。					
8-1	主題包括：⑴我的生活不會有快樂、⑵我覺得像失敗者、⑶我希望從未出生、⑷我沒有希望、⑸我痛恨自己、⑹自殺是唯一的選擇。					
	㈢綜合活動					
10-1	1. 教師對憂鬱的症候與預防作一個結論，對平日與未來生活能檢視多持正向看法與抱著樂觀態度。					

活動 目標	活　動　過　程	時 間	學習評鑑			
			4	3	2	1
7-1	2. 指定作業 　練習「自我陳述法」，說明如何遠離憂鬱，避開悲觀的想法。 **第二節　活　動** ㈠準備活動 　1. 製作「愉悅」與「憤怒」的臉譜各一個。 　2. 製作憤怒在生理、情緒、行為與認知變化的圖表一張。 ㈡發展活動					
3-1	1. 引起動機 　「俗語有句話，小不忍則亂大謀，韓信有胯下之辱，他日能成 　大器，否則受到市井無賴的激怒，揮刀相向，恐已成為階下囚 　了！」 　「根據研究顯示，有 80%青少年因為憤怒而激起自殺企圖，當 　一個人極端憤怒，以致不能思考其他理性方法，例如與家人或 　男（女）朋友發生嚴重的吵架，在失去理智的情況下，可能促 　發他們採取傷害自己的行為。」					
3-2	2. 討論「當你憤怒時，拿起桌上東西砸人，會造成什麼後果？」 　不但不能解決原來問題，反而提升或增加問題的嚴重性，造成 　關係的破裂與財產的損失。					
4-1	3. 隨機指定學生寫出憤怒在生理、情緒、行為與認知會產生的變 　化，包含： 　⑴生理變化－心跳、呼吸加速、身體緊張、肌肉拉緊、掌心流汗。 　⑵情緒變化－過度緊張、焦慮與生氣。 　⑶行為變化－用拳頭猛敲桌面、急速拍打大腿、對著憤怒的人 　　大吼大叫等。 　⑷重複激燃憤怒，想教訓、警告或報復對方。					
4-2	4. 說出如何覺察自己憤怒的訊號表徵，以便及早採取行動，避免 　因憤怒做出反悔的事情。 　5. 教師列舉腦力激盪是 Osborn（1957）率先使用，他認為大量主 　意的產生，有助問題的解決，而大量主意的產生，有賴於聯想， 　發揮個人創造的想像力。更適合在小組中進行，因為個人的主 　意在小組中，可獲得立即鼓勵，且激發更好的主意。依《韋氏 　國際大字典》定義為「聚積特殊問題的主意，以解決問題」。					

活動目標	活　　動　　過　　程	時間	學習評鑑			
			4	3	2	1
5-2	6.討論以集思廣益的方式，在一定時間內產生大量的主意，得到有益主意的機會越大，但使用腦力激盪，應注意哪些使用原則呢？請大家多想看看（至少應包括）： (1)選擇恰當問題－沒有固定答案。 (2)自由聯想，主意愈怪愈好。 (3)求量為先，以量生質。 (4)不可隨便批評。 (5)尋求綜合與改進。 (6)要有紀錄。					
8-1	7.列出共同命題，激發運用腦力激盪技術。 （命題一）請說出毛巾的用途至少二十種。 （命題二）請說出獎盃的用途至少二十種。 （命題三）請想像自己漂流至一個荒島，身上僅剩一支槍與三十發子彈，你能用槍做什麼？					
9-1	8.以腦力激盪方式，說出不同控制憤怒的方法，參考 Amish（1991），憤怒化解六個技巧： (1)控制情緒的自我陳述法－告訴自己遠離憤怒的情感，快以正面看法取代憤怒想法；保持冷靜，假如憤怒失控，只有變得更糟；忽視它，不值得這般生氣，放鬆及不要過度反應；我在控制情緒，不能讓它壓倒我；倘若保持冷靜，我定能解決這個問題。 (2)離開激怒的情境－暫時離開直到冷靜面對問題，短暫在街區散步，要求回自己房間，讓心智思考冷卻下來，進入浴室，做做深呼吸運動等。 (3)尋找憤怒發洩的管道－找出不致使原有問題惡化的憤怒發洩方法，例如騎車兜風、彈彈樂器、跳跳舞、做些喜愛的運動、用力拳擊沙袋、枕頭，並且對著它們大聲吼等。 (4)運用憤怒降溫的分散作用－做一些積極分散憤怒的事情，使自己完全冷卻下來，例如做些喜歡的嗜好、聽聽音樂、看看電影等。 (5)尋求他人的協助－與親近朋友、家人、敬重師長、輔導老師等密談，請求必須的支援。 (6)要求自我抑制－不要傷害自己或別人，不可損害財物，以免事態擴大。					

活動目標	活　　動　　過　　程	時間	學習評鑑			
			4	3	2	1
11-1	㈢綜合活動 1. 教師對憤怒的認知與管理作一個結論，平時養成冷靜化解危機的態度。					
9-1	2. 指定作業 　運用憤怒化解技巧，練習提供控制憤怒的各種方法。					

生命教育課程學生自我評鑑表（單元六）

單　元　名　稱	情緒的管理
學　生　姓　名	
評鑑符合程度 差　　　　好 1　2　3　4	評　鑑　項　目
☐ ☐ ☐ ☐	1.我能增進對憂鬱的認識與覺察。
☐ ☐ ☐ ☐	2.我能了解憂鬱症狀，有助對憂鬱訊號表徵的覺察。
☐ ☐ ☐ ☐	3.我能了解憤怒失控的嚴重性與做好憤怒管理的重要性。
☐ ☐ ☐ ☐	4.我會辨識憤怒狀態，增進對憤怒訊號表徵的覺察。
☐ ☐ ☐ ☐	5.我可以挑戰自我失敗的悲觀擂台。
☐ ☐ ☐ ☐	6.我會使用「自我陳述法」修正與改變產生憂鬱的認知結構。
☐ ☐ ☐ ☐	7.我會運用社會解決問題技巧，學習控制憤怒的方法。
☐ ☐ ☐ ☐	8.我能學習陶冶生活的愉悅性。
☐ ☐ ☐ ☐	9.我可以培養冷靜思考的態度。
☐ ☐ ☐ ☐	10.我能認真閱讀參考教材，不懂時能向老師發問。
☐ ☐ ☐ ☐	11.我能夠完成本單元的作業。
☐ ☐ ☐ ☐	12.我認為老師設計的教學活動能夠幫助我認識本單元的主題。

腦力激盪（單元六）

【說明】腦力激盪是 Osborn（1957）率先使用，他認為大量主意的產生，有助問題的解決，而大量主意的產生，有賴於聯想，發揮個人創造的想像力。更適合在小組中進行，因為個人的主意在小組中，可獲得立即鼓勵，且激發更好的主意。依《韋氏國際大字典》定義為「聚積特殊問題的主意，以解決問題」。

（命題一）請説出毛巾的用途至少二十種：

（命題二）請説出獎盃的用途至少二十種：

（命題三）請想像自己漂流至一個荒島，身上僅剩一支槍與三十發子彈，你能用槍做什麼？

學生作業單之一（單元六）

姓　　　名	
主　　　題	練習「自我陳述法」，說明如何遠離憂鬱，避開悲觀的想法。
方　　　法	提出各種避免主要問題的策略，在各種可能情況下，隨時提醒自己，告訴自己採取有效方法，避開問題的重蹈覆轍。
內　　　容	

學生作業單之二（單元六）

姓　　名	
主　　題	運用社會解決問題技巧，練習提供控制憤怒的各種策略。
例　　題	當朋友無端指控你，偷取他的腳踏車，且到處散播這種不實的說法。
控制憤怒 採行策略	

單元七：人際問題的認知

單元名稱	人際問題的認知		教學資源			
教材研究						
教學方法			設 計 者		時　間	

單　元　目　標	具　體　目　標
一、認知方面 　1.認識青少年的人際問題主要有兩種：同儕關係及家人關係。 　2.了解同儕關係在青少年的身心發展扮演關鍵性的角色，同儕衝突常是青少年自殺的重要原因。 　3.討論同儕衝突的類型與同儕衝突的典型反應。 　4.明瞭家人關係在青少年的成長過程提供社會化的功能，家人衝突是造成青少年自我傷害的主因。 　5.討論家人衝突的類型與解決這些問題的方法。 二、技能方面 　6.運用社會解決問題方法處理同儕衝突。 　7.練習社會解決問題方法處理家人衝突。 三、情意方面 　8.養成邏輯思考以解決人際關係的態度。 　9.建立與家人良好的互動與默契，培養和樂的家庭氣氛。	1-1 說明青少年在「學校生活」、「家庭生活」與同儕及家人互動關係。 2-1 舉例說出發展同儕關係對於學校生活適應的重要性。 2-2 引用 Yang 與 Clum（1996）等的看法，同儕衝突構成自殺意念最高。 3-1 列出平日生活中常見同儕衝突的類型。 3-2 角色扮演同儕衝突最可能的典型反應。 4-1 舉例說明發展家人關係是奠定個人社會化的重要基石。 4-2 說出與家人衝突可能引發的對立，提高自我傷害衝動的危機。 5-1 列出平日生活中常見家庭衝突的類型。 5-2 討論解決家庭衝突的可能解決方法。 6-1 介紹 Amish（1991）提出社會解決問題的五個步驟：(1)保持冷靜、(2)界定特殊問題、(3)產生解決方案、(4)評估方案、(5)選擇方案去做。 6-2 列出同儕衝突的情境，活用社會解決問題的步驟進行解決。 7-1 舉出家人衝突的情境，套用社會解決問題的步驟進行化解。 8-1 面對同儕關係，不做情緒的反應，培養理性的邏輯思考態度。 9-1 養成與家人良好溝通的習慣，塑造溫暖的家庭氣氛，減少家庭衝突至最少的程度。

時間分配	節次	月	日	活　動　重　點
	1			同儕衝突的解決
	2			家人衝突的化解

活動 目標	活　　動　　過　　程	時間	學習評鑑			
			4	3	2	1
	第一節　活　動					
	㈠準備活動					
	1.師生蒐集最典型「同儕衝突」的相關資料，編排同儕衝突時， 　　最可能的反應。					
	2.繪製 Amish（1991）提出社會解決問題的五個步驟的大型海 　　報。					
	3.學生進行分組，選出組長、紀錄及分配成員的工作任務。					
	㈡發展活動					
1-1	1.引起動機					
	「俗話說在家靠父母，出外靠朋友，可說跟大家最密切的人際 　　關係，就要屬各位的父母與你們彼此間的同儕關係了。我們先 　　談一旦與朝夕相處的同儕失和，你會有怎麼樣的心情感受？男 　　女朋友在嚴重爭吵後，造成突然的分手，可能會產生什麼後果 　　嗎？有類似經驗的同學可提出你的看法，大家可以分享你的寶 　　貴經驗。」					
2-1	2.以腦力激盪方式說出同儕關係對於學校生活適應的重要性。					
2-2	3.教師引申 Yang 與 Clum（1996）、Ward（1992）等的看法， 　　青少年的自我傷害深受同儕衝突的影響。					
3-1	4.討論平日常見同儕衝突的類型（須包含）：					
	⑴對班級重大的決定持相左的意見。					
	⑵對重要的事項有明確承諾卻完全反悔。					
	⑶發現女（男）朋友在背後偷偷與別人約會。					
	⑷同儕的壓力迫使自己跟他一起嗑藥。					
3-2	5.角色扮演同儕衝突最可能的典型反應，說明同儕之間的衝突常 　　具攻擊性，使情況惡化，最沒有成效。					
6-1	6.介紹 Amish（1991）提出社會解決問題的五個步驟：					
	⑴保持冷靜－當心情煩亂很難找出解決方法，有許多可使我們 　　　保持冷靜的方法，如採取適當的自我控制陳述、自我抑制、 　　　相信自己不會和同儕衝突起來。					
	⑵界定特殊問題－了解問題的真正原因，才能對症下藥。					
	⑶產生解決方案－第一個主意經常帶有攻擊性，且衍生出其他 　　　的問題來，因此盡可能想出許多解決方案。					
	⑷評估方案－評定每個方案，以「＋」「－」表示優劣，考慮 　　　能否解決問題、不致原情況惡化和長短期的效果。					
	⑸選擇方案去做－經評估後選擇最合適的去做，且能說出選擇方					

活動 目標	活　　動　　過　　程	時間	學習評鑑			
			4	3	2	1
	案的有利與不利條件，假若不能解決問題，再嘗試其他的方案。					
6-2	7. 舉例有關同儕衝突情境，如同儕壓力強迫嗑藥，練習腦力激盪 方式，盡可能想許多解決方案，例如： ⑴假裝嗑藥，但沒有真正的食入。 ⑵勇敢說不，表示以前有吸食的不愉快經驗，不想再冒險。 ⑶自己的體質對這些藥物會產生過敏。 ⑷編個理由，趕赴朋友的約會，必須先離席。 ⑸還在保護管束中，擔心無法通過尿液測試。					
	㈢綜合活動					
8-1	1. 教師對同儕衝突的解決，建立良好人際關係作一總結，並說明 平日如何養成邏輯思考的態度，遇到同儕衝突，應理性思考， 不作情緒反應。					
	2. 指定作業 蒐集兩個「同儕衝突」的類型，每個類型至少想出五個解決方 案。					
	第二節　活　動					
	㈠準備活動 1. 師生蒐集「與父母衝突」和「與家人衝突」的有關資料。 2. 排演「與父母衝突」或「與家人衝突」，最有可能的反應。 3. 準備 Amish（1991）提出社會解決問題的五個步驟的大型海 報。					
	㈡發展活動					
4-1	1. 引起動機 「我們常說家和萬事興，如果家人衝突不斷，則恐怕很難成事 了！我們生長的家庭，提供我們生存需求，又因有父母與兄弟 姊妹的互動關係，支持我們心靈成長，因此家庭是提供我們社 會化的第一個重要階段。」					
4-2	「父母強烈反對與男（女）朋友交往，或兄弟姊妹享有自己從 未擁有的特殊權利與特別待遇，引發嚴重的衝突與爭吵，甚至 有時會傷害自己，在座同學是否有類似經驗，可以提出來，一 塊與同學們分享。」					
5-1	2. 舉出生活中常見家庭衝突的類型（須包括）： ⑴父母對自己晚歸理由不信任，且有很大的存疑。 ⑵父母沒有事先預告，即強迫自己留在家中照顧弟妹們。					

活動目標	活　動　過　程	時間	學習評鑑			
			4	3	2	1
	⑶父母聽信謠言，指控你一些從沒有做過的事（如偷竊、吃檳榔、賭博等）。					
	⑷你接受的額外關注與特別禮物，引發兄弟姊妹的猜疑。					
	⑸你感覺你必須做比你的兄弟姊妹更多的家事。					
	⑹你想要安靜看書，準備明天的考試，但是你的兄弟姊妹卻把電視音量轉得很大。					
5-2	3.腦力激盪想出解決家庭衝突的可能解決方法，以「你感覺你必須做比你的兄弟姊妹更多的家事」為例，提出愈多的方法，愈有可能找出最好的解決，例如：					
	⑴與父母討論，或在家庭聚會時提出你的感覺，徵詢大家的看法。					
	⑵訂定料理家事輪值表，準備兄弟姊妹一起分享做家務事的經驗。					
	⑶先處理家務，但稟告父母下次分配工作時能公平一些。					
6-1	4.複習前節社會解決問題的五個步驟：⑴保持冷靜、⑵界定特殊問題、⑶產生解決方案、⑷評估方案、⑸選擇方案去做。					
7-1	5.列舉家人衝突的情境，運用社會解決問題的步驟進行化解。					
	㈢綜合活動					
9-1	1.教師對家人衝突的排解，塑造溫暖的家庭氣氛作一總結，並說明平日如何養成與家人良好溝通的習慣，遇到家人衝突，應理性思考，不作情緒反應，減少家庭衝突至最少的程度。					
7-1	2.指定作業 蒐集兩個「家人衝突」的最常見類型，練習套用社會解決問題的步驟進行化解。					

生命教育課程學生自我評鑑表（單元七）

單　元　名　稱	人際問題的認知
學　生　姓　名	

評鑑符合程度 差　　　　好 1　2　3　4	評　　鑑　　項　　目
☐ ☐ ☐ ☐	1.我能認識青少年的人際問題主要包含同儕關係及家人關係。
☐ ☐ ☐ ☐	2.我能了解同儕關係在青少年的身心發展扮演關鍵性角色，同儕衝突常是青少年自殺的重要原因。
☐ ☐ ☐ ☐	3.我能舉出同儕衝突的類型與同儕衝突的典型反應。
☐ ☐ ☐ ☐	4.我能明瞭家人衝突造成青少年自我傷害的主因。
☐ ☐ ☐ ☐	5.我能認知家人衝突的類型與解決這些問題的方法。
☐ ☐ ☐ ☐	6.我會運用社會解決問題方法處理同儕衝突。
☐ ☐ ☐ ☐	7.我會運用社會解決問題方法處理家人衝突。
☐ ☐ ☐ ☐	8.我可以養成邏輯思考以解決人際關係的態度。
☐ ☐ ☐ ☐	9.我能建立與家人良好的互動與默契，培養和樂的家庭氣氛。
☐ ☐ ☐ ☐	10.我能認真閱讀參考教材，不懂時能向老師發問。
☐ ☐ ☐ ☐	11.我能夠完成本單元的作業。
☐ ☐ ☐ ☐	12.我認為老師設計的教學活動能夠幫助我認識本單元的主題。

.

學生作業單之一（單元七）

姓　　名	
主　　題	蒐集兩個「同儕衝突」的類型，每個類型至少想出五個解決方案。
說　　明	運用腦力激盪與 Amish(1991)社會解決問題的步驟－產生解決方案，只有提出的解決方案愈多和齊全，問題獲得圓滿解決的可能性就愈高。
類型與 解決方案	

學生作業單之二（單元七）

姓　　　名	
主　　　題	針對「家人衝突」的例題，練習套用社會解決問題的步驟進行化解。
例　　　題	父母聽信謠言，指控你一些從沒有做過的事（如偷竊、吃檳榔、賭博等）。
解決步驟	

單元八：問題解決策略

單元名稱	問題解決策略		教學資源			
教材研究						
教學方法			設 計 者		時　間	

單　元　目　標	具　體　目　標
一、認知方面 　1. 認識什麼是問題與問題解決的涵義。 　2. 了解在問題解決的主要歷程及其歷程中運用個人做決定與腦力激盪的重要。 　3. 發展適時做決定（decision-making）的基本要件。 　4. 增進對界定問題與選擇目標的認知。 　5. 提高解決方案的產生與實施選擇方案的能力。 　6. 綜合評估問題解決方案及其理想的步驟。 二、技能方面 　7. 分組練習「決定衡鑑表」的運用技巧。 　8. 挑戰與應用問題解決步驟。 三、情意方面 　9. 培養腦力激盪創意思考的習慣。 　10. 激發合乎邏輯思維，以評估方案，做出果斷決定的態度。 　11. 養成凡事能有效率的解決問題，以陶冶健全人格的發展。	1-1 能舉例說明問題的意義。 1-2 能說出問題解決的涵義。 2-1 能說出為什麼在問題解決的主要五個歷程中，都需要用到做決定與腦力激盪。 2-2 能複習單元六關於腦力激盪的功能與使用原則。 3-1 能舉出為什麼很難做決定，不做決定或延遲決定可能產生的問題。 3-2 表列做「最佳決定」應符合具備的基本要件。 4-1 說出界定問題的概念。 4-2 舉出選擇目標的原則。 5-1 說出產生解決方案與實施選擇方案的理想方法。 6-1 評論問題解決方案的有效性。 6-2 歸納問題解決歷程的最理想步驟。 7-1 本著假定情況，精確使用「決定衡鑑表」的技術。 8-1 針對設定問題，熟練應用問題解決策略。 9-1 養成遇到問題，能彈性思考，蒐集愈多「相關主意」的習慣。 10-1 熟悉正確的思維術，培養在評估方案時，隨時保持做出「最佳決定」的態度。 11-1 熟練有效的解決問題策略，增進人際問題的解決與社會的適應。

時間分配	節次	月	日	活　動　重　點
	1			做決定與腦力激盪的技巧
	2			問題解決步驟的應用

活動目標	活　　動　　過　　程	時間	學習評鑑			
			4	3	2	1
	第一節　活　動					
	㈠準備活動					
	1.師生蒐集關於「腦力激盪」與「做決定」的有關資料，並印製相關的家課作業單。					
	2.製作「腦力激盪」技巧與命題和「做決定」技巧與假定情況的圖表各一張。					
	3.學生進行分組，選出組長、紀錄及分配成員的工作任務。					
	㈡發展活動					
3-1	1.引起動機					
	「在《後漢書》的〈曹褒傳〉有一則作舍道旁的故事，提到有個沒有主張的人，在公路旁建蓋一棟房子，眼看房子就要落成了，有個過客從路旁經過，向他說道：『如果我是房子的主人，我會把門窗的方向全部朝東，那樣陽光一出來就射進房間來，可以養成早起的習慣，豈不更好？』他一聽了，覺得有理，就把房子拆了。房子第二次快要建好了，又有一位過客從路旁經過，向他建議，住家的房子貴在冬暖夏涼，只有向南才能做到，向東怎麼可以呢？於是他又拆了房子，重新再蓋。」					
	「故事中的他，為什麼很難做出正確決定？如果因為很難做出決定，而乾脆不做決定或延遲決定，可能產生嚴重的後果，你能舉例並說明原因嗎？」					
1-1 1-2	2.教師說明問題與問題解決的意義：					
	⑴三代以下，有學而無問（劉開－問說）。					
	⑵問題是「所有」與「所有要」之間的差異（de Bono, 1968）。					
	⑶當某種條件具有誘惑力，而當事者缺乏這種條件，便會產生問題（Skinner,1974）。					
	⑷能引發探討、考慮、決定或解答的詢問，就是問題的解決（引自郭有橘，2001）。					
2-1	3.教師歸納 Deway、Kanfer 與 Busemeyer（1982）等學者提出問題解決的主要歷程如下圖所示（引自何淑晃，1994），在這五個主要歷程中，都包含兩個重要的技術，即做決定與腦力激盪，我們將在本節討論，至於問題解決五個步驟的應用，將留在下一節再討論。					

資優青少年自我傷害防治課程與教學
—以生命教育為取向

活動 目標	活　　動　　過　　程	時間	學習評鑑			
			4	3	2	1

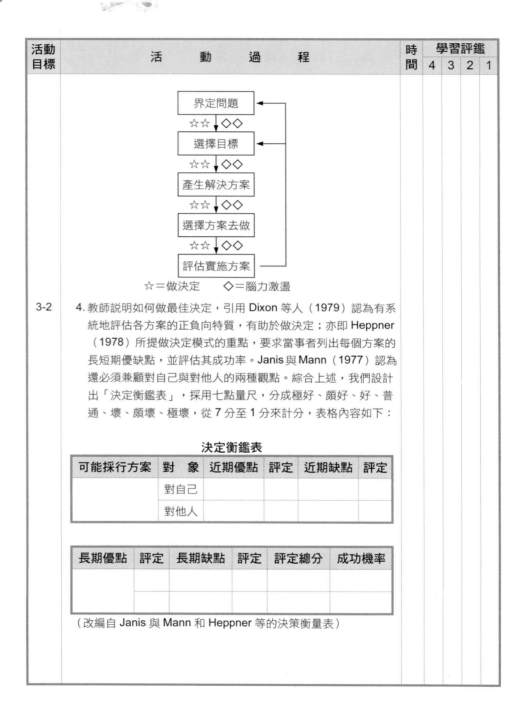

3-2

4. 教師說明如何做最佳決定，引用 Dixon 等人（1979）認為有系統地評估各方案的正負向特質，有助於做決定；亦即 Heppner（1978）所提做決定模式的重點，要求當事者列出每個方案的長短期優缺點，並評估其成功率。Janis 與 Mann（1977）認為還必須兼顧對自己與對他人的兩種觀點。綜合上述，我們設計出「決定衡鑑表」，採用七點量尺，分成極好、頗好、好、普通、壞、頗壞、極壞，從 7 分至 1 分來計分，表格內容如下：

決定衡鑑表

可能採行方案	對　象	近期優點	評定	近期缺點	評定
	對自己				
	對他人				

長期優點	評定	長期缺點	評定	評定總分	成功機率

（改編自 Janis 與 Mann 和 Heppner 等的決策衡量表）

活動目標	活　動　過　程	時間	學習評鑑			
			4	3	2	1
2-2	5. 學生複習前面單元六關於腦力激盪的功能與使用原則。					
7-1	6. 揭示假定情況，鼓勵練習做決定的技術。					
	「明芳因為去年高中畢業後，沒有考上大學，目前在一家貿易公司擔任外務員，他的爸媽希望他辭去工作，以便準備重考，可是他滿意目前有一份固定的收入，又可天天和新結交的女朋友見面，請問他該怎麼辦？」					
	㈢綜合活動					
9-1	1. 教師鼓勵養成遇到問題，能創意思考，盡量蒐集愈多「相關主意」的習慣。					
10-1	2. 教師指導溫習前面正確思維術單元，養成在評估方案時，隨時保持做出「最佳決定」的態度，並對本節活動作一評論。					
	3. 指定作業					
	分發決定衡鑑表作業單，練習「做決定」技巧。					
	第二節　活　動					
	㈠準備活動					
	1. 製作問題解決步驟圖表。					
	2. 繪製問題情境的海報、印製問題情境作業單。					
	5. 學生進行分組，選出組長、紀錄及分配成員的工作任務。					
	㈡發展活動					
	1. 引起動機					
	「許願為大三主修會計的學生，個性開朗活潑，喜歡參加郊遊、露營、唱歌等活動，父親是名會計師，家人從小就希望他將來成為會計師，師長與親友也都鼓勵他朝這方面發展，而他認為這些期待還不錯，也就順利地考進會計系來就讀。」					
	「目前他正苦於一個不知如何解決的問題，每個學期的平均成績總是險象環生低空掠過，一些重要的科目如高等會計、審計學等必須要重修，因此找最要好的朋友汪德商量問題的解決。在晤談的過程，他表示讀書有困難，每晚複習功課時間很少超過一個小時；同時他也表示對法律有興趣，曾修過法學概論，輕鬆過關。如果你是他的朋友，你會如何幫助他解決問題？」					
4-1	2. 教師提出既然要解決問題，必先確定問題發生在哪裡？察明問題發生的原因，而不是問題發生的症候，也就是要「界定問題」。以許願為例，他的問題可能包含如下：					
	⑴盲目地認同父母與師長。					

活動目標	活　動　過　程	時間	學習評鑑			
			4	3	2	1
	⑵成績低落。					
	⑶讀書時間不夠。					
	⑷不適當的教育安置。					
	⑸參加太多的社團活動。					
	假如有很多問題，試想是否解決其中一個問題（如3），也解決另一個問題（如2）。當然也要排除不能通過事實檢驗，如⑴、⑷、⑸，就能界定出真正的問題所在。					
4-2	3. 教師說明在「界定問題」後，要選取有助於解決這個問題的目標，澄清自己的價值觀，可以協助「選擇目標」。以許願來說，他的目標選擇包含：					
	⑴高等會計、審計學的重修要通過。					
	⑵學期的平均成績須在七十五分以上。					
	⑶每天至少要讀書三小時。					
	⑷改進寫筆記、閱讀速率等讀書技巧。					
	⑸減少請假、曠課時數。					
	你會如何來協助他選擇目標？既然問題界定是讀書時間不夠，當然你會優先選擇的目標是增加讀書的時間。					
	4. 教師說明在「選擇目標」後，必須針對目標「產生解決方案」，可用腦力激盪技術，產生方案愈多，設想出更多的解決方法，則解決問題的機率愈高。在產生解決方案後，便要「選擇方案去做」，如何選取最適當的方案去實施，可用做決定技術及配合當下人事物的情境實施。我們以許願的例子來說，讓大家用腦力激盪，盡可能說出解決方案（至少要包含）：					
	⑴控制外在環境的誘因。					
	⑵訂定自律的契約。					
	⑶做好時間的規劃。					
	⑷獲得朋友與親人的支持。					
	⑸練習放鬆的技術。					
	在這麼多的解決方案中，你會如何幫他選擇方案？既然要增加讀書時間，當然你會優先考慮做好每天的時間規劃。					
6-1	5. 教師提出在實施方案後，需對實施方案進行評定，即問題是否已經完全排除了，這種「評估實施方案」，目的在於了解實施結果的有效性與無效性，如果無效則另須回轉選取其他的解決方案或目標。					

活動 目標	活　　　動　　　過　　　程	時間	學習評鑑			
			4	3	2	1
6-2	6. 討論歸納問題解決歷程的理想步驟：界定問題→選擇目標→產生解決方案→選擇方案去做→評估實施方案。					
8-1	7. 揭出假定問題，練習統整應用問題解決的策略。 　「素芳和她的室友明莉的相處發生了問題，她是一位文靜、整潔且用功的學生，明莉則是位粗線條的人，大聲喧譁、比較髒亂、經常亂丟衣服、夜歸，甚至借取素芳的衣物。素芳對明莉的行為很困擾，但拿不出一點辦法來，她如果向你求助，你想想有什麼方法可以改變她的室友的行為？」					
11-1	㈢綜合活動 　1. 教師對應用問題解決的策略作一個結論，平時熟練有效的解決問題策略，可增進人際的關係與社會適應。 　2. 指定作業 　　提供問題情境的作業單，練習運用解決問題的策略。					

生命教育課程學生自我評鑑表（單元八）

評鑑符合程度				評 鑑 項 目
單 元 名 稱				問題解決策略
學 生 姓 名				
差 1	2	3	好 4	評 鑑 項 目
☐	☐	☐	☐	1.我能認識什麼是問題與問題解決的歷程。
☐	☐	☐	☐	2.我能了解在問題解決的歷程中運用個人做決定與腦力激盪的重要。
☐	☐	☐	☐	3.我能了解發展適時做決定（decision-making）的基本要件。
☐	☐	☐	☐	4.我能熟悉使用腦力激盪（brainstorming）的原則。
☐	☐	☐	☐	5.我能增進問題界定與目標選擇的認知。
☐	☐	☐	☐	6.我可以提高問題解決方案的產生與評估方案的能力。
☐	☐	☐	☐	7.我能綜合評估問題解決方案及其理想的步驟。
☐	☐	☐	☐	8.我能使用「決定衡鑑表」。
☐	☐	☐	☐	9.我能運用腦力激盪的技巧。
☐	☐	☐	☐	10.我會應用問題解決步驟。
☐	☐	☐	☐	11.我能激發合乎邏輯思維，以評估方案，養成做出果斷決定的態度。
☐	☐	☐	☐	12.我可以養成凡事能有效率解決問題的態度。
☐	☐	☐	☐	13.我能夠完成本單元的作業。
☐	☐	☐	☐	14.我認為老師設計的教學活動能夠幫助我認識本單元的主題。

決定衡鑑表（單元八）

【說明】如何做最佳決定，引用 Dixon 等人（1979）認為有系統地評估各方案的正負向特質，有助於做決定；亦即 Heppner（1978）所提做決定模式的重點，要求當事者列出每個方案的長短期優缺點，並評估其成功率。Janis 與 Mann（1977）認為還必須兼顧對自己與對他人的兩種觀點。綜合上述，我們設計出「決定衡鑑表」，採用七點量尺，分成極好、頗好、好、普通、壞、頗壞、極壞，從 7 分至 1 分來計分，表格內容如下。

採行方案	對象	近期優點	評定	近期缺點	評定	長期優點	評定	長期缺點	評定	評定總分	成功機率
	對自己										
	對他人										
	對自己										
	對他人										

（改編自 Janis 與 Mann 和 Heppner 等的決策衡量表）

資優青少年*自我傷害防治課程與教學*
——以生命教育為取向

學生作業單之一（單元八）

姓　　名	
主　　題	練習「做決定」技巧－請根據明芳的問題，協助他做最適當的決定，請填寫在衡鑑表中。
例　　題	「明芳因為去年高中畢業後，沒有考上大學，目前在一家貿易公司擔任外務員，他的爸媽希望他辭去工作，以便準備重考，可是他滿意目前有一份固定的收入，又可天天和新結交的女朋友見面，請問他該怎麼辦？」

決定衡鑑表

採行方案	對象	近期優點	評定	近期缺點	評定	長期優點	評定	長期缺點	評定	評定總分	成功機率
	對自己										
	對他人										
	對自己										
	對他人										

（改編自 Janis 與 Mann 和 Heppner 等的決策衡量表）

學生作業單之二（單元八）

姓　　　名	
主　　　題	針對下列問題情境，運用解決問題的策略。 （界定問題 → 選擇目標 → 產生解決方案 → 選擇方案去做 → 評估實施方案）
問 題 情 境	「素芳和她的室友明莉的相處發生了問題，她是一位文靜、整潔且用功的學生，明莉則是位粗線條的人，大聲喧譁、比較髒亂、經常亂丟衣服、夜歸，甚至借取素芳的衣物。素芳對明莉的行為很困擾，但拿不出一點辦法來，她如果向你求助，你想想有什麼方法可以改變她的室友的行為？」
解決策略	

單元九：壓力管理策略

單元名稱	壓力管理策略		教學資源			
教材研究						
教學方法			設 計 者		時　　間	

單　元　目　標	具　體　目　標
一、認知方面 　1. 認識什麼是生活壓力。 　2. 了解壓力是否對健康造成影響。 　3. 熟悉如何因應壓力與採行有效的因應策略。 　4. 認識社會支持的意義、功能與抗壓。 　5. 了解紓解壓力的意義與方法。 二、技能方面 　6. 練習漸進式放鬆術（progressive relaxation）。 　7. 學習紓解壓力的簡易方法。 三、情意方面 　8. 養成面對壓力真相，冷靜思考探求各種可行解決方法的態度。 　9. 培養良好的休閒活動，避免使用抽菸、喝酒或藥物來紓解壓力的習慣。	1-1 能説出首位應用壓力名詞的內分泌學家 Hans Selye 對壓力的看法與解釋。 1-2 能現身説法舉出青少年為何生活充滿壓力，且為自我傷害的主因。 2-1 能説出親身體驗適度的壓力，對健康有哪些有利的影響。 2-2 能指出親身體驗過度的壓力，對健康有哪些不利的影響。 3-1 能説出當下青少年因應壓力的方式。 3-2 能指出青少年因應壓力的有效策略。 3-3 能説出有效因應壓力的重要原則。 4-1 能正確地舉出社會支持的定義與在實質、情感、認知與陪伴的四種功能。 4-2 能説出何以社會支持＋因應策略才能有效地因應壓力。 5-1 能説出紓解壓力的意義。 5-2 能舉出親自體驗紓解壓力的方法。 6-1 會做出手臂、脖子、肩膀、胸腹部及下背部的放鬆。 7-1 能正確練習深呼吸、平衡站姿、放鬆肌肉等紓解壓力的簡易法。 8-1 能培養認清壓力事實，冷靜分析尋求盡可能解決方案的態度。 9-1 能養成平時健康休閒活動，避免染上不良習性，使得壓力獲得完全的紓解。

時間分配	節次	月	日	活　動　重　點
	1			生活壓力與因應策略
	2			社會支持與壓力紓解

活動 目標	活　　動　　過　　程	時間	學習評鑑			
			4	3	2	1
	第一節　活　動					
	㈠準備活動					
	1.師生蒐集關於「生活壓力與因應策略」的相關資料。					
	2.製作「漸進式放鬆訓練」的旁白與音樂卡帶一組。					
	3.學生進行分組,選出組長、紀錄及分配成員的工作任務。					
	㈡發展活動					
1-1	1.引起動機					
	老師講解「內分泌學家 Hans Selye 首位應用工程學上壓力名詞,在於所做的動物實驗上,觀察老鼠在飢餓、極端溫度及突然關門等不同的壓力源,產生的創傷行為,包含三個反應階段－恐懼、適應與精疲力竭。引用在人體行為上,恐懼會分泌壓力荷爾蒙－可體松與腎上腺素;適應會抗拒威脅而回復到原來穩定狀態;精疲力竭會因長期對抗壓力,由於體內荷爾蒙改變或耗盡,造成身體的疾病。」					
	「根據瑞典一份長達六年,針對一百三十位的實驗報告,顯示在不斷的壓力下,會減少腦內海馬址細胞的數量,影響個體的記憶,而壓力荷爾蒙對大腦的某些區域過度反應,長期處於壓力下,容易變成憂鬱狀態。我們前面的單元提過,自我傷害的人常有憂鬱症狀,而很多憂鬱症狀是由於長期的壓力造成,現在我們談壓力,可說是溯本清源。」					
1-2	2.教師先說明在青少年期由於身心急遽變化、社會快速變遷、升學的壓力等,在生活上充滿壓力,如本身缺乏良好的因應策略與社會支持,出現行為困擾或問題的機會,便大為增加,甚至引發自我傷害或犯罪行為。接著切入主題,讓學生舉例說出青少年為何生活充滿壓力,且可能造成自我傷害的主因。					
2-1 2-2	3.教師先解說適度壓力對人體可能是有利的,使我們保持警覺,確定所有系統都能反應,能發覺與突破自己的潛能與極限;若壓力太大,超出個體可用的資源與能力時,會對身體造成傷害,併發出情緒、行為和身體等方面不良症狀的出現。然後帶入主題,讓學生以親身體驗說出適度的壓力,對健康有哪些有利的影響;過度的壓力,對健康有哪些不利的影響。					
3-1	4.教師先舉出有名的心理學者 Folkman 與 Lazarus(1980)等所提在任何壓力下,人們採取因應方式不外:					
	⑴解決問題取向:蒐集資料、解決問題與發展替代性酬賞。					
	⑵情緒取向:憤怒的失調、結局的逃避與情緒的發洩。					

活動目標	活　　動　　過　　程	時間	學習評鑑			
			4	3	2	1
	Copeland（1994）發現美國青少年對生活壓力，大都採逃避及發洩的情緒取向，造成青少年的問題愈演愈烈。心理學家稻村博士發現，日本青少年近年來也有極端問題與嚴重情緒障礙發生。然後切入主題，讓學生説出他們因應壓力的方式。					
3-2	5. 教師先舉出 Raber（1992）研究青少年的生活壓力，使用積極的因應策略，如：問題解決技巧、人際關係改善、思維方式調整，則可減輕身心症狀 10%-21%；採使用消極的發洩情緒方式，如憤怒責備他人或逃避問題，不僅沒有減輕生活壓力，反而加重身心症狀的發生。國內學者蔡崇振（1997）探討國內五百五十六位高中生的生活壓力因應策略，也發現同樣的結果。然後導入正題，讓學生發表他們親身經歷因應壓力的有效策略。					
3-3	6. 教師先闡述 Flamenery 在研究一千兩百位壓力容忍度較高的人，歸納出因應壓力的重要原則，稱為「聰明計畫」： ⑴正面看待問題—冷靜面對問題，接受事實真相，對問題要看開些，人生不如意事十之八九，而目前並非最壞的情況，要往好的方面去想，謀事在人而成事在天，對問題不要逃避、拖延或忘記，不要否認發生不好的事實。 ⑵有明確的目標—蒐集書籍網路相關資訊，參考過往經驗與寶貴教訓，思考問題的原因與真相，訂定目標與計畫，努力確實地執行，且經常自我檢討與改進，以獲取圓滿的成果。 ⑶經營充實的生活—規律的生活作息、紓解壓力的健康休閒活動。 ⑷建立良好的人際關係—不隨便對他人埋怨、責備或發脾氣，充分尊重他人，即使有不同看法，也應主動與對方溝通，表達自己的觀點，培養良好的默契與互動，樂於與人交往，避免自我孤立、凡事默默承受而自行解決。教師隨機抽點同學，歸納地説出上述有效因應壓力的原則。					
6-1	7. 教師先説明由於平日生活的壓力，造成肌肉的過度緊張，要求同學檢查是否肩膀提得太高、手心握得太緊、腹部肌肉太過緊繃。當肌肉過度收縮，耗費不必要的能量，減低做事的效率，又危害身心的健康。我們要做漸進式放鬆術（progressive relaxation）。從某一個部位肌肉進行緊縮與放鬆，逐漸轉移到其他部位，體會肌肉的緊張與放鬆，以後當你覺得肌肉緊張時，你才會懂得放鬆。做的方法很簡單，依序為手臂、脖子、肩膀、胸腹部及下背部的收縮與放鬆，請同學隨音樂的節奏與旁白開					

活動目標	活　動　過　程	時間	學習評鑑			
			4	3	2	1
	始做。					
	㈢綜合活動					
8-1	1. 教師對生活壓力與因應策略作一個結論，鼓勵平日確實培養認清壓力事實，冷靜分析尋求盡可能解決方案的態度。					
	2. 指定作業					
	⑴列出自己平時在家庭、社區與學校的主要壓力源至少十項。					
	⑵練習「漸進式放鬆術」，每天早晚各一次，每次時間十五分鐘。					
	第二節　活　動					
	㈠準備活動					
	1. 師生蒐集關於「社會支持與壓力紓解」的相關資料。					
	2. 製作社會支持＋因應策略＝有效的因應壓力的架構圖一張。					
4-1	㈡發展活動					
	1. 引起動機					
	「當你面對問題無法獨自解決，必須尋求社會支持，這種向他人求助的行為是正當且合理的，如果適時獲得社會支持，很多問題都可迎刃而解，可減少許多自我傷害事件的發生。Patterson 與 McCubbin（1987）認為社會支持的定義是個人在社會中，覺得受到尊重、關心與協助，這些來自社會他人的資源，可幫助問題解決，減少壓力或增加個人的因應能力。」抽問學生説出社會支持的意義。					
4-1	2. 教師先闡述 Cottleib（1983）歸納出社會支持的四種功能：					
	⑴實質性支持－提供物質的需求，協助解決困難。					
	⑵情感性支持－給予肯定及鼓勵。					
	⑶認知性支持－提供重要訊息與經驗分享。					
	⑷陪伴性支持－與個體共度難關，使他不覺得孤單無助（引自蘇彙珺，1998）。					
4-2	接著要求學生根據親身體驗，舉出在面臨重大壓力，所需求社會支持應具備的功能。					
	3. 為了抵抗壓力源，除了前節所提因應策略，還需要社會支持的配合，亦即「社會支持＋因應策略＝有效的因應壓力」，而青少年的社會支持來源，根據 Cohen 與 Wills（1985）區分為下列三類：					
	⑴家庭支持－有問題與壓力，可和家人親友商量解決方法。					

活動目標	活　動　過　程	時間	學習評鑑			
			4	3	2	1
	⑵同儕支持—有問題與壓力，可和朋友一起商量解決方法。					
	⑶學校支持—有問題與壓力，可向師長或輔導專業人員尋求協助。					
	然後抽問學生何以社會支持＋因應策略才是有效地因應壓力與社會支持的主要來源。					
5-1	4. 教師解釋現代人面臨生活壓力，對於壓力因應與社會支持，無非在消除或減低這股壓力，這種紓解壓力能維持生活正常，抑制壓力荷爾蒙分泌，減少體內可體松與腎上腺素的數量，可讓白血球數目增加，而增進身體的免疫性。再抽點同學說出紓解壓力的意義。					
5-2	5. 教師先說明紓解壓力的幾個重要方法：					
	⑴保持冷靜與理智—避免立即的情緒反應，讓自己休息觀察一下，調整心情專注思考，再面對問題。					
	⑵釋放壓抑的情緒—每一天花點時間，寫下自己認為的壓力事件或情緒，向親近信任的人傾訴心裡感受，以抒發內心的情緒，或與自己處境相同的人交換對問題的感受，都有助於情緒的穩定。					
	⑶補足睡眠的時間—根據美國國家失眠委員會統計，有 **36%** 的人睡眠不足，壓力造成的失眠占就醫五大原因的首位。充分的睡眠可修補細胞，強化免疫系統，散出體內毒素及放鬆肌肉，可說是抒發壓力的重要方法。					
	⑷從事良好的休閒活動—做些調劑身心的活動，如：打球、聽音樂、看影片等可紓解壓力，但避免藉電玩賭博、開派對嗑藥來消除壓力。					
	⑸不要太完美主義—把標準設定太高的人，常在目標未達成前，已失掉自信，徒然增多自己的壓力而已。要打破完美主義，須對處理事項進行管制，估計你有多少時間，達到什麼程度的品質，有時較低的品質已足夠時，不需要非做到最高的品質不可，把節省下來的時間和精力，好好的休息或做其他有意義的事情。					
	接著教師隨機抽問同學，舉出親自體驗紓解壓力的方法。					
7-1	6. 教師先示範紓解壓力的簡易方法：					
	⑴深呼吸					
	⑵平衡站姿					
	⑶放鬆肌肉					

活動目標	活　　動　　過　　程	時間	學習評鑑			
			4	3	2	1
9-1	接著帶領同學正確練習深呼吸、平衡站姿、放鬆肌肉等紓解壓力的方法。 ㈢綜合活動 1.教師對社會支持加上因應策略等於有效的因應壓力，並做好紓解壓力作一個結論，鼓勵平時能養成健康休閒活動，避免染上不良習性，使得壓力獲得完全的紓解。 2.指定作業 ⑴列出自己平時在家庭、社區與學校的主要支持至少十項。 ⑵練習深呼吸、平衡站姿、放鬆肌肉等紓解壓力的方法，每天早晚各一次，每次時間十分鐘。					

生命教育課程學生自我評鑑表（單元九）

單　元　名　稱	壓力管理策略
學　生　姓　名	
評鑑符合程度 差　　　　好 1　2　3　4	評　鑑　項　目
☐　☐　☐　☐	1.我能認識什麼是生活壓力。
☐　☐　☐　☐	2.我能了解壓力是否對健康造成影響。
☐　☐　☐　☐	3.我能熟悉如何因應壓力與採行有效的因應策略。
☐　☐　☐　☐	4.我能認識社會支持的意義、功能與抗壓。
☐　☐　☐　☐	5.我可以了解紓解壓力的意義與方法。
☐　☐　☐　☐	6.我會練習漸進式放鬆術（progressive relaxation）。
☐　☐　☐　☐	7.我願學習紓解壓力的簡易方法。
☐　☐　☐　☐	8.我願養成面對壓力真相，冷靜思考探求各種可行解決方法的態度。
☐　☐　☐　☐	9.我能培養良好的休閒活動，避免使用抽菸、喝酒或藥物來紓解壓力的習慣。
☐　☐　☐　☐	10.我能認真閱讀參考教材，不懂時能向老師發問。
☐　☐　☐　☐	11.我能夠完成本單元的作業。
☐　☐　☐　☐	12.我認為老師設計的教學活動能夠幫助我認識本單元的主題。

學生作業單（單元九）

姓　　　名	
主　題　一	列出自己平時在家庭、社區與學校的主要壓力源至少十項：
填 答 內 容	
主　題　二	列出自己平時在家庭、社區與學校的主要支持至少十項：
填 答 內 容	
備　　　考	(1)練習「漸進式放鬆術」，每天早晚各一次，每次時間十五分鐘。 (2)練習深呼吸、平衡站姿、放鬆肌肉等紓解壓力的方法，每天早晚各一次，每次時間十分鐘。

單元十：生命的蛻變與挑戰

單元名稱	生命的蛻變與挑戰		教學資源			
教材研究						
教學方法			設 計 者		時 間	

單 元 目 標	具 體 目 標
一、認知方面 　1.了解生命意義，珍惜自己與他人寶貴生命，根絕自我傷害的可能性。 　2.揭開死亡謎底，明瞭死亡及瀕死健康態度，可減低自我傷害的發生率。 　3.認識死亡尊嚴，省思生死權力，不任意剝奪自我生命。 　4.認識自我傷害原因、動機與評價，化解、求助與預防自我傷害的發生。 　5.運用邏輯思維矯治認知缺陷。 　6.增進對憂鬱的認知和焦慮憤怒的管理。 　7.解決同儕與家人的人際問題。 　8.運用問題解決的步驟，建立充分信心，以提高自尊心。 　9.運用因應壓力和策略，與獲取社會支持，能有效紓解壓力。 二、技能方面 　10.學生根據內心的剖析，練習寫封「臨終前對上帝的告白」。 　11.活用社會問題解決技巧，管理情緒與解決人際問題。 三、情意方面 　12.消除死亡迷思，珍惜寶貴生命，培養健康正確的死亡態度。 　13.養成邏輯思考，正確評估各種可行方案，以紓解壓力，提升自我尊重的態度。	1-1 能複習生命的醫學、心理、社會及法律的意義。 1-2 能說出自己與他人生命的可貴，消弱自我傷害的意念。 2-1 能再檢視死亡與瀕死心理反應與死亡的謎底，降低自我傷害盛行率。 3-1 能檢討要能活得豐盛才能死得尊嚴，了解生死權利，不任意剝奪寶貴生命。 4-1 能溫習自我傷害原因、動機與評價，化解自我傷害危機、求助與預防。 5-1 能熟悉邏輯思維可矯治認知缺陷。 6-1 能溫習憂鬱的認知和焦慮憤怒的控制步驟。 7-1 融會同儕與家人衝突的解除步驟。 8-1 能融合問題解決步驟，應用在實際問題的處理，以增進自尊心。 9-1 複習因應壓力與策略，和爭取社會支持，能有效排除生活壓力。 10-1 學生根據已發生的事實或未發生的想像，擬寫一封「臨終前對上帝的告白」。 11-1 學生能使用社會問題解決技巧，控制情緒和解決同儕與家人衝突。 12-1 打破死亡禁忌，活出自己的希望，養成積極面對死亡，避免過度焦慮與恐懼的態度。 13-1 能培養冷靜思考問題，不受情緒失控，且有效解決問題化解衝突，以提高自尊避免自貶的態度。

時間分配	節次	月	日	活 動 重 點
	1			生命的蛻變
	2			生命的挑戰

活動目標	活　　動　　過　　程	時間	學習評鑑			
			4	3	2	1
	第一節　活　動					
	㈠準備活動					
	1.師生蒐集生命意義、死得尊嚴、瀕死與死亡、學生 自我傷害的身心及環境改變等相關資料。					
	2.準備製作「臨終前對上帝的告白」和「事實的我與理想的我之間對話」的紙張、卡片與顏料或色筆。					
	3.學生進行分組,選出組長、紀錄及分配成員的工作任務。					
	㈡發展活動					
	1.引起動機					
	「李大衛是位有幽默感、彬彬有禮且嫉惡如仇的大律師,他在生前敘述自己的生平,從他的生命誕生開始,帶給家人最大的歡樂,多少的寵愛集中在這個小生命上。最令人興奮是上學的第一天、交到第一位要好的朋友、談第一次戀愛、第一次出庭為窮人辯護、與真心相愛的人牽手走過紅地毯、組織美滿小家庭、忙亂而窩心的初為人父、生活的重擔壓在他的肩上,時光荏苒,他的兩鬢冒出白髮,成為年輕人眼中的長輩。隨著親友的一一逝去,他也體會到衰老,在一次大病中,寫下遺囑,交代捐贈身體可用器官給需要的人,捐出幾乎全部財產給慈善機構,並且與至親好友討論後,不忘最後幽默一次,寫出下列墓誌銘──對不起,恕我沒站起來迎接您!在這裡休息的是一位辯才無礙的律師,平生打擊犯罪挑戰不法,沒想到這次和死神對決,敗訴。從這則李大衛的生平簡述,你能否簡要說出對他一生的看法與評論?」					
1-1	2.師生複習生命的醫學、心理、社會及法律的意義。					
1-2	3.學生說出自己與他人生命的珍貴,減低自我傷害的意念。					
2-1	4.師生檢視死亡與瀕死心理反應與死亡的謎底。					
3-1	5.師生檢討要能活得豐盛才能死得尊嚴,了解生死權利,不任意剝奪寶貴生命。					
4-1	6.師生溫習自我傷害原因、動機與評價,化解自我傷害危機、求助與預防。					
10-1	7.學生根據已發生的事實或未發生的想像,擬寫一封「臨終前對上帝的告白」。					
	㈢綜合活動					
	1.教師對生命蛻變作一個總結,並說明如何能珍惜生命、接受死亡事實、破除死亡禁忌、消除死亡迷思、避免死亡的恐懼焦慮,					

活動 目標	活　　動　　過　　程	時間	學習評鑑			
			4	3	2	1
	培養健康正向的死亡態度。 2. 指定作業 　　寫一篇「事實的我」與「理想的我」之間的對白。					
	第二節　活　動 ㈠準備活動 　1. 師生蒐集問題解決、情緒管理、人際問題與壓力管理等相關資 　　料。 　2. 準備製作控制憤怒、排除衝突、解決問題、克服壓力等運用社 　　會解決問題技巧策略的紙張、卡片與顏料或色筆。 ㈡發展活動 　1. 引起動機 　　「有位學生因為結交女朋友，家人唯恐影響他的學業，強烈的 　　反對，禁止電話與書信往來，造成他持續與家人嚴重衝突，且 　　一直處於長期的苦悶憂鬱狀態，這天他在電話裡充滿無望的口 　　氣說：『我要跟老師 say goodbye，因為我馬上就要自殺了！』 　　『你能死了嗎？你對這個世界奉獻了什麼嗎？』我問道。『正 　　因為我不能奉獻什麼。』他說。『好笑！我立刻接送你去創世， 　　看看有多少無助的人需要你的幫助？然後你再想想有沒有資格， 　　在對這個世界還未盡一份心力前，就想要死。』我緊急撥通電 　　話，請他的家人保持密切關注，且火速的趕達，只見他面帶微 　　笑，就在這短短的十幾分鐘，他已經打消了死亡的念頭。」 　　「從這則例子，你能否看出造成自殺的原因？如：認知缺陷、 　　長期憂鬱和焦慮憤怒、與家人衝突等。你是否也能說說打消自 　　殺的原因？如：問題解決、壓力因應與社會支持等。」					
5-1	2. 師生複習邏輯思維可矯治認知缺陷。					
6-1	3. 師生溫習憂鬱的認知和焦慮憤怒的控制步驟。					
7-1	4. 學生複習並融會同儕與家人衝突的解除步驟。					
8-1	5. 師生溫習並融合問題解決步驟，應用在實際問題的處理，以增 　　進自尊心。					
9-1	6. 師生複習因應壓力與策略，和爭取社會支持，能有效排除生活 　　壓力。					
11-1	7. 學生練習使用社會問題解決技巧，控制情緒和解決同儕與家人 　　衝突。					

活動 目標	活　　動　　過　　程	時間	學習評鑑			
			4	3	2	1
13-1	(三)綜合活動 1. 教師對生命挑戰作一個結論，平時能培養冷靜思考問題，不受情緒失控，且有效解決問題化解衝突，以提高自尊避免自貶的態度。 2. 指定作業 　運用社會解決問題技巧，練習控制憤怒、排除衝突、解決問題、克服壓力等的各種策略。					

生命教育課程學生自我評鑑表（單元十）

單 元 名 稱	生命的蛻變與挑戰
學 生 姓 名	

評鑑符合程度 差　　　　好 1　2　3　4	評　　鑑　　項　　目
☐ ☐ ☐ ☐	1.我可以了解生命意義，珍惜自己與他人寶貴生命，根絕自我傷害的可能性
☐ ☐ ☐ ☐	2.我能揭開死亡謎底，明瞭死亡及瀕死健康態度，可減低自我傷害的發生率。
☐ ☐ ☐ ☐	3.我能認識死亡尊嚴，省思生死權力，不任意剝奪生命。
☐ ☐ ☐ ☐	4.我可以認識自我傷害原因、動機與評價，化解、求助與預防自我傷害的發生。
☐ ☐ ☐ ☐	5.我可以運用邏輯思維矯治認知缺陷。
☐ ☐ ☐ ☐	6.我能增進對憂鬱的認知和焦慮憤怒的管理。
☐ ☐ ☐ ☐	7.我能解決同儕與家人的人際問題。
☐ ☐ ☐ ☐	8.我能運用問題解決的步驟，建立充分信心，以提高自尊心。
☐ ☐ ☐ ☐	9.我可以運用因應壓力和策略，與獲取社會支持，能有效紓解壓力。
☐ ☐ ☐ ☐	10.我能根據內心的剖析，練習寫封「臨終前對上帝的告白」。
☐ ☐ ☐ ☐	11.我可以活用社會問題解決技巧，管理情緒與解決人際問題。
☐ ☐ ☐ ☐	12.我能消除死亡迷思，珍惜寶貴生命，培養健康正確的死亡態度。
☐ ☐ ☐ ☐	13.我能夠完成本單元的作業。
☐ ☐ ☐ ☐	14.我認為老師設計的教學活動能夠幫助我認識本單元的主題。

臨終前對上帝的告白（單元十）

【說明】根據已發生的事實或未發生的想像，擬寫一封「臨終前對上帝的告白」。

學生作業單（單元十）

姓　　名	
主　題　一	寫出一篇「事實的我」與「理想的我」之間的對白。
填答內容	
主　題　二	運用社會解決問題技巧，練習控制憤怒、排除衝突、解決問題、克服壓力等的實際成效與檢討。
填答內容	

第 *8* 章

自我傷害防治課程教學媒體

第一節　緣起與應用

　　根據自我傷害防治課程理念架構，分成生命意義、死亡態度、因應認知與策略三個大領域，有關生命意義與死亡態度兩層面，包含生命的孕育與價值、生死的面面觀、生命與死亡的尊嚴、自殺和自傷行為等四個單元，每個單元各有兩節，共八節的教學活動；至於因應認知與策略層面，涵蓋正確的思維術、情緒的管理、人際問題的認知、問題解決策略與壓力管理策略等五個單元，計十節的教學活動；為使各單元的教學活動能融貫與銜接，本課程設計有統整應用，安排生命的蛻變與挑戰單元，共兩節的教學活動，培養學生在情境中活學活用的能力。

　　在十個單元二十節課的教學活動，為提升教學品質，管制教學進度，推動教學活動，實現教學目標，遂製作大量教學媒體，研究者投入不少時間與物力，編製各單元 PowerPoint 投影片，以期減少背對學生的時間，增加面對學生的互動。為避免學生對學習活動的過度聯想，產生學習排斥或防衛心理，自我傷害防治課程（The Self-Harm Prevention Course, SHPC）在學習過程定名為「生命教育課程」（如圖 8-1）。從生命教育

課程首頁點入，可進入課程簡介與各單元教學活動內容。

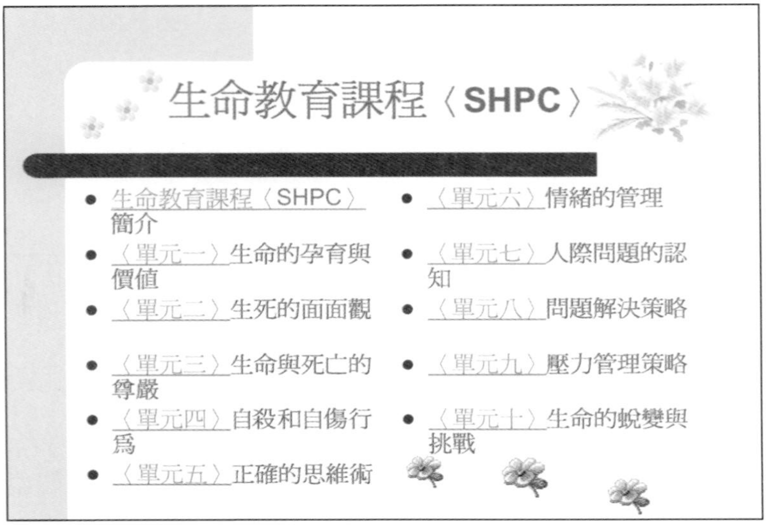

圖 8-1

第二節　自我傷害防治課程(SHPC)簡介

　　從課程首頁的課程簡介點入，內容包括介紹目前台灣地區青少年自我傷害統計資料，列舉三個國高中青少年自我傷害的案例；參考國內外青少年自我傷害防治相關文獻，調查具有實務經驗的學校輔導教師，根據他們提供的寶貴臨床經驗，所設計出的課程理念建構；總計有十個教學單元二十節課的學習活動內容與活動核心所組成的課程架構，上述詳細資料內容如本節下列圖 8-2 至 8-12。

台灣青少年自我傷害的情況

- 依據行政院衛生署(2003) 的統計資料，台灣地區人民自殺及自傷的死亡人數，1995-1996年居十五大主要死亡原因的第十一名，1997-1998年則邁入第十名，1999-2002年更躍居為第九名。

- 15-24歲的青少年組在1999-2001年居十大死亡原因的第三位，僅次於意外事故及惡性腫瘤。這些數據顯示自殺情況有日趨嚴重的趨勢。

圖 8-2

青少年自我傷害的案例〈上〉

- 1994年台北第一女中林、石兩位女性資優生，投宿旅社自殺身亡，認為社會生活的本質不適合於她們，令人感到震驚和痛心。

- 1997年彰化市陽明國中資優班的謝生與台北市大安國中劉姓資優生，父母和師長均表示他們的個性十分開朗、聰明活潑，竟從住宅跳樓身亡(引自吳加詮、謝素娟，1997)。

圖 8-3

青少年自我傷害的案例〈下〉

- **2000年建國中學數理資優班林姓學生，平日喜歡科學研究與邏輯推理，成績名列前茅，是父母師長心目中完美無瑕的一塊塊寶，竟也選擇自縊身殞，留下家庭和學校無盡的哀思和惋惜（引自戴志楊、李承鍊，2001）。**

圖 8-4

青少年自傷防治方案理念建構〈一〉

- 蒐集及整理學者傅偉勳(1993)、 Feifel (1977)、Schneidman (1985)、曉明女中生命教育中心（1998）、得榮社會福利基金會生命教育課程研編小組（1998）等編著有關生命尊嚴與生死教育課程的策略及相關教材。
- **Orbach(1983)、Philips(1980)、張淑美(1997)提出死亡態度和自殺有關，青少年的自殺和其存有不正確的死亡觀念有關。**

圖 8-5

青少年自傷防治課程理念建構〈二〉

- 參考**Ceperich (1997)**、**Amish (1991)**、
  Barth (1982)、楊瑞珠（**1998**）等所提認
  知的缺陷與因應策略**(coping strategies)**。

- 這些學者指出社會技巧的缺乏，在青少
  年自殺行為中扮演關鍵的角色，這些基
  本技巧包含解決問題技巧、憤怒和衝動
  的控制等，藉著教導問題的解決與其他
  因應策略，可試圖減少這些缺陷。

圖 8-6

青少年自傷防治課程理念建構〈三〉

- 根據研究者（程國選，**2000**）進行的「處理學
  生自我傷害問卷調查研究」，徵詢台北市各國
  高中負責處理自我傷害個案的輔導教師之實際
  處理經驗及對課程設計的意見。

- 研究者採自編之「學生自我傷害防治調查卷」，
  以台北市現有九十所公立國高中為問卷對象，請
  各校轉交輔導教師填寫。回收率為**81%**，不論校
  數與教師填答數的回收率均有相當之代表性。

圖 8-7

青少年自傷防治課程架構

- 擬編寫及規劃十個單元的實驗教材，每一單元包括三個至四個學習活動核心，分兩節實施。

- 整個單元活動設計主要分成活動目標和活動過程兩部分，活動目標分成認知、技能、情意三大領域，活動過程可分為：(1)準備活動—課前準備；(2)發展活動—引起動機、團體互動；(3)綜合活動—歸納結論、學習評鑑。

圖 8-8

生命教育方案單元學習活動目標與核心設計

活動內涵	單元學習活動目標	單元學習活動核心
生命意義與死亡	**1.生命的孕育與價值** (1)生命的孕育 (2)生命的價值	1.認識生命孕育的遺傳與環境，了解生命與死亡定義。體會生命律動，關懷成長、尊重生命、熱愛生命。 2.體驗生命的孕育，了解生物的生、老、病、死是天然的法則。 3.認知生命的價值，設計生命價值量表，明瞭做我自己真好，自我是別人無從取代，只要活著就有希望。
	2.生死的面面觀 (1)揭開死亡的謎底 (2)死亡及瀕死態度與調適	1.了解造成死亡的主要原因，認識死亡面貌的真相。增加對自己或他人面對死亡與瀕死心理反應的認識。 2.了解「臨終關懷」的涵義，認識造成的失落與引發的哀傷反應。 3.檢視自己對死亡的情緒與想法製作「臨終六個月前的生命規劃表」，從認識死亡影響生命意義。
	3.生命與死亡的尊嚴 (1)死亡的尊嚴 (2)生命的省思**	1.認識生命與死亡尊嚴，訂定生涯規劃表，明瞭善生才會樂死的概念。 2.明瞭死亡的本質，死亡是生命最終的一個過程，接納自己瀕臨死亡與自己死亡後的身心與環境的變化。 3.討論植物人、安樂死、墮胎、自殺、器官捐贈等生死權利議題，進而引發對自己生命的省思。

圖 8-9

態度	**4.自殺和自傷行為** **(1)自我傷害原因、動機與評價** **(2)自我傷害危機、求助與預防**	1.明瞭青少年對死亡與瀕死態度的迷思，認識自我傷害主要原因、動機因素與在倫理與宗教上的評價的。 2.認識自我傷害的訊號表徵、高危險因素，增進辨識自我傷害訊息真假的技能與對求助行為的認知。 3.了解輔導自殺行為的成效及如何預防自殺行為，學習痛苦與苦難是生命的一部分，養成快樂人生觀。
因應	**5.正確的思維術** **(1)邏輯思維的原則與應用** **(2)認知缺陷的覺察與矯治**	1.了解正確思考的意義、過程與影響，認識邏輯思考的原則。 2.分析認知的缺陷—自我中心、減輕責任、往最壞處想、怪罪他人。 3.避開思考謬誤的陷阱，運用邏輯的推理與求證，避免常犯的錯誤。
認知	**6.情緒的管理** **(1)憂鬱的覺察與預防** **(2)憤怒的認知與管理**	1.了解憂鬱症狀，增進對憂鬱訊號表徵的自我覺察。 2.認識憤怒失控的嚴重性，分析憤怒狀態，增加對憤怒表徵的覺察。 3.使用「自我陳述法」修正與改變產生憂鬱的認知結構。運用憤怒化解技巧，學習控制憤怒的方法。

圖 8-10

與策略	**7.人際問題的認知** **(1)同儕衝突的解決** **(2)家人衝突的化解**	1.認識青少年的人際問題主要為同儕關係及家人關係。了解同儕衝突常是青少年自殺的重要原因。 2.討論同儕衝突的類型與同儕衝突的典型反應。明瞭家人關係在青少年成長過程提供社會化的功能，家人衝突造成青少年自我傷害的主因。 3.運用社會解決問題方法處理同儕衝突與家人衝突。
略	**8.問題解決策略** **(1)做決定與腦力激盪的技巧** **(2)問題解決步驟的應用**	1.了解問題解決的主要歷程及其歷程中運用個人做決定與腦力激盪的重要，並發展適時做決定的要件。 2.增進對界定問題與選擇目標的認知，提高解決方案的產生與實施選擇方案的能力。 3.學習決定衡鑑表的運用與熟練應用問題解決步驟。

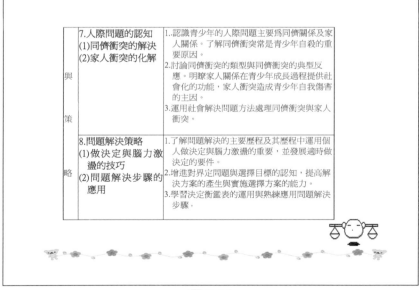

圖 8-11

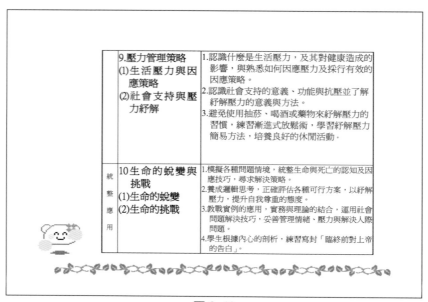

| | 9.壓力管理策略
(1)生活壓力與因應策略
(2)社會支持與壓力紓解 | 1.認識什麼是生活壓力，及其對健康造成的影響，與熟悉如何因應壓力及採行有效的因應策略。
2.認識社會支持的意義、功能與抗壓並了解紓解壓力的意義與方法。
3.避免使用抽菸、喝酒或藥物來紓解壓力的習慣，練習漸進式放鬆術，學習紓解壓力簡易方法，培養良好的休閒活動。 |
| 統整應用 | 10生命的蛻變與挑戰
(1)生命的蛻變
(2)生命的挑戰 | 1.模擬各種問題情境，統整生命與死亡的認知及因應技巧，尋求解決策略。
2.養成邏輯思考，正確評估各種可行方案，以紓解壓力，提升自我尊重的態度。
3.教戰實例的應用，實務與理論的結合，運用社會問題解決技巧，妥善管理情緒、壓力與解決人際問題。
4.學生根據內心的剖析，練習寫封「臨終前對上帝的告白」。 |

圖 8-12

第三節　各單元教學媒體製作

　　為提高教學的節奏性與活潑化，配合教學視聽器材電腦與投影機使用，根據課程教材，花費相當人力與時間，製作教學投影片。各單元依教材呈現次序，包含全部單元各節名稱的首頁與尾頁，教學目標認知、技能與情意，教學過程準備、發展與綜合活動，單元評鑑與學生作業單等，依教學投影片編號目錄次序呈現如表 8-1，其中第五與第八單元的兩節認知、技能與情意的教學目標合併說明。從編號目錄次序中，可對照各單元教學投影片內容，且可配合教學光碟使用，方便學習活動進行。

　　在使用各單元教學媒體，宜注意幾個重要原則：(1)教學目標認知、技能與情意等教學投影片，僅在教師們的教學前討論使用；(2)師生共同

表 8-1　自我傷害防治課程教學投影片編號目錄

單元	節	首頁	認知	技能	情意	準備	發展	綜合	評鑑	作業	尾頁
一	1	1-1	1-2~1-4	1-5	1-6	1-7	1-8~1-14	1-15			
	2	1-16	1-17~1-18	1-19	1-20	1-21	1-22~1-30	1-31	1-32~1-33	1-34	1-35
二	1	2-1	2-2~2-3	2-4	2-5	2-6	2-7~2-14	2-15			
	2	2-16	2-17~2-18	2-19	2-20	2-21	2-22~2-30	2-31~2-32	2-33~2-34	2-35~2-36	
三	1	3-1	3-2~3-3	3-4	3-5	3-6	3-7~3-15	3-16			
	2	3-17	3-18~3-19	3-20	3-21	3-22	3-23~3-31	3-32~3-33	3-34~3-35	3-36~3-37	3-38
四	1	4-1	4-2~4-3	4-4	4-5	4-6	4-7~4-15	4-16			
	2	4-17	4-18~4-19	4-20	4-21	4-22	4-23~4-35	4-36~4-37	4-38~4-39	4-40~4-41	4-42
五	1	5-1	5-2~5-4	5-5	5-6	5-7	5-8~5-16	5-17			
	2	5-18	併 5-4	併 5-5	併 5-6	5-19	5-20~5-30	5-31		5-32~5-33	5-34~5-35	5-36
六	1	6-1	6-2~6-3	6-4	6-5	6-6	6-7~6-14	6-15			
	2	6-16	6-17~6-19	6-20	6-21	6-22~6-23	6-24~6-32	6-33~6-34	6-35~6-36	6-37~6-38	6-39
七	1	7-1	7-2~7-4	7-5	7-6	7-7	7-8~7-14	7-15			
	2	7-16	7-17~7-18	7-19	7-20	7-21	7-22~7-29	7-30	7-31~7-32	7-33~7-34	7-35
八	1	8-1	8-2~8-3	8-4	8-5	8-6	8-7~8-16	8-17			
	2	8-18	併 8-3	併 8-4	併 8-5	8-19	8-20~8-27	8-28	8-29~8-30	8-31~8-33	8-34
九	1	9-1	9-2~9-4	9-5	9-6	9-7	9-8~9-20	9-21			
	2	9-22	9-23~9-24	9-25	9-26	9-27	9-28~9-41	9-42~9-43	9-44~9-45	9-46	9-47
十	1	10-1	10-2~10-4	10-5	10-6	10-7	10-8~10-13	10-14			
	2	10-15	10-16~10-18	10-19	10-20	10-21	10-22~10-26	10-27		10-28~10-29	10-30	

表 8-2　自我傷害防治課程教學投影片統計表

單元	名　稱	第一節	第二節	共　計
一	生命的孕育與價值	15	20	35
二	生死的面面觀	15	21	36
三	生命與死亡尊嚴	16	22	38
四	自殺和自傷行為	16	26	42
五	正確的思維術	17	19	36
六	情緒的管理	15	24	39
七	人際問題的認知	15	20	35
八	問題解決策略	17	17	34
九	壓力管理策略	21	26	47
十	生命的蛻變與挑戰	14	16	30
總計				372

參與準備活動，應在單元教學前完成；(3)教師善用投影片生動豐富的情境，引起學生的學習動機；(4)各單張投影片應依內容編製的層次出現，可凝聚學生上課的注意力；(5)學生作業單應印製成書面格式，相關投影片僅提供教師解說，不能取代書面資料；(6)發展與綜合活動的教學投影片，可視教學時間與學生需求作適度調整；(7)指定作業與自我評鑑表，教師可用教學投影片解說，但不宜取代學生書寫的紙張表格。

各單元兩節課教學投影片統計表如表 8-2，每個單元有三、四十張，其中壓力管理策略因學習活動設計較長，多達四十七張（在教學活動部分刪除認知、技能與情意教學目標後有三十八張），教師宜留意教學時間的分配；全部教學投影片總共有三百七十二張。對學生的教學活動從準備活動與發展活動的引起動機，至綜合活動指定作業與單元評鑑結束；教師可用自我評鑑投影片進行教學流程的回顧與複習，在該單元結束後，學生立即在課堂填寫書面自我評鑑表，並且現場收回後由教師進行統計分析，作為教學修正與改進的參考。作業單由學生利用課後完成，在下次上課時交回與討論。各單元教學投影片臚列如下：

單元一：生命的孕育與價值

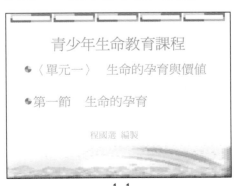

1-1

1-2

認知方面

- ❖ 明瞭生命的醫學意義。
- ◆ 能說明醫學上對「生命」與「死亡」的定義。
- ◆ 解釋肉體（生理）扮演生命的重要角色。

1-3

認知方面

- ❖ 了解生命的法律與心理意義。
- ◆ 討論法律對「生命」與「死亡」的界定。
- ◆ 討論精神（心靈）層面賦予生命的意義。

1-4

技能方面

- ❖ 體驗生命的孕育。
- ◆ 能以分組接力，把約重十公斤背包或書包反背在胸前，體驗母親懷胎孕育新生命的辛苦。

1-5

情意方面

- ❖ 珍惜自己的生命。
- ◆ 從艱苦生命孕育過程的體驗中，養成愛惜自己生命情操，善用寶貴的生命，尋找人生的意義。

1-6

準備活動

- ◆ 師生蒐集醫學、心理、社會及法律等對於「生命」與「死亡」的定義。
- ◆ 學生進行分組，選出組長、紀錄及分配成員的工作任務。

1-7

發展活動

- ◆ 引起動機
  「從精細胞與卵細胞兩個小細胞的結合，到一個會哭、會笑、能動、能爬的小嬰兒，如此的令人感到驚奇與奧秘！在成長的過程，我們能感受到無限的希望與生命的喜悅，首先我們來了解生命起源、意義，能體會母親孕育的艱苦，台灣俗話說：『生得過，雞酒香；生不過，四塊板（指棺材）』，懷孕的辛苦

1-8

常不是外人所能想像，除了要克服身體
不適，如噁心嘔吐、腹腔壓迫、昏眩貧
血，還要面對生命危險，如妊娠毒血、
體內血崩、心臟衰竭，更不用提如撕裂
身體般的陣痛了！想到這些，我們是不
是更要向自己的母親致敬，好好地珍惜
自己的寶貴生命呢？」

1-9

● 教師提示生命的起源，大自然的演化，
如何從無生物到有生物的形成。

1-10

● 觀賞錄影帶短片，了解遺傳與環境對生
命構成的重要影響。

1-11

❖ 分組討論 提綱：
● 討論醫學上對「生命」與「死亡」的定義。
● 發表肉體（生理）扮演生命的重要角色。
● 討論法律對「生命」與「死亡」的界定。
● 探討精神（心靈）層面賦予生命的意義。

1-12

● 教師綜合以上各組討論，說明從醫學、
生理、心理、社會與法律等的觀點對於
「生命」與「死亡」的看法。

1-13

❖ 體驗活動
● 學生分組接力，把約重十公斤背包或書包
反背在胸前，體驗母親懷胎孕育新生命的
辛苦。

1-14

綜合活動

- 教師對生命意義的各種說法作一個總結，並引申從艱苦生命孕育過程的體驗中，養成愛惜自己生命情操，善用寶貴的生命，尋找人生的意義。
- 指定作業
  寫「感人的生命故事」三百字短文一篇。

1-15

青少年生命教育課程

- 〈單元一〉　生命的孕育與價值
- 第二節　生命的價值

程國選 編製

1-16

認知方面

❖ 認知人的生命價值。
- 能說出人的生命價值。
- 能發表一己生命對於家族綿延的奉獻與責任。
- 能說出個體生命對於社會群體的價值與關係。

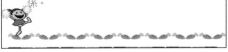

1-17

認知方面

❖ 了解做我自己真好。
- 能舉出自己的最大長處及別人無可取代的地方。

1-18

技能方面

❖ 設計生命價值量表。
- 能列出十五項生命中最有價值的事。
- 能判斷價值高低，評定各項目的分數，定出生命價值量表。

1-19

情意方面

❖ 樹立活著就有希望的堅韌求生力。
- 培養堅強的生命力，能存活下來，有美麗的人生，才能追求人生的價值。

1-20

準備活動

- 製作「生命價值量表」學生作業單。
- 製作「活著就有希望」及「做自己真好」學生作業單。

1-21

發展活動

- 引起動機

　「熱門電影，超人一片的前男主角克里斯李維在幾年前，因騎馬摔倒受重傷，使得頸部以下成為殘廢，當他知道自己鐵定成為廢人，又不願意親人為他而痛苦一生，實在沒有勇氣活下去。他想要自殺，向家人說，或許應該讓我走吧！最後李維的妻子黛娜給他求生的信心，黛娜深情地向他說，無論未來如何，我都會永遠愛你、支持你，站在你身邊。經

1-22

過那次瀕臨死亡的經驗，李維開始熱心從事公益活動，也不畏艱苦地接受復健工作，幫助無數瀕臨死亡的人，他也體會到活著就有希望，才能實現真正生命的價值，如今李維因心臟病過世，留給世人很多懷念。從這則實例中，我們是否能領會到為什麼活著就有希望？為什麼要追求人生價值？你的人生價值是什麼？假若你都不能活著，豈不空談追求人生的價值。」（取自《生命教育 教師手冊》，1998）

1-23

- 教師說明人的生命價值，可能是自我評價較負面與低自尊的利己行為，也可能是自我評價較正面與高自尊的利他行為，如：賺錢、喜歡的工作、健康與助人等。

1-24

- 教師說明一己生命對於家族綿延的奉獻與責任。

1-25

- 教師述說個體生命對於社會群體的價值與關係。

1-26

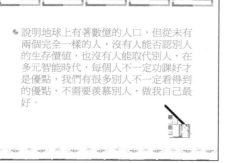

* 說明地球上有著數億的人口，但從未有
  兩個完全一樣的人，沒有人能否認別人
  的生存價值，也沒有人能取代別人，在
  多元智能時代，每個人不一定功課好才
  是優點，我們有很多別人不一定看得到
  的優點，不需要羨慕別人，做我自己最
  好。

1-27

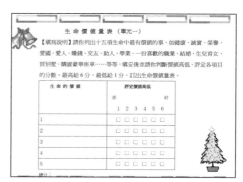

生命價值量表（單元一）

【填寫說明】請你列出十五項生命中最有價值的事，如健康、誠實、榮譽、
愛國、愛人、賺錢、交友、助人、學業、一份喜歡的職業、結婚、生兒育女、
買別墅、購置豪華座車……等等，填妥後並請你列斷價值高低，評定各項目
的分數，最高給 6 分，最低給 1 分，訂出生命價值量表。

生命的價值	評定價值高低
	差　　　　　好
	1　2　3　4　5　6
1	☐ ☐ ☐ ☐ ☐ ☐
2	☐ ☐ ☐ ☐ ☐ ☐
3	☐ ☐ ☐ ☐ ☐ ☐
4	☐ ☐ ☐ ☐ ☐ ☐
5	☐ ☐ ☐ ☐ ☐ ☐
總分：	

1-28

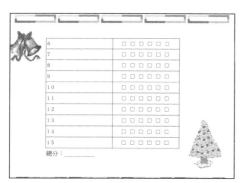

6	☐ ☐ ☐ ☐ ☐ ☐
7	☐ ☐ ☐ ☐ ☐ ☐
8	☐ ☐ ☐ ☐ ☐ ☐
9	☐ ☐ ☐ ☐ ☐ ☐
10	☐ ☐ ☐ ☐ ☐ ☐
11	☐ ☐ ☐ ☐ ☐ ☐
12	☐ ☐ ☐ ☐ ☐ ☐
13	☐ ☐ ☐ ☐ ☐ ☐
14	☐ ☐ ☐ ☐ ☐ ☐
15	☐ ☐ ☐ ☐ ☐ ☐

總分：＿＿＿＿＿

1-29

* 學生設計「生命價值量表」，能列出十
  五項生命中最有價值的事。
* 學生依判斷價值高低，評定各項目的分
  數，最高給 6 分，最低給 1 分，訂出生命
  價值量表。

1-30

綜合活動

* 教師對生命的價值作總結，並發表同學
  「感人的生命故事」的作業，印證培養
  堅強的生命力，能存活下來，有美麗的
  人生，才能追求人生的價值。
* 指定作業
  尋找「活著就有希望」及「做我自己真好」
  的例子各兩則。

1-31

生命教育課程學生自我評鑑表（單元一）

單元名稱	生命的孕育與價值			
學生姓名				
評鑑符合程度		評鑑項目		
差　　　好				
1　2　3　4				
☐ ☐ ☐ ☐	1、我可以認識生命孕育的因素與條件。			
☐ ☐ ☐ ☐	2、我可以明瞭生命的醫學意義。			
☐ ☐ ☐ ☐	3、我能夠了解生命的法律與心理意義。			
☐ ☐ ☐ ☐	4、我能夠認知人的生命價值。			
☐ ☐ ☐ ☐	5、我可以了解做我自己真好。			

1-32

□ □ □ □	6、我願意體驗生命的孕育。	
□ □ □ □	7、我會設計生命價值量表。	
□ □ □ □	8、我能夠珍惜自己的生命。	
□ □ □ □	9、我認為活著就有希望。	
□ □ □ □	10、我能認真閱讀參考教材，不懂時能向老師發問。	
□ □ □ □	11、我能夠完成本單元的作業。	
□ □ □ □	12、我認為老師設計的教學活動能夠幫助我認識本單元的主題。	

1-33

學 生 作 業 單（單元一）

姓　名	
主 題 一	敘述「感人的生命故事」一則（三百字內短文）。
內　容	
主 題 二	寫出「活著就有希望」及「做自己最好」的例子各兩則。
內　容	

1-34

青少年生命教育課程
〈單元一〉　生命的孕育與價值
敬請指導

1-35

單元二：生死的面面觀

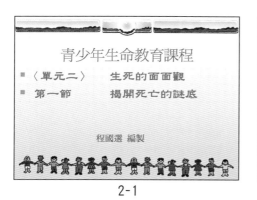

青少年生命教育課程
- 〈單元二〉　　生死的面面觀
- 第一節　　　揭開死亡的謎底

程國選 編製

2-1

認知方面
- 增進對死亡及瀕死各種定義的了解。
❖ 能說出死亡及瀕死是什麼。
❖ 能舉出死亡在醫學、法律、宗教、哲學與心理學的定義。
❖ 能舉出瀕死的定義。
- 了解造成死亡的主要原因。
❖ 能說出造成死亡的主要原因－自然、疾病、意外、自殺與流產等。

2-2

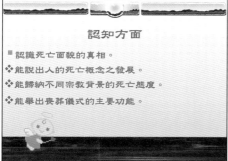

認知方面
- 認識死亡面貌的真相。
❖ 能說出人的死亡概念之發展。
❖ 能歸納不同宗教背景的死亡態度。
❖ 能舉出喪葬儀式的主要功能。

2-3

技能方面
- 檢視自己對死亡的情緒與想法。
❖ 能畫出及分享自己所認為死亡的圖像，並以比喻方式寫出死亡像……

2-4

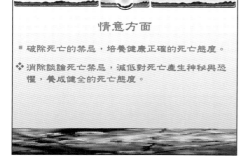

情意方面
- 破除死亡的禁忌，培養健康正確的死亡態度。
❖ 消除談論死亡禁忌，減低對死亡產生神秘與恐懼，養成健全的死亡態度。

2-5

準備活動
- 師生蒐集死亡及瀕死各種定義、原因、真相、不同宗教的死亡態度、死亡忌諱及喪禮等相關資料。
- 準備「死亡面貌」錄影帶、畫出死亡圖像的紙張顏料或色筆。
- 學生進行分組，選出組長、紀錄及分配成員的工作任務。

2-6

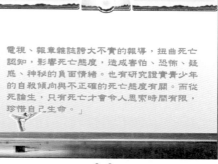

發展活動

■ 引起動機

　「國外的研究指出，約有44%的兒童從來沒有人告訴他們死亡是什麼？在小學只有1%不到的老師曾在課堂中討論死亡主題，父母很少或根本不談死亡的事（Wass, 1991）。反觀國內是否也有相同的現象？我們常透過電影

2-7

電視、報章雜誌誇大不實的報導，扭曲死亡認知，影響死亡態度，造成害怕、恐怖、疑惡、神秘的負面情緒。也有研究證實青少年的自殺傾向與不正確的死亡態度有關。而從死論生，只有死亡才會令人思索時間有限，珍惜自己生命。」

2-8

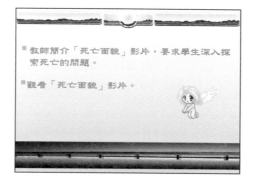

■ 教師簡介「死亡面貌」影片，要求學生深入探索死亡的問題。

■ 觀看「死亡面貌」影片。

2-9

■ 針對影片情節，學生發表對下列問題看法：

➢ 人為什麼會死亡？
➢ 臨終是什麼？
➢ 死亡是什麼？
➢ 人會不會怕死？為什麼怕死？

2-10

■ 教師從幾個層面說明死亡定義：

➢ 醫學與法律的界定。
➢ 宗教與哲學的看法。
➢ 心理學的定義。

2-11

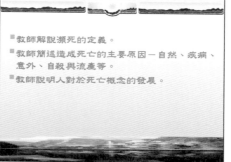

■ 教師解說瀕死的定義。
■ 教師簡述造成死亡的主要原因—自然、疾病、意外、自殺與流產等。
■ 教師說明人對於死亡概念的發展。

2-12

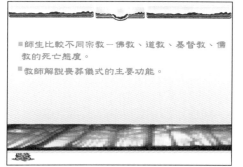

■師生比較不同宗教－佛教、道教、基督教、儒教的死亡態度。
■教師解說喪葬儀式的主要功能。

2-13

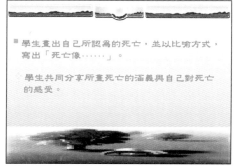

■ 學生畫出自己所認為的死亡，並以比喻方式，寫出「死亡像……」。

學生共同分享所畫死亡的涵義與自己對死亡的感受。

2-14

綜合活動
■ 教師對揭開死亡的謎底作一個總結，並說明如何破除死亡的禁忌，減低對死亡產生神秘與恐懼，培養健康正確的死亡態度。

■指定作業
■ 蒐集描述死亡的音樂、繪畫或文學作品一則，並寫出自己的感觸。

2-15

青少年生命教育課程
■ 〈單元二〉　　生死的面面觀
■ 第二節　　　死亡及瀕死態度與調適

程國選 編製

2-16

認知方面
■ 認知印象最深的「死亡經驗」和當時反應。
➤ 能分享與討論印象深刻的「死亡經驗」和當時反應。
■ 增加對自己或他人面對死亡與瀕死心理反應的認識。
➤ 能舉出臨終死亡的心理反應與調適的重要性。
➤ 能說出臨終死亡的心理反應－Rose, E. K. 的五階段說：否認或拒絕、憤怒、討價還價、沮喪和接受。

2-17

認知方面
■ 了解「臨終關懷」的本質與涵義。
➤ 能說出臨終關懷的創設、組織發展、意義和目的。
■ 認識造成的失落與引發的哀傷反應。
➤ 能表達原先依附的對象，因不可抗拒的力量剝奪，造成失落哀傷的痛苦經驗。

2-18

技能方面

- 製作「臨終六個月前的生命規劃表」。
- ➤ 能製作及分享生命規劃表。

2-19

情意方面

- 學習如何撫平失落與哀傷的情緒。
- ➤ 能舉出哀傷反應的過程。
- ➤ 學習調整哀傷反應情緒，度過哀傷過程，走出死亡陰霾，重組情緒，更能珍惜生命。

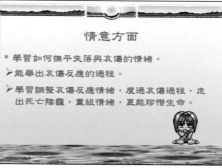

2-20

準備活動

- 製作Rose, E. K. 臨終心理反應的五階段：否認或拒絕、憤怒、討價還價、沮喪和接受。
- ➤ 製作「生命規劃表」的範例。

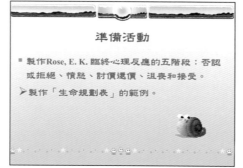

2-21

發展活動

- 引起動機

「老師在七歲的時候，經歷過喪親之痛，慈祥的父親，因患肝硬化，病情不樂觀，當時的我，心情非常苦悶，不願相信這個事實，憤怒的認為不公平，祈求上蒼，不惜任何代價，要換回他的生命，但他還是去世了！哪位同學能說說寵物死亡的體驗，或類似親友過世的經驗？」

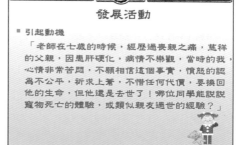

2-22

- 師生分享與討論：
- ➤ 面對所認識的人或所愛的人死亡，會有什麼情緒反應？應如何調適。
- ➤ 當我知道我的親友快死了，應如何告知他和寬慰他？
- ➤ 假若有一天我快要死了，我與我的親友應如何來面對？

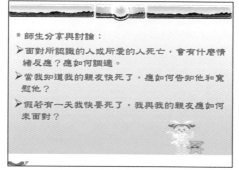

2-23

- 學生能舉出臨終死亡的心理反應與調適的重要性。

2-24

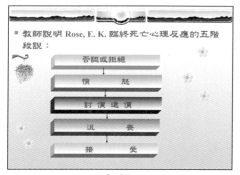

2-25

教師說明 Rose, E. K. 臨終死亡心理反應的五階段說：

- 否認或拒絕
- 憤　怒
- 討　價　還　價
- 沮　喪
- 接　受

趙可式博士曾說「臨終病人是生命的導師」，能協助所愛的人走完人生旅程，可避免抱憾終身。簡介英國桑德絲(Saunders, D. C.)醫生創辦全世界第一座安寧醫院，並說明其組織發展、意義和目的與衛生署所完成「緩和醫療條例」的立法。

2-26

原先依附的對象，無論抽象的（如與重要他人關係）、具體的（如心愛物品），或有形的（如配偶）、無形的（如青春）為不可抗拒的力量剝奪，都是一種失落，且因失落造成哀傷痛苦的經驗。

2-27

學生製作生命只剩六個月時間的「生命規劃表」，包含：

➤ 我最想完成的事？
➤ 我最想去的地方？
➤ 我最想見的人？
➤ 我最想說的話？——對父母、老師、兄弟姊妹與朋友分別來說。
➤ 如果我還有遺憾，最感到遺憾的有哪些？

2-28

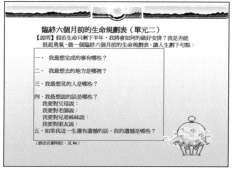

臨終六個月前的生命規劃表（單元二）
【說明】假若生命只剩下半年，我將會如何的做好安排？我是否能鼓起勇氣，做一個臨終六個月前的生命規劃表，讓人生劃下句點：

一、我最想完成的事有哪些？
二、我最想去的地方是哪裡？
三、我最想見的人是哪些？
四、我最想說的話是哪些？
　　我要對父母說：
　　我要對老師說：
　　我要對兄弟姊妹說：
　　我要對朋友說：
五、如果我這一生還有遺憾的話，我的遺憾是哪些？

（修改自劉明松・頁 86）

2-29

學生彼此分享所製作的「臨終六個月前的生命規劃表」。

2-30

綜合活動

- 教師說明哀傷反應的過程：(1)逃避：震驚、憤怒與身心解組；(2)對抗：情緒異常、罪惡感、失落與孤單；(3)重新建立：解脫與身心重組（Rando, 1984）。對死亡及瀕死態度與調適作一個總結，學習調整哀傷反應情緒，度過哀傷過程，走出死亡陰霾，重組情緒，更能珍惜生命。

2-31

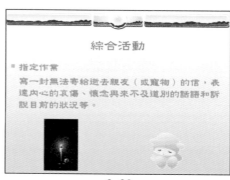

綜合活動

- 指定作業

寫一封無法寄給逝去親友（或寵物）的信，表達內心的哀傷、懷念與來不及道別的話語和訴說目前的狀況等。

2-32

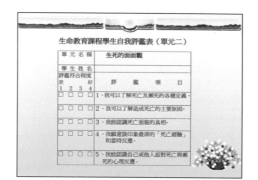

生命教育課程學生自我評鑑表（單元二）

單元名稱	生死的面面觀
學生姓名	

評鑑符合程度 差好 1 2 3 4	評鑑項目
□ □ □ □	1、我可以了解死亡及瀕死的各種定義。
□ □ □ □	2、我可以了解造成死亡的主要原因。
□ □ □ □	3、我能認識死亡面貌的真相。
□ □ □ □	4、我願意談印象最深的「死亡經驗」和當時反應。
□ □ □ □	5、我能認識自己或他人面對死亡與瀕死的心理反應。

2-33

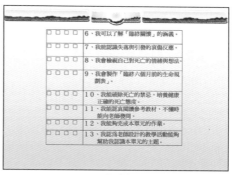

□ □ □ □	6、我可以了解「臨終關懷」的涵義。
□ □ □ □	7、我能認識失落與引發的哀傷反應。
□ □ □ □	8、我會檢視自己對死亡的情緒與想法。
□ □ □ □	9、我會製作「臨終六個月前的生命規劃表」。
□ □ □ □	10、我能破除死亡的禁忌，培養健康正確的死亡態度。
□ □ □ □	11、我能認真閱讀參考教材，不懂時向老師發問。
□ □ □ □	12、我能夠完成本單元的作業。
□ □ □ □	13、我認為老師設計的教學活動能夠幫助我認識本單元的主題。

2-34

學生 作業單 之一（單元二）

姓名	
主題	蒐集描述死亡的音樂、繪畫或文學作品一則，並寫出自己的感想。
內容	

2-35

學生 作業單 之二（單元二）

姓名	
主題	寫一封無法寄給逝去親友（或寵物）的信，表達內心的哀傷、懷念與來不及道別的話語和訴說目前的狀況。
內容	

2-36

單元三：生命與死亡的尊嚴

青少年生命教育課程

- 〈單元三〉　　生命與死亡的尊嚴

- 第一節　　　死亡的尊嚴

程國選 編製

3-1

認知方面

- 增進對建立死亡尊嚴、善生才會樂死的認識。
- 能舉出建立死亡尊嚴、善生才會樂死的重要性。
- 明瞭及接納死亡的本質。
- 能討論凡人必然老化及死亡的現象。
- 能坦然接受死亡—對親友死亡不煩躁與焦慮、不忌諱看到墳墓、辨認屍體與探訪病危朋友。

3-2

認知方面

- 了解自己瀕臨死亡的身心與環境的變化。
- 能接納瀕臨死亡的身心自然表退—身體疼痛惡化、智能退化、自理能力限制。
- 能接受告知瀕臨死亡、親友哀傷、人事新陳代謝、物換星移等環境改變。
- 認識自己死亡後的身心與環境的改變。
- 能接納死亡後身心與環境的變化—無法思考、經歷事件、漸被淡忘、人際關係與生命的結束等。

3-3

技能方面

- 製作一封表達身後願望具有法定要件的遺囑。
- 能製作及分享預擬遺囑的積極功能與法定效力的條件。

3-4

情意方面

- 體會死亡是生命的一部分，是成長的最後階段，培養死亡尊嚴的態度。

- 能接受死亡事實，珍惜當下擁有的人生，養成活得豐盛，死得尊嚴的態度。

3-5

準備活動

- 師生蒐集活得豐盛、死得尊嚴、瀕死與死亡的身心及環境改變等相關資料。

- 準備製作遺囑與墓誌銘的紙張、卡片與顏料或色筆。

- 學生進行分組，選出組長、紀錄及分配成員的工作任務。

3-6

發展活動

■ 引起動機

　「鄰國日本有民間組織—尊嚴死協會，到公元兩千年，已有九萬會員，提倡維持人性尊嚴死亡的權利，包括在目前無法醫治的病情，可以拒絕接受那種只是將死期延後的維生治療。會員可在表達個人意志的宣示卡簽名，共同認為死亡尊嚴為洋溢著尊嚴而接受死亡的一種方式。」

3-7

■ 教師鼓勵學生舉出建立死亡尊嚴、善生才會樂死的重要性。

3-8

■ 教師簡述Speece 與 Brent (1984) 認為凡人生下來，就有生命週期，無法避免老化、生病和死亡。對死亡提出三個重要概念：

　　　無法再復活的不可逆性
　　　(irreversibility)

　　　一切生命機能均停止的無機
　　　能性 (unfunctionality)

　　　所有生物都會死亡的普通性
　　　(universality)

3-9

■ 討論在無法避免死亡的前提下，能坦然面對死亡，減低死亡的恐懼態度—對親友死亡不會煩躁焦慮、不忌諱看到墳墓、辨認屍體與探訪病危朋友。

3-10

■ 教師舉例說明人在瀕臨死亡，接納身心的自然衰退—如身體疼痛惡化、智能退化、自理能力限制。
■ 教師要學生發表在瀕臨死亡，能接受告知、親友哀傷、人事新陳代謝、物換星移等環境改變。

3-11

■ 師生討論能接納自己死亡後身心與環境的變化—如無法思考、再經歷事件、漸被淡忘、人際關係終止與生命結束等。

3-12

■ 能在「活得豐盛，死得尊嚴」的前提下，
製作一份希望他人協助達成身後願望的遺
囑，包含財產處理、器官捐贈、選擇葬禮、
安葬方式等。

3-13

預立遺囑無憂無慮（單元三）

【說明】課中文提起在台灣如果生前要立遺囑是很不尋常的
事，然而，在國外通常有立遺囑的習慣，就是把所有財產、
保險賠償金、工作、事情、葬禮、器官捐贈、慈善捐獻……
等作交代處理，假若萬一有事發生，指定專人處理財產、後
事等，也避免突然出現一些親友來爭奪保險賠償金等問題。
需要立遺囑人的親筆簽名、有見證人、日期等要件，方具有
法定的效力。

3-14

■ 師生分享及討論有法定效力的遺囑應具
備的條件。

3-15

綜合活動

■ 教師對死亡尊嚴作一個總結，並說明如
何能接受死亡事實，珍惜當下擁有的人
生，養成活得豐盛，死得尊嚴的態度。

■ 指定作業
設計一份墓誌銘——內容有生平簡述、最
美回憶、最後話語、遺願、簡單形容自
己一生等。

3-16

青少年生命教育課程

■〈單元三〉　生命與死亡的尊嚴

■ 第二節　　生命的省思

程國選 編製

3-17

認知方面

■ 明瞭生命的旋律，死亡是生命最終的一
個過程。

➤ 能舉出不同階段的生命圖像——嬰兒、少
年、青年、衰老、死亡等。

■ 認識生死權利——植物人與安樂死問題。

➤ 能說出生死權利不可剝奪，植物人與安
樂死的意義、現況與爭論。

welcome

3-18

認知方面

- 了解生命的剝奪—墮胎問題。
- 能舉出墮胎問題的情況與爭議。
- 認知意外事件的發生與預防。
- 能說出意外事件的發生與預防。
- 體認生命大愛—器官捐贈與樂善布施。
- 能舉出器官捐贈與樂善布施的積極奉獻與法定程序。

3-19

技能方面

- 設計一份從現在至成年、壯年、老年的「生涯規劃表」。
- 能編製依各人未來不同生活年代的「生涯規劃表」。
- 能批判與修正「生涯規劃表」。

3-20

情意方面

- 明白善終的意義,避免死亡的焦慮與恐懼。
- 能實踐身體、心理與靈性的平安,驅除死亡的顫躁與恐懼。

3-21

準備活動

- 蒐集墮胎、植物人、安樂死、意外傷害、器官捐贈與樂善布施等相關資料,準備無聲的吶喊短片。
- 製作「生涯規劃表」的範例。

3-22

發展活動

- 引起動機

「年僅十歲的抗癌小詩人周大觀,在他的作品《我還有一隻腳》,當中有篇〈活下去〉這樣寫道:醫師是法官,宣判了無期徒刑(死刑),但我是病人,不是犯人,我要勇敢的走出去。……我要與癌症惡魔爭健康,向上帝要公平,我才只有十歲,我不只有十歲,我還有好多的十歲。」

3-23

「假如我是周大觀,在得知患了絕症,將如何面對死亡?省思整個生命,我會只有等死嗎?恐懼死亡嗎?還是繼續活得有意義?人的生死權可以剝奪嗎?我們要談墮胎、安樂死與自我傷害。如何預防造成死亡的意外事件?發揚生命大愛,也談談樂善布施與器官捐贈問題。」

3-24

■ 簡述不同階段的生命圖像與生活重心——
嬰兒長大、少年學習、青年結婚、成年
工作、老年衰退、最終死亡等生命的旋
律，而死亡是生命最終的一個過程。

3-25

■ 簡述我國憲法保障人民的生命與財產，生
死權利不可剝奪，說明植物人高中女生王
曉民故事，引發安樂死問題。

3-26

■ 請學生就安樂死的意義、現況與爭議發表
簡要看法，並作修正與補充。

3-27

■ 觀賞「無聲的吶喊」短片

■就影片內容，學生對下列問題提出看法：
❖ 胎兒是個人嗎？
❖ 母親有權利決定墮胎嗎？
❖ 墮胎有什麼害處？
❖ 男女交往的正確態度。

3-28

■ 教師簡述「意外傷害」與自我傷害一樣，
占青少年死亡的前三位，主要包含車禍、
溺斃、中毒等事件（發給意外傷害預防
參考資料），能多留意自身安全，可預
防問題的發生。

3-29

■ 發表器官捐贈與樂善布施對社會人群的積
極奉獻。

3-30

■ 學生編製一份從現在至青年、成年、壯年、老年的「生涯規劃表」。

■ 學生批判與修正「生涯規劃表」。

3-31

生 涯 規 劃 表 （單元三）

【說明】我現在是位高中生，正值進入青年期，面對未來的青年期、成年期、壯年期與老年期，應如何面對與進行規劃，如升學、就業、成家、立業、休閒活動、參加義工、信奉宗教、服務社會……等，請填寫下列表格。

項目 期間	想做到什麼	如何實現法	備 考
青 年 期			
成 年 期			
壯 年 期			
老 年 期			

3-32

綜合活動

■ 教師對生命的省思作一個總結，並說明能實踐身體、心理與靈性的平安，就能驅除死亡的煩躁與恐懼。

■ 指定作業

寫「生命的省思——對墮胎、植物人、安樂死、自我傷害、器官捐贈等生死權利的看法」短文一篇。

3-33

生命教育課程學生自我評鑑表 （單元三）

單元名稱	生命與死亡的尊嚴				
學生姓名					
評鑑符合程度 差 好 1 2 3 4	評 鑑 項 目				
□ □ □ □	1、我可以了解建立死亡尊嚴善生才會樂死的意義。				
□ □ □ □	2、我可以明瞭及接納死亡的本質。				
□ □ □ □	3、我可以了解自己瀕臨死亡的身心與環境的變化。				
□ □ □ □	4、我能接納死亡後身心與環境的變化。				
□ □ □ □	5、我可以明瞭生命的旋律，死亡是生命最終的一個過程。				

3-34

□ □ □ □	6、我能認識生死權利－植物人與安樂死問題。
□ □ □ □	7、我可以了解生命的剝奪－墮胎問題。
□ □ □ □	8、我能認知意外事件的發生與預防。
□ □ □ □	9、我能體認生命大愛－器官捐贈與樂善布施。
□ □ □ □	10、我能製作一封表達身後願望具有法定要件的遺囑。
□ □ □ □	11、我能設計一份從現在至成年、壯年、老年的「生涯規劃表」。
□ □ □ □	12、我可以明白善終的意義，避免死亡的焦慮與恐懼。
□ □ □ □	13、我能夠完成本單元的作業。
□ □ □ □	14、我認為老師設計的教學活動能夠幫助我認識本單元的主題。

3-35

學 生 作 業 單 之 一 （單元三）

姓 名	
主 題	設計一份墓誌銘－內容有生平簡述、最美回憶、最後話語、遺願、簡單形容自己一生等。
內 容	

3-36

3-37

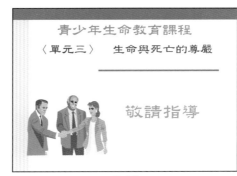

3-38

單元四：自殺和自傷行為

青少年生命教育課程

● 〈單元四〉自殺和自傷行為
● 第一節自我傷害原因、動機與評價

程國選 編製

4-1

認知方面

● 明瞭青少年對死亡與瀕死態度的特徵與迷思。
➤ 能討論青少年死亡與瀕死態度的特徵，破除死亡浪漫的迷思。
● 認識自我傷害主要原因。
➤ 能舉出自我傷害的主要原因在於——不良家人同儕關係、憂鬱、無望、唯一解決方法與逃避問題。

4-2

認知方面

● 了解自我傷害動機因素。
➤ 能說出以感情與家庭問題為主，其次依序為人格、學業和經濟問題。
● 認知我國中學生自我傷害相關問題。
➤ 能說出我國中學生自我傷害最常發生訊息、地點與獲救方式。
● 增加自己對自我傷害在倫理與宗教上評價的認識。
➤ 能舉出自我傷害在倫理與宗教上的負面評價。

4-3

技能方面

● 檢視自己對青少年自殺行為的感觸與想法。
➤ 觀賞「六個女孩與一根繩子」影片。

4-4

情意方面

● 消除青少年死亡的迷思，培養正面健康的死亡態度。
➤ 破除青少年死亡浪漫的迷思，養成健康正向的死亡態度。

4-5

準備活動

● 師生蒐集青少年對死亡的迷思、自我傷害原因、動機、在倫理與宗教上評價等相關資料。
● 準備「六個女孩與一根繩子」錄影帶、「文藝創作極短篇」——語句完成測驗。
● 學生進行分組，選出組長、紀錄及分配成員的工作任務。

4-6

發展活動

● 引起動機

「有些青少年較少思索死亡的事，加上社
會一向視死亡為禁忌，對死亡產生的恐
懼與疑問無法得到適當開導，也有部分
青少年，或因在現實生活中，個人需求
無法得到滿足，或因周遭大人給予過大
的壓力，或因過早閱讀各種探索生死的

4-7

書刊，或因各種媒體渲染的影響，在缺
少長者協助，且缺乏對死亡認識，竟以
黃金年華，就靜悄悄的，或與同伴相邀，
選擇探索死亡之路，不料此一
探索之路是無法返回的，結果徒然
留下父母親人傷痛與扼腕。

（得樂社會福利基金會，1998）」

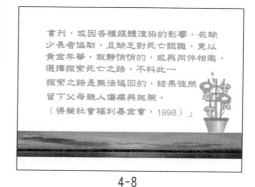

4-8

● 「青少年常認為生命的長短不似品質重要，
誰在乎活得長？只要生得逢時，死得其所
就好了，看重的是火堆上鮮亮的火焰，有些抱持浪
漫主義的迷思，甘為一種目標冒險，希望
擁有最多感官經驗（Stone, 1970），他們
在向死神挑戰，如藉著飆車、吸食藥物，
已朝向此一目標，他們沒有長壽觀念，生
命永遠不能再來一次，造成死亡的遺憾。」

4-9

● 師生討論自我傷害的主要原因：

不良家人同儕問題

憂　　鬱

無　　望

死亡為唯一解決方法

逃　避　問　題

4-10

● 簡介「台北市中等學校教師對學生自我
傷害處理與需求之調查研究」（程國選，
2000），報告我國高中生在自我傷害的
動機，以感情與家庭問題為最多，其次
依序為人格、學業和經濟問題。

4-11

● 說明上述調查，我國中學生顯現的自殺
訊息以明顯抑鬱、自殺意圖、社會退縮、
人格改變為最多，有自殺計畫、留有遺
書較少。自我傷害地點以在家庭，方式
以割腕較多，也造成家庭、學校與社會
的很多困擾。

4-12

● 自我傷害在倫理與宗教上的負面評價：

➤ (1) 自殺違反生物保護自我存在的本能。

➤ (2) 自殺違反尊重生命的行為，否定愛自
　　　己。

➤ (3) 自殺代表絕望，否定生命的意義。

➤ (4) 自殺僅是一種痛苦的逃離，不僅傷害
　　　自己，也傷害別人。

➤ (5) 自殺僭犯上帝賦予生命的權力。

4-13

● 觀賞「六個女孩與一根繩子」剪輯短片。

4-14

● 就影片內容，學生對下列問題發表看法：

➤ 為了逛「天上花園」—對自殺的謬誤觀
　　點。

➤ 不如一根繩子—對人權的踐踏看法。

4-15

綜合活動

● 教師對自我傷害原因、動機與評價作一
　個總結，並說明如何破除青少年死亡浪
　漫的迷思，養成健康正向的死亡態度。

● 指定作業
　填寫「文藝創作極短篇」—語句完成測
　驗。

4-16

青少年生命教育課程

● 〈單元四〉自殺和自傷行為
● 第二節 自我傷害危機、求助與預防

程國選 編製

4-17

認知方面

● 認識自我傷害的訊號表徵。
❖ 能說出自我傷害在語言、行為、環境與
　併發性的訊號表徵。

● 了解自我傷害的高危險因素。
❖ 能說出自我傷害高危險因素—父母關
　係、管教方式、人際與情緒問題。

● 覺察有自我傷害傾向的同儕親友。
❖ 能發現有自我傷害傾向的同儕親友。

4-18

認知方面

- 增進對自我傷害求助行為的認知。
  - ❖ 能舉出自我傷害危機處理的憤怒與情緒的紓解。
  - ❖ 能列出求助自我傷害危機處理的重要他人與社會機構支持。
- 明瞭輔導自殺行為的成效及如何預防自殺行為。
  - ❖ 能說出輔導自殺行為的成效。
  - ❖ 能舉出預防自殺行為的重點。

4-19

技能方面

- 增進辨識自我傷害訊息真假的能力。
- ☐ 練習自我傷害訊息真假的測驗。

4-20

情意方面

- 學習痛苦與苦難是生命的一部分，應積極的面對，養成快樂人生觀。
- ☐ 體驗人生常有苦難與不如意，應如何克服，培養快樂進取的人生觀。

4-21

準備活動

- 師生蒐集青少年自我傷害危機、求助與預防等相關資料。
- 製作青少年自我傷害在語言、行為、環境與併發性等線索的訊號表徵圖表、自我傷害訊息測驗。
- 編製自我傷害求助機構的地址與緊急電話聯絡表。

4-22

發展活動

- 引起動機

「依據行政院衛生署最近出版的統計資料(2002)，台灣地區人民在自殺及自傷的死亡人數，在一九九五至一九九六年間居十五大主要死亡原因的第十一名，一九九七至一九九八年間則邁入第十名，一九九九至二〇〇一年間更躍居第九名，且以15-24歲的青少年組居十大死亡原因的第三位，

4-23

僅次於意外事故及惡性腫瘤。鄰國日本在一九九九年自殺人數是死於交通事故的3.7倍，15-24歲青少年齡層的自殺人數，在一九九八年比前一年增加近四成。從上述統計顯示青少年自殺情況有日趨嚴重的現象。事實上，透過自殺激烈行為的人，內心潛藏意識願望，就是要引起別人注意，博取更多同情，如果我們能傾聽支持和同理心，就可能引導他們放棄自殺的念頭。」

4-24

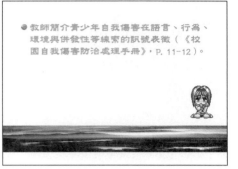

● 教師簡介青少年自我傷害在語言、行為、環境與併發性等線索的訊號表徵（《校園自我傷害防治處理手冊》，P. 11-12）。

4-25

● 教師說明自我傷害高危險因素：

父母關係

管教方式

社經背景

學業成就

人際關係

情緒因素

4-26

● 師生共同討論如何運用自我傷害的訊號表徵與自我傷害高危險因素發現自我傷害傾向的同儕親友。

4-27

● 教師舉出自我傷害危機處理，對於憤怒與情緒的紓解：

▓ 從惡劣的情緒中冷靜下來。
▓ 尋找洩憤怒與負面情緒的管道，如大哭一場、騎車兜風、釣魚、打打球或游泳等。
▓ 暫時離開困擾情境，思索問題解決方法。

4-28

● 師生共同列出求助處理自我傷害危機的重要他人與社會機構：

▓ 重要他人：同儕、親人、學校輔導老師、導師等。
▓ 社會機構：救國團張老師、生命線總會、119緊急救護、各大醫院急診中心、精神科或精神科診所等。

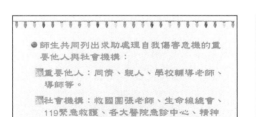

4-29

● 簡述在調查台北市中等學校教師對學生自我傷害處理與需求的研究，在經過協助及關懷後學生再自殺的可能性上，約82%（156人）的輔導教師認為會降低，有3%（6人）表示不會發生，相當地肯定輔導的成效，鼓舞同學要有求助的信心與勇氣。

4-30

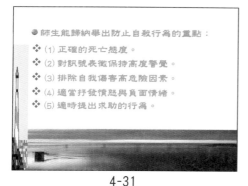

● 師生能歸納學出防止自殺行為的重點：
❖ ⑴ 正確的死亡態度。
❖ ⑵ 對訊號表徵保持高度警覺。
❖ ⑶ 排除自我傷害高危險因素。
❖ ⑷ 適當抒發憤怒與負面情緒。
❖ ⑸ 適時提出求助的行為。

4-31

● 學生練習自我傷害訊息真假的測驗
　（《校園自我傷害防治處理手冊》，
　　P. 11-12）。
● 師生共同評定與檢討自我傷害訊息真假測
　驗。

4-32

青少年自殺訊息測驗
姓名：＿＿＿＿　得分＿＿

是 否
□□ 1. 有自殺計畫的青少年會將自殺想法保密，在沒有預警下自殺。
□□ 2. 自殺的青少年目的在求得一死。
□□ 3. 自我傷害過的人會一直想再自我傷害。
□□ 4. 藥物、酒精和自我傷害毫無關聯。
□□ 5. 導致自我傷害的主要原因通常有一至二個。
□□ 6. 自殺的傾向是遺傳的，自殺會在家族中流行。
□□ 7. 會威脅要自殺或採取自殺的青少年是為了能操縱別人，所以應該被忽視。

4-33

□□ 8. 自殺的人均屬於某一類型的。
□□ 9. 自殺是有心理疾病或精神病的人才會採取的行動。
□□ 10. 公開的討論自殺會使自我傷害的人真的採取自殺行動。
□□ 11. 在自殺危機過後，即保證不會再有自殺意圖。
□□ 12. 自殺的人都是情緒憂鬱的。
□□ 13. 除去自殺的工具或環境（如拿掉書籍和手槍，不准到高樓上）會避免許多自殺的發生。
□□ 14. 每年中有一段特別容易發生自殺的時期。
□□ 15. 統計的資料告訴我們，每發生一起自殺死亡案例，大概同時發生了一百起自殺嘗試（自殺未遂）的案例。
□□ 16. 小孩子不會自殺。

4-34

□□ 17. 自我傷害是青春期死亡因素的第二大原因。
□□ 18. 自我傷害的青少年對阻止他採取行動的人會十分憤怒。
□□ 19. 宗教信仰認為自殺是壞事，因此會防止一個人去自殺。
□□ 20. 大多數的自殺均是在凌晨三時到午夜之間在家中發生。
□□ 21. 青少年會將他們的自殺想法告訴大人而非他們的朋友。
□□ 22. 自殺是只在青少年中發生的社會問題。
□□ 23. 女性較男性有較多的自殺企圖，但使用的是較不致命的方法。
□□ 24. 女性和男性在自殺的行動和方法上意來意相似。
□□ 25. 每個人都有自殺的權利，所以我們不應干涉。
（取自《校園自我傷害防治處理手冊》，P. 11-12）

4-35

綜合活動
● 教師對自我傷害危機、求助與預防作一個總結，並說明自我傷害不能解決問題，只是逃避問題，使關心的人感到悲痛。人生常有苦難與不如意，應學會如何克服，培養快樂進取的人生觀。

4-36

綜合活動

● 指定作業

　　蒐集報章的自我傷害案例二則，分析其死亡態度、訊號表徵、高危險因素、負面情緒與求助的行為。

4-37

生命教育課程學生自我評鑑表（單元四）

單元名稱	自殺和自傷行為			
學生姓名				

評鑑符合程度 差 好 1 2 3 4	評　鑑　項　目
□ □ □ □	1、我可以明瞭青少年對死亡與瀕死態度的特徵與迷思。
□ □ □ □	2、我能認識自我傷害主要原因。
□ □ □ □	3、我可以了解自我傷害動機因素。
□ □ □ □	4、我能認知我國中學生自我傷害相關問題。
□ □ □ □	5、我能認識自我傷害在倫理與宗教上的評價。
□ □ □ □	6、我可以認識自我傷害的訊號表徵。

4-38

□ □ □ □	7、我可以了解自我傷害的高危險因素。
□ □ □ □	8、我能覺察有自我傷害傾向的同儕親友。
□ □ □ □	9、我能認知自我傷害的求助行為。
□ □ □ □	10、我可以明瞭輔導行為的成效及如何預防自殺行為。
□ □ □ □	11、我能檢視自己對自殺行為的感觸與想法。
□ □ □ □	12、我能增進辨識自我傷害訊息的真假。
□ □ □ □	13、我可以消除青少年死亡的迷思，培養正面健康的死亡態度。
□ □ □ □	14、我能學習痛苦與苦難是生命的一部分，應積極的面對，養成快樂人生觀。
□ □ □ □	15、我能夠完成本單元的作業。
□ □ □ □	16、我認為老師設計的教學活動能夠幫助我認識本單元的主題。

4-39

學生作業單之一（單元四）
文藝創作極短篇

「文藝創作極短篇」有五個自由發揮題，請將這些語句分別完成，能描述出你平日的心情寫照與感受想法。

一、彩色的生命像＿＿＿＿＿＿＿＿＿＿＿＿

二、黑白的生命像＿＿＿＿＿＿＿＿＿＿＿＿

三、凡是花草樹木、鳥獸或人類，沒有不會枯萎凋零的，我對死亡的看法和感受是＿＿＿＿＿＿

四、有人遇到困難或挫折時，就提前結束自己生命，我覺得這種行為＿＿＿＿＿＿＿＿＿＿

五、我的人生＿＿＿＿＿＿＿＿＿＿＿＿＿

＊＊＊＊＊＊＊＊＊＊＊＊＊＊＊＊＊＊＊＊＊＊＊＊＊＊

取自程國選(2001)「我的人生」評量表編製報告

4-40

學生作業單之二（單元四）

姓名	
主題	蒐集報章的自我傷害案例兩則，分析其死亡態度、訊號表徵、高危險因素、負面情緒與求助的行為。
案例	

4-41

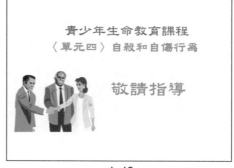

青少年生命教育課程
〈單元四〉自殺和自傷行為

敬請指導

4-42

單元五：正確的思維術

青少年生命教育課程

• 〈單元五〉 正確的思維術

• 第一節　邏輯思維的原則與應用

程國選　編製

5-1

認知方面

1.了解正確思考的意義、過程與影響。

➤說出哲學家Russell認爲正確思考應具備的條件說。

➤討論思考過程扮演四種不同角色的轉換－冒險家、藝術家、法官與勇士。

➤列出影響正確思考的因素－偏見、風尚、習俗、情感與利害等。

5-2

認知方面

• 2.認識邏輯思維的原則。

❖ 精確描述何以邏輯是研究正確思考的科學。

❖ 舉例說出三段式邏輯命題，包含大前提、小前提與結論。

❖說出與分析演繹法與歸納法的應用與區別。

• 3. 增進對認知缺陷的認識。

➤比較思考僵硬與思考流暢對問題解決的影響。

➤討論平日生活常見思考扭曲的事例。

5-3

認知方面

• 4.分析認知缺陷的狀態，增加對自我認知缺陷的覺察。

➤辨識自我思考僵硬的特殊覺察與特質。

➤辨別思考扭曲的不同類型與相關特質。

• 5.增進矯治認知缺陷的能力。

➤說出認知缺陷矯治的步驟。

5-4

技能方面

• 6.挑戰自我思考謬誤的陷阱。

❑ 分組較量挑戰思考謬誤的陷阱。

❑ 評鑑各種自我思考謬誤的因素。

• 7.運用認知扭曲的四種基本類型，將「我認爲」陳述句分類。

❑精準判斷「我認爲」陳述句屬於認知扭曲的正確類型。

5-5

情意方面

• 8.培養日常生活中講求邏輯思考正確推論的態度。

▪ 批判思考謬誤，凡事養成邏輯推理實事求證的習慣。

• 9.養成覺察認知缺陷的敏感度，導入正確的思維。

▪ 靈敏覺察自我認知缺陷，能自我調整或求助方式，培養追求事物原因，了解因果關係的態度。

5-6

準備活動

- 1.師生蒐集邏輯思維的相關資料。
- 2.製作三段式邏輯命題的架構圖、演繹法與歸納法的應用與區別圖片各一張。
- 3.學生進行分組，選出組長、紀錄及分配成員的工作任務。

5-7

發展活動－引起動機

- 「假如有人說在天狼星上有一個種族，猴面人身，身高三百英尺，有七十二個器官，不食五穀，長生不老，並且能飛天鑽地。你們能證實這種天狼人不存在嗎？既然無法證實他們不存在，所以他們存在？」
  「前面的例子即犯思維上訴諸未知的謬誤，但也有例外，如在法庭上不能證明某人有罪，那麼某人便無罪。」（改編自拉比著，王曼君譯，1998）

5-8

　　英國哲學家Russell認為正確思考應具備下列四個條件：

(1)證明有根據－解決問題要實地了解。

(2)避免思維謬誤－與別人不同見解要反思自己的論證。

(3)判斷要恰當－避免無知與武斷衍生錯誤。

(4)推理要合理－理性的推理，客觀的評斷。

5-9

　　討論思考過程，可用四種不同角色的替換，作具體與深刻的比喻：

➢(1)冒險家－憑著好奇與求知探索未知的領域及發掘自己潛在的能力。

➢(2)藝術家－將冒險家獲得的資訊重新詮釋與組合，轉化成新穎獨特的想法。

➢(3)法官－仲裁來自藝術家的構想，決定接納、修正或推翻。

➢(4)勇士－悍然執行法官仲裁有價值的構想，化成為具體行動，並融為生活一部分（參考曉明女中生命教育中心，1998）。

5-10

影響正確思考的因素

偏見

風尚

習俗

情感

利害

5-11

任何學問包含兩種對象：

(1)質料對象(object material)－思維內容。

(2)形式對象(object formal)－思維形式，思維的正確與否屬於思維形式，而邏輯正是研究正確思維的科學。

5-12

三段式邏輯命題的架構圖

- 包含大前提、小前提與結論三段式邏輯命題，例如：

凡人都會死	因為A是B
秦始皇是人	而且C是A
所以秦始皇會死	所以C是B

5-13

演繹法與歸納法的應用

- 演繹法－由普通的原則為基礎，去認識特殊事例。

- 歸納法－由許多特殊的事例，去認識普通的原則（參考殷海光，1995）。

5-14

思考謬誤的陷阱

- 依陽士毅（1998）的分類，可分成：
- ➤形式與非形式的謬誤。
- ➤非形式的謬誤又分成歧義、不相干與不充分證據的謬誤。

5-15

- 評鑑及歸納自我思考謬誤的因素，必須含：

> **(1)以偏概全或偶殊因素。**

> **(2)常識誤導或知識不足。**

> **(3)先入為主或雙重標準。**

> **(4)外界影響或自我閉鎖。**

> **(5)不容例外或非黑即白。**

5-16

綜合活動

- 1.師生批判思考謬誤，凡事養成邏輯推理實事求證的習慣。並對邏輯思維的原則與應用作一個結論。

- 2.指定作業
練習與辨識思維謬誤，並找出生活中常見的事例十則以上。

5-17

青少年生命教育課程

- 〈單元五〉　正確的思維術

- 第二節　認知缺陷的覺察與矯治

程國選 編製

5-18

準備活動

➤ 師生蒐集有關認知問題的相關資料。
➤ 製作思考扭曲類型與矯正錯誤思考步驟
的圖片各一張。
➤ 編製供練習判斷認知扭曲類型的「我認為」
陳述句作業單。
➤ 學生進行分組、選出組長、紀錄及分配成
員的工作任務。

5-19

發展活動－引起動機

• 「前面一節，我們談到思維的一般通則，
關於邏輯思維的原則與應用，這節我們
要談由於個別認知的缺陷，造成思考僵
硬與思考扭曲，也是影響正確思維的主
要因素。一個人遇到重大的困難，是否
還可思考許多其他應變方法，避免不變、
逃避或結束生命等思考僵硬的消極處理
方式。」

5-20

• 「對於思考扭曲的發生，例如不拿白不
拿，因為你不拿，別人也會拿。又如開
走別人的車有什麼大不了的事，只要車
沒事，最後車歸原主就好。各位想想他
們是否有錯？錯在哪裡？」

5-21

❑ Torrance在創造思考能力提出思考的流暢
性，對一個刺激來源產生許多反應，即對
一個問題會產生許多解決方案。這比思考
的僵硬性，對一個問題只能有固定或少數
幾個解決方法，顯然要有利得多。

❑ 思考僵硬有別於思考流暢，常有窮於應
付，找不出或沒有最好的應變方案。

❑ 隨機指派同學對思考流暢與思考僵硬
二者作一完整的比較。

5-22

• 分組討論平日生活常見思考扭曲的事，
例如：

❖ 當我憤怒時，我不在乎自己或別人受到傷
害（自我中心）。

❖ 假如我不採激烈的行動，他是不會重視
問題嚴重性的（往壞處思考）。

5-23

• 解說Gibbs，Barriga & Potter (1992)提出思
考扭曲的類型與相關特質：

● 自我中心(SC)－根據自己觀念、需求、期
望與感覺來行事，忽視他人正確的看法。

● 減責化／錯誤標籤(MM)－認為自己行
為並未對他人造成傷害，且被社會所允
許。對他人貼上貶損、無人性的標籤。

5-24

● 往壞處思考(AW)－毫無理由認為他人對自己懷有敵意，凡事總往最不利的狀況著想。

● 責怪他人(BO)－將傷害行為歸罪於外在原因，自己才是身受其害，將自己歹運歸咎於無辜的人（楊瑞珠，1997）。

5-25

・ 根據分發「我認為」陳述句的作業單，練習判斷認知扭曲類型的技巧，過濾正確的思維。

5-26

HCG〈我認為〉的分類

　請你將下列的陳述句分類，如自我中心(SC)、減責化／錯誤標籤(MM)、往壞處思考(AW)、責怪他人(BO)。
1.有時你需要說謊才能得到你想要的。
2.每個人都說謊，沒什麼大不了的。
3.如果我犯錯，是因為我結交壞朋友。
4.想要遠離打架是不可能的。
1)SC　2)MM　3)BO　4)SC

5-27

---

5. 我看到喜歡的東西就拿走。
6. 如果有人沒鎖車門就走了，東西被偷是他們自找的。
7. 不管我多努力，我總是無法使自己不惹麻煩。
8. 只有懦弱膽小鬼才會在打架時溜走。
9. 如果你不整人的話，別人也會整你。
10. 如果一個商店或民宅被搶，其實是他們自己的錯，誰叫他們沒做好更好的防衛措施。
5)SC　6)MM　7)AW　8)SC　9)SC　10)MM

5-28

・ 討論與示範認知缺陷矯治的步驟：

■反轉－用在責備他人，認為自己是犧牲者者。例如「因為我認識他，我才會變得這樣」，反轉為「認識他的人，包括他最親密的家人，都會捲入這個麻煩事件中嗎？」

■挑戰－隨時警惕與覺察自己的行為，對自己與別人造成的傷害。

5-29

■重新標定－幫助別人、照顧自己是負責行為，報復別人、傷害自己是不負責行為。

■檢核－在適當時機要檢核自己，進一步想想，我的思維邏輯是否正確，以便做好自我主控（參考黃珮怡，1999）。

5-30

綜合活動

■師生對認知缺陷的覺察與矯治作總結，凡事養成靈敏覺察自我認知缺陷，能自我調整矯治或求助方式，培養探求事物真正原因、了解因果關係的態度。

■指定作業
練習與辨識認知缺陷的類型五則以上，並列出認知缺陷矯治的步驟。

Welcome

5-31

生命教育課程學生自我評鑑表（單元五）

單元名稱	正確的思維術
學生姓名	

評鑑符合程度 差　　　好 1 2 3 4	評　鑑　項　目
☐ ☐ ☐ ☐	1、我可以了解正確思考的意義、過程與影響。
☐ ☐ ☐ ☐	2、我能認識邏輯思維的原則。
☐ ☐ ☐ ☐	3、我能了解認知的缺陷。
☐ ☐ ☐ ☐	4、我可以辨別思考扭曲的不同類型與相關特質。

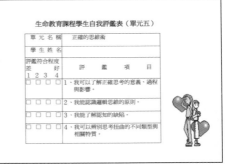

5-32

☐ ☐ ☐ ☐	5、我可以了解認知缺陷矯治的步驟。
☐ ☐ ☐ ☐	6、我能指出自我思考謬誤的陷阱。
☐ ☐ ☐ ☐	7、我可以判斷「我認為」陳述句屬於認知扭曲的正確類型。
☐ ☐ ☐ ☐	8、我能養成邏輯推理實事求證的習慣。
☐ ☐ ☐ ☐	9、我可以覺察認知缺陷的敏感度，導入正確的思維。
☐ ☐ ☐ ☐	10、我能認真閱讀參考教材，不懂時能向老師發問。
☐ ☐ ☐ ☐	11、我能夠完成本單元的作業。
☐ ☐ ☐ ☐	12、我認為老師設計的教學活動能夠幫助我認識本單元的主題。

5-33

學 生 作 業 單 之 一（單元五）

姓　名	
主　題	練習與辨識思維謬誤，並找出生活中常見的事例十則以上。
內　容	

5-34

學 生 作 業 單 之 二（單元五）

姓　名	
主　題	練習與辨識認知缺陷的類型五則以上，並列出認知缺陷矯治的步驟，如採取反轉、挑戰、重新標定、檢核等方法。
認知缺陷類型與矯治步驟	

5-35

青少年生命教育課程

〈單元五〉　正確的思維術

敬請指導

5-36

單元六：情緒的管理

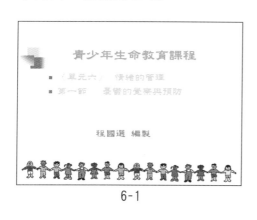

6-1

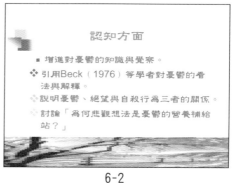

6-2

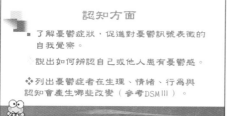

6-3

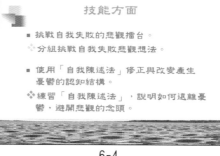

6-4

6-5

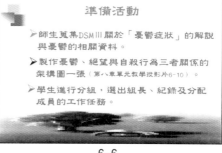

6-6

發展活動

■ 引起動機

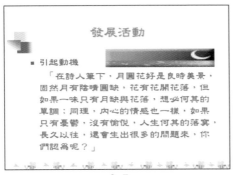

「在詩人筆下，月圓花好是良時美景，固然月有陰晴圓缺，花有花開花落，但如果一味只有月缺與花落，想必何其的單調；同理，內心的情感也一樣，如果只有憂鬱，沒有愉悅，人生何其的落寞，長久以往，還會生出很多的問題來，你們認為呢？」

6-7

「當個體覺得憂鬱與無望時，則生活永遠不會更好，縱然最近生活好過一些，他們也從不會有樂觀想法，永遠沉淪在過去悲觀想法的漩渦裡及沒有希望的未來！學者提出個體在憂鬱感和無望時會想到自殺，有誰能提出一個類似的案例？」

6-8

■ Beck（1976）對憂鬱提出三個思考向度：

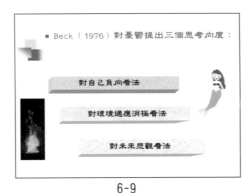

對自己負向看法

對環境適應消極看法

對未來悲觀看法

6-9

解釋何以憂鬱高、絕望高的人，自殺行為風險較大，反之，則較小。

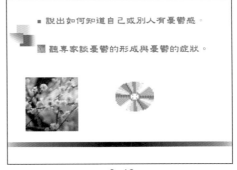

考驗自我傷害行為篩檢量表理論架構圖

6-10

■ 討論悲觀的想法：

常常錯誤解讀生活事件

為正在發生的事件先下不利的結論

歪曲發生的事實

屬於自我失敗者

6-11

■ 說出如何知道自己或別人有憂鬱感。

■ 聽專家談憂鬱的形成與憂鬱的症狀。

6-12

■ 憂鬱症者在生理、情緒、行為與認知會
產生的改變，必須包括：

胃口與睡眠改變、悲觀失敗、沒有價值
感、社交退縮、愧疚感、自我處罰、減
弱專注與思考能力、重複浮現自殺念頭、
嚴重扭曲的認知、容易興奮與情緒易生
變化等。

6-13

誰是擂台主

挑明自我失敗悲觀想法的反對意見或策略，
點子最多，即為擂台主。主題包括：
(1)我的生活不會有快樂
(2)我覺得像失敗者
(3)我希望從未出生
(4)我沒有希望
(5)我痛恨自己
(6)自殺是唯一的選擇

6-14

綜合活動

■ 教師對憂鬱的症候與預防作一個結論，
對平日與未來生活能檢視多持正向看法
與抱著樂觀態度。

■ 指定作業
練習「自我陳述法」，
說明如何遠離憂鬱，避
開悲觀的想法。

6-15

青少年生命教育課程

■ 〈單元六〉　情緒的管理
■ 第二節　憤怒的認知與管理

程國選 編製

6-16

認知方面

■ 認識憤怒失控的嚴重性與做好憤怒管理
的重要性。
➢ 說明極端憤怒，常失去理智激發自殺
企圖。
➢ 發表憤怒不能解決原來問題，反而提升
或增加問題的嚴重性。

6-17

認知方面

■ 分析憤怒狀態，增加對憤怒訊號表徵的
自我覺察。

➢ 列舉憤怒狀態時在生理、情緒、行為與
認知會發生哪些變化？

➢ 說出如何辨識個人憤怒的訊號表徵，以
便早期預防憤怒失控。

6-18

認知方面

- 分析腦力激盪(brainstorming)的功能與熟悉使用的原則。
- 列舉腦力激盪的用途。
- 發表腦力激盪的使用原則。

6-19

技能方面

- 分組練習腦力激盪技巧。
- 針對共同命題，正確運用腦力激盪技術。

- 運用憤怒化解技巧，學習控制憤怒的方法。
- 參考Amish (1991)憤怒化解六個技巧，腦力激盪想出不同控制憤怒的方法。

6-20

情意方面

- 培養冷靜思考的態度。
- 學習解決問題不受激怒失控，而能冷靜化解危機的態度。

6-21

準備活動

- 製作「愉悅」與「憤怒」的臉譜各一個。
- 製作憤怒在生理、情緒、行為與認知變化的圖表一張。

6-22

發展活動

- 引起動機

「俗語有句話，小不忍則亂大謀，韓信有胯下之辱，他日能成大器，否則受到市井無賴的激怒，揮刀相向，恐已成為階下囚了！」

6-23

「根據研究顯示，有80%青少年因為憤怒而激起自殺企圖，當一個人極端憤怒，以致不能思考其他理性方法，例如與家人或男（女）朋友發生嚴重的吵架，在失去理智的情況下，可能促發他們採取傷害自己的行為。」

6-24

■ 討論「當你憤怒時，拿起桌上東西砸人，會造成什麼後果？」不但不能解決原來問題，反而提升或增加問題的嚴重性，造成關係的破裂與財產的損失。

6-25

■ 發表憤怒在生理、情緒、行為與認知會產生的變化，包含：

　(1) 生理變化－心跳、呼吸加速、身體緊張、肌肉拉緊、掌心流汗。

　(2) 情緒變化－過度緊張、焦慮與生氣。

　(3) 行為變化－用拳頭猛敲桌面、急速拍打大腿、對著憤怒的人大吼大叫等。

　(4) 重複激燃憤怒，想教訓、警告或報復對方。

6-26

說出如何覺察自己憤怒的訊號表徵，以便及早採取行動，避免因憤怒做出反悔的事情。

6-27

學生複習前面單元六關於腦力激盪的功能與使用原則。

腦力激盪是Osborn(1957)率先使用，他認為大量主意的產生，有助問題的解決，而大量主意的產生，有賴於聯想，發揮個人創造的想像力。要適合在小組中進行應注意那些使用原則呢？讓大家多想看看（至少應包括）：

➤(1)選擇恰當問題－沒有固定答案。
➤(2)自由聯想，主意越怪越好。
➤(3)求量為先，以量生質。
➤(4)不可隨便批評。
➤(5)尋求綜合與改進。
➤(6)要有紀錄。

6-28

腦　力　激　盪

■ 【說明】腦力激盪是Osborn(1957)率先使用，他認為大量主意的產生，有助問題的解決，而大量主意的產生，有賴於聯想，發揮個人創造的想像力，更適合在小組中進行，因為個人的主意在小組中，可獲得立即鼓勵，且激發更好的主意。

➤（命題一）請說出毛巾的用途至少二十種
➤（命題二）請說出獎盃的用途至少二十種
➤（命題三）請想像自己漂流至一個荒島，身上僅剩一支槍與三十發子彈，你能用槍做什麼？

6-29

以腦力激盪方式，說出不同控制憤怒的方法，參考Amish(1991)，憤怒化解六個技巧：

　(1) 控制情緒的自我陳述法－告訴自己遠離憤怒的情感，快以正面看法取代憤怒想法；保持冷靜，假如憤怒失控，只有變得更糟；忽視它，不值得這般生氣，放鬆及不要過度反應；我在控制情緒，不能讓它壓倒我；倘若保持冷靜，我定能解決這個問題。

6-30

(2) 離開激惹的情境－暫時離開直到冷靜面對問題，短暫在街區散步，要求回自己房間，讓心智思考冷卻下來，進入浴室，做向深呼吸運動等。

(3) 尋找憤怒發洩的管道－找出不致使原有問題惡化的憤怒發洩方法，例如騎車兜風、彈彈樂器、跳跳舞、做些喜受的運動、用力拳擊沙袋、枕頭等並且對著它們大聲吼叫等。

6-31

(4) 運用憤怒降溫的分散作用－做一些積極分散憤怒的事情，使自己完全冷卻下來，例如做些喜歡的嗜好、聽聽音樂、看看電影等。

(5) 尋求他人的協助－與親近朋友、家人、敬重師長、輔導老師等密談，請求必須的支援。

(6) 要求自我抑制－不要傷害自己或別人，不可損害財物，以免事態擴大。

6-32

綜合活動

❖ 對憤怒的認知與管理作一個結論，平時養成冷靜化解危機的態度。

❖ 指定作業
運用憤怒化解技巧，練習提供控制憤怒的各種方法。

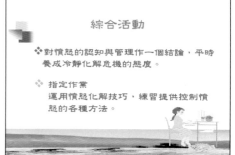

6-33

腦 力 激 盪 （單元六）

【說明】腦力激盪是 Osborn 率先使用，他認為大量主意的產生，有助問題的解決，因大量主意的產生，有較的聯想，發揮個人創造的想像力，更適合在小組中進行，因為個人的主意在小組中，可獲得沉澱聯輯，且激發更好的主意，依韋氏國際大字典定義為「聚積特殊問題的主意」，以求解決問題。

（命題一）請說出毛巾的用途至少二十種：

（命題二）請說出獎盃的用途至少二十種：

（命題三）請想像自己漂流至一個荒島，身上僅剩一支槍與三十發子彈，你能用槍做什麼？

6-34

生命教育課程學生自我評鑑表 （單元六）

單元名稱	情緒的管理
學生姓名	

評鑑符合程度差好 1 2 3 4	評 鑑 項 目
□ □ □ □	1、我能增進對憂鬱的認識與覺察
□ □ □ □	2、我能了解憂鬱症狀，有助對憂鬱訊號表徵的覺察
□ □ □ □	3、我能了解憤怒失控的嚴重性與做好憤怒管理的重要性
□ □ □ □	4、我會辨識憤怒狀態，增進對憤怒訊號表徵的覺察

6-35

□ □ □ □	5、我可以挑戰自我失敗的悲觀播台。
□ □ □ □	6、我會使用「自我陳述法」修正與改變產生憂鬱的認知結構。
□ □ □ □	7、我會運用社會解決問題技巧，學習控制憤怒的方法。
□ □ □ □	8、我能學習陶冶生活的愉悅性。
□ □ □ □	9、我可以培養冷靜思考的態度。
□ □ □ □	10、我能認真閱讀參考教材，不懂時能向老師發問。
□ □ □ □	11、我能夠完成本單元的作業。
□ □ □ □	12、我認為老師設計的教學活動能夠幫助我認識本單元的主題。

6-36

學 生 作 業 單 之 一（單元六）	
姓　名	
主　題	練習「自我陳述法」，說明如何遠離憂鬱，避開悲觀的想法。
方　法	提出各種避免主要問題的策略，在各種可能情況下，隨時提醒自己，告訴自己採取有效方法，避開問題的重蹈覆轍。
內　容	

6-37

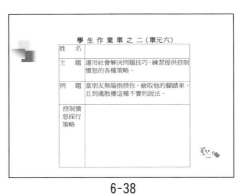

6-38

6-39

單元七：人際問題的認知

青少年生命教育課程

■〈單元七〉人際問題的認知
■ 第一節　同儕衝突的解決

程國選 編製

7-1

認知方面

■ 認識青少年的人際問題主要有兩種：同儕
　關係及家人關係。
❖ 說明青少年在「學校生活」、「家庭生活」
　與同儕及家人互動關係。

7-2

認知方面

■ 了解同儕關係在青少年的身心發展扮演關
　鍵性的角色，同儕衝突常是青少年自殺的
　重要原因。
❖ 舉例說出發展同儕關係對於學校生活適應
　的重要性。
❖ 引用Yang & Clum(1996)等的看法，同儕衝
　突構成自殺意念最高。

7-3

認知方面

■ 討論同儕衝突的類型與同儕衝突的典型反
　應。
❖ 列出平日生活中常見同儕衝突的類型。
❖ 角色扮演同儕衝突最可能的典型反應。

7-4

技能方面

■運用社會解決問題方法處理同儕衝突。
➤介紹Amish(1991)提出社會解決問題的五
　個步驟：(1)保持冷靜、(2)界定特殊問題、
　(3)產生解決方案、(4)評估方案、(5)選擇
　方案去做。
➤列出同儕衝突的情境，活用社會解決問題
　的步驟進行解決。

7-5

情意方面

■ 養成邏輯思考以解決人際關係的態度。

➤ 面對同儕關係，不做情緒的反應，培養理
　性的邏輯思考態度。

7-6

準備活動

- 師生蒐集最典型「同儕衝突」的相關資料，編排同儕衝突時，最可能的反應。
- 繪製Amish(1991)提出社會解決問題的五個步驟的大型海報。
- 學生進行分組，選出組長、紀錄及分配成員的工作任務。

7-7

發展活動

- 引起動機

「俗話說在家靠父母，出外靠朋友，可說跟大家最密切的人際關係，就要屬各位的父母與你們彼此間的同儕關係了。我們先談一旦與朝夕相處的同儕失和，你會有怎麼樣的心情感受？男女朋友在嚴重爭吵後，造成突然的分手，可能會產生什麼後果嗎？有類似經驗的同學可提出你的看法，大家可以分享你的寶貴經驗。」

7-8

- 以腦力激盪方式說出同儕關係對於學校生活適應的重要性。
- 教師引申Yang & Clum(1996)、Ward(1992)等的看法，青少年的自我傷害深受同儕衝突的影響。

7-9

討論平日常見同儕衝突的類型（須包含）：

❖ 對班級重大的決定持相左的意見。
❖ 對重要的事項有明確承諾卻完全反悔。
❖ 發現女（男）朋友在背後偷偷與別人約會。
❖ 同儕的壓力迫使自己跟他一起嗑藥。

7-10

角色扮演同儕衝突最可能的典型反應，說明同儕之間的衝突常具攻擊性，使情況惡化，最沒有成效。

7-11

介紹Amish(1991)提出社會解決問題的五個步驟：

保持冷靜－當心情煩亂很難找出解決方法，有許多可使我們保持冷靜的方法，如採取適當的自我控制陳述、自我抑制、相信自己不會和同儕衝突起來。

界定特殊問題－了解問題的真正原因，才能對症下藥。

7-12

產生解決方案－第一個主義經常帶有攻擊性，且衍生出其他的問題來，因此盡可能想出許多解決方案。

➤ 評估方案－評定每個方案，以「＋」「－」表示優劣，考慮能否解決問題、不致原情況惡化和長短期的效果。

➤ 選擇方案去做－經評估後選擇最合適的去做，且能說出選擇方案的有利與不利條件，假若不能解決問題，再嘗試其他的方案。

7-13

舉例有關同儕衝突情境，如同儕壓力強迫嗑藥，練習腦力激盪方式，盡可能想許多解決方案，例如：

❖ 假裝嗑藥，但沒有真正的食入。
❖ 勇敢說不，表示以前有吸食的不愉快經驗，不想再冒險。
❖ 自己的體質對這些藥物會產生過敏。
❖ 編個理由，趕赴朋友的約會，必須先離席。
❖ 還在保護管束中，擔心無法通過尿液測試。

7-14

綜合活動

■ 對同儕衝突的解決，建立良好人際關係作一總結，並說明平日如何養成邏輯思考的態度，遇到同儕衝突，應理性思考，不作情緒反應。

■指定作業
蒐集兩個「同儕衝突」的類型，每個類型至少想出五個解決方案。

7-15

青少年生命教育課程

■〈單元七〉人際問題的認知
■ 第二節　家人衝突的化解

程國選 編製

7-16

認知方面

■ 明瞭家人關係在青少年的成長過程提供社會化的功能，家人衝突是造成青少年自我傷害的主因。
舉例說明發展家人關係是奠定個人社會化的重要基石。
說出與家人衝突可能引發的對立，提高自我傷害衝動的危機。

7-17

認知方面

■ 討論家人衝突的類型與解決這些問題的方法。
列出平日生活中常見家庭衝突的類型。
討論解決家庭衝突的可能解決方法。

7-18

技能方面

■ 練習社會解決問題方法處理家人衝突。

●舉出家人衝突的情境，套用社會解決問題的步驟進行化解。

7-19

情意方面

■ 建立與家人良好的互動與默契，培養和樂的家庭氣氛。

●養成與家人良好溝通的習慣，塑造溫暖的家庭氣氛，減少家庭衝突至最少的程度。

7-20

準備活動

❖師生蒐集「與父母衝突」和「與家人衝突」的有關資料。

❖排演「與父母衝突」或「與家人衝突」，最有可能的反應。

❖準備Amish(1991)提出社會解決問題的五個步驟的大型海報。

7-21

發展活動

■ 引起動機

「我們常說家和萬事興，如果家人衝突不斷，則恐怕很難成事了！我們生長的家庭，提供我們生存需求，又因有父母與兄弟姊妹的互動關係，支持我們心靈成長，因此家庭是提供我們社會化的第一個重要階段。」

7-22

「父母強烈反對與男（女）朋友交往，或兄弟姊妹享有自己從未擁有的特殊權利與特別待遇，引發嚴重的衝突與爭吵，甚至有時會傷害自己，在座同學是否有類似經驗，可以提出來，一塊與同學們分享。」

7-23

■舉出生活中常見家庭衝突的類型（須包括）：

➢父母對自己晚歸理由不信任，且有很大的存疑。

➢父母沒有事先預告，即強迫自己留在家中照顧弟妹們。

➢父母聽信謠言，指控你一些從沒有做過的事（如偷竊、吃檳榔、賭博等）。

7-24

➤ 你接受的額外關注與特別禮物，引發兄弟姊妹的猜疑。

➤ 你感覺你必須做比你的兄弟姊妹更多的家事。

➤ 你想要安靜看書，準備明天的考試，但是你的兄弟姊妹卻把電視音量轉得很大。

7-25

■腦力激盪想出解決家庭衝突的可能解決方法，以「你感覺你必須做比你的兄弟姊妹更多的家事」為例，提出愈多的方法，愈有可能找出最好的解決，例如：

7-26

☐ 與父母討論，或在家庭聚會時提出你的感覺，徵詢大家的看法。

☐ 訂定料理家事輪值表，準備兄弟姊妹一起分享做家務事的經驗。

☐ 先處理家務，但票告父母下次分配工作時能公平一些。

7-27

■複習前節社會解決問題的五個步驟：

保持冷靜

界定特殊問題

產生解決方案

評估方案

選擇方案去做

7-28

■列舉家人衝突的情境，運用社會解決問題的步驟進行化解。

7-29

 綜合活動

■ 教師對家人衝突的排解，塑造溫暖的家庭氣氛作一總結，並說明平日如何養成與家人良好溝通的習慣，遇到家人衝突，處理性思考，不作情緒反應，減少家庭衝突至最少的程度。

■指定作業
蒐集兩個「家人衝突」的最常見類型，練習套用社會解決問題的步驟進行化解。

7-30

生命教育課程學生自我評鑑表（單元七）

單元名稱	人際問題的認知

| 學生姓名 | |

評鑑符合程度 差　　　好 1　2　3　4	評　鑑　項　目
□ □ □ □	1、我能認識青少年的人際問題主要包含同儕關係及家人關係。
□ □ □ □	2、我能了解同儕關係在青少年的身心發展扮演關鍵性角色。同儕衝突常是青少年自殺的重要原因。
□ □ □ □	3、我能舉出同儕衝突的類型與同儕衝突的典型反應。
□ □ □ □	4、我能明瞭家人衝突造成青少年自我傷害的主因。
□ □ □ □	5、我能認知家人衝突的類型與解決這共問題的方法。

7-31

□ □ □ □	6、我會運用社會解決問題方法處理同儕衝突。
□ □ □ □	7、我會運用社會解決問題方法處理家人衝突。
□ □ □ □	8、我可以養成邏輯思考以解決人際關係的態度。
□ □ □ □	9、我能建立與家人良好的互動與默契，培養和諧的家庭氣氛。
□ □ □ □	10、我能認真閱讀參考教材，不懂時能向老師發問。
□ □ □ □	11、我能夠完成本單元的作業。
□ □ □ □	12、我認為老師設計的教學活動能夠幫助我認識本單元的主題。

7-32

學生作業單之一（單元七）

姓　名	
主　題	蒐集兩個「同儕衝突」的類型，每個類型至少想出五個解決方案。
說　明	運用腦力激盪與 Amish(1991)社會解決問題的步驟－產生解決方案，只有提出的解決方案愈多和齊全，問題獲得圓滿解決的可能性就愈高。
類型與解決方案	

7-33

學生作業單之二（單元七）

姓　名	
主　題	針對「家人衝突」的例題，練習套用社會解決問題的步驟逐行化解。
例　題	父母聽信謠言，指控你一些從沒有做過的事（如偷竊、吃檳榔、賭博等）。
解決步驟	

7-34

青少年生命教育課程
〈單元七〉　人際問題的認知

敬請指導

7-35

單元八：問題解決策略

青少年自我傷害防治課程

〈單元八〉 問題解決策略

第一節 做決定與腦力激盪

程國選 編製

8-1

問題解決策略〈單元八〉

一、認知方面

1. 認識什麼是問題與問題解決的涵義。
- 1-1能舉例說明問題的意義。
- 1-2能說出問題解決的涵義。

2. 了解在問題解決的主要歷程及其歷程中運用個人做決定與腦力激盪的重要。
- 2-1能說出為什麼在問題解決的主要五個歷程中，都需要用到做決定與腦力激盪。
- 2-2能複習單元六關於腦力激盪的功能與使用原則。

8-2

問題解決策略－認知方面

3. 發展適時做決定(decision-making)的基本要件。
- 3-1能舉出為什麼很難做決定，不做決定或延遲決定可能產生的問題。
- 3-2表現做「最佳決定」應符合具備的基本要件。

4. 增進對界定問題與選擇目標的認知。
- 4-1說出界定問題的概念。
- 4-2舉出選擇目標的原則。

5. 提高解決方案的產生與實施選擇方案的能力。
- 5-1說出產生解決方案與實施選擇方案的理想方法。

8-3

---

6. 綜合評估問題解決方案及其理想的步驟。
- 6-1評論問題解決方案的有效性。
- 6-2歸納問題解決歷程的最理想步驟。

問題解決策略－技能方面

7. 分組練習「決定衡鑑表」的運用技巧。
- 7-1本著假定情況，精確使用「決定衡鑑表」的技術。

8. 挑戰與應用問題解決步驟。
- 8-1針對設定問題，熟練應用問題解決策略。

8-4

問題解決策略－情意方面

9. 培養腦力激盪創意思考的習慣。
- 9-1養成遇到問題，能彈性思考，蒐集愈多「相關主意」的習慣。

10. 激發合乎邏輯思維，以評估方案，做出果斷決定的態度。
- 10-1熟悉正確的思維術，培養在評估方案時，隨時保持做出「最佳決定」的態度。

11. 養成凡事能有效率的解決問題，以陶冶健全人格的發展。
- 11-1熟練有效的解決問題策略，增進人際問題的解決與社會的適應。

8-5

做決定與腦力激盪－準備活動

1. 師生蒐集關於「腦力激盪」與「做決定」的有關資料，並印製相關的家課作業單。

2. 製作「腦力激盪」技巧與命題和「做決定」技巧與假定情況的圖表各一張。

3. 學生進行分組，選出組長、紀錄及分配成員的工作任務。

8-6

做決定的技巧－發展活動〈1〉

1. 引起動機

「在《後漢書》的〈曹褒傳〉有一則作道旁之故事，提到有個沒有主張的人，在公路旁蓋一棟房子，眼看房子就要落成了，有個過客從旁經過，向他說道：『如果我是房子的主人，我會把門窗的方向全部朝東，那樣陽光一出來就射進房間來，可以養成早起的習慣，豈不更好？』他一聽了，覺得有理，就把房子拆了。房子第二次快要建好了，又有一位過客從路旁經過，向他建議，住家的房子貴在多曬夏陽，只有向南才能做到，向東怎麼可以呢？於是他又拆了房子，重新再蓋。」

8-7

做決定的技巧－發展活動〈2〉

「故事中的他，為什麼很難做出正確決定？如果因為很難做出決定，而乾脆不做決定或延遲決定，可能產生嚴重的後果，你能舉例並說明原因嗎？」

8-8

做決定的技巧－發展活動〈3〉

• 說明問題與問題解決的意義：

(1)三代以下，有學而無問（劉開一問說）。
(2)問題是「所有」與「所有要」之間的差異（de Bono,1968）。
(3)當某種條件具有誘惑力，而當事者缺乏這種條件，便會產生問題(Skinner,1974)。
(4)能引發探討、考慮、決定或解答的詢問，就是問題的解決（引自郭有橘，2001）。

8-9

做決定的技巧－發展活動〈4〉

教師歸納Deway與Kanfer & Busemeyer（1982）等學者提出問題解決的主要歷程如下圖所示（引自何淑晃，1994），在這五個主要歷程中，都包含兩個重要的技術，即做決定與腦力激盪，我們將在本節討論，至於問題解決五個步驟的應用，將留在下一節再討論。

8-10

問題解決的五個步驟

界定問題
選擇目標
產生解決方案　☆=做決定
選擇方案去做　◇=腦力激盪
評估實施方案

8-11

做決定的技巧－發展活動〈5〉

• 教師說明如何做最佳決定，引用Dixon等人(1979)認為有系統地評估各方案的正負向特質，有助於做決定，亦即Heppner(1978)所提做決定模式的重點，要求當事者列出每個方案的長短期優缺點，並評估其成功率。Janis & Mann (1977)認為還必須兼顧對自己與對他人的兩種觀點，綜合上述，我們設計出「決定衡鑑表」，採用七點量尺，分成極好、頗好、好、普通、壞、頗壞、極壞，從7分至1分來計分，表格內容如下：

8-12

決定衡鑑表

可能採行方案	對象	近期的優點	評定	近期的缺點	評定
	對自己				
	對他人				

長期的優點	評定	長期的缺點	評定	成功機率
			總分	

8-13

學生複習前面單元六關於腦力激盪的功能與使用原則。

　　腦力激盪是Osborn(1957)率先使用，他認為大量主意的產生，有助問題的解決，而大量主意的產生，有賴於聯想，發揮個人創造的想像力。更適合在小組中進行，應注意哪些使用原則呢？請大家多想看看（至少應包括）：

- (1)選擇恰當問題－沒有固定答案。
- (2)自由聯想，主意愈怪愈好。
- (3)求量為先，以量生質。
- (4)不可隨便批評。
- (5)尋求綜合與改進。
- (6)要有紀錄。

8-14

腦　力　激　盪（引自單元六）

- 【說明】腦力激盪是Osborn(1957)率先使用，他認為大量主意的產生，有助問題的解決，而大量主意的產生，有賴於聯想，發揮個人創造的想像力。更適合在小組中進行，因為個人的主意在小組中，可獲得立即鼓勵，且激發更好的主意。
- （命題一）請說出毛巾的用途至少二十種
- （命題二）請說出獎盃的用途至少二十種
- （命題三）請想像自己漂流至一個荒島，身上僅剩一支槍與三十發子彈，你能用槍做什麼？

8-15

揭示假定情況，鼓勵練習做決定的技術。

　　「明芳因為去年高中畢業後，沒有考上大學，目前在一家貿易公司擔任外務員，他的爸媽希望他辭去工作，以便準備重考，可是他滿意目前有一份固定的收入，又可天天和新結交的女朋友見面，請問他該怎麼辦？」

8-16

做決定的技巧－綜合活動

- 1. 教師鼓勵養成遇到問題，能創意思考，儘量蒐集愈多「相關主意」的習慣。
- 2. 教師指導溫習前面正確思維衡量單元，養成在評估方案時，隨時保持做出「最佳決定」的態度，並對本節活動作一評論。
- 3. 指定作業
　　分發「決定衡鑑表」作業單，練習「做決定」技巧。

8-17

青少年自我傷害防治課程

- 〈單元八〉　問題解決策略
- 第二節　問題解決步驟的應用

程國選 編製

8-18

問題解決步驟－準備活動

- 1.製作問題解決步驟圖表。
- 2.繪製問題情境的海報、印製問題情境作業單。
- 3.學生進行分組，選出組長、紀錄及分配成員的工作任務。

8-19

問題解決步驟－發展活動〈1〉

引起動機

「許願爲大三主修會計的學生，個性開朗活潑，喜歡參加郊遊、露營、唱歌等活動，父親是名會計師，家人從小就希望他將來成爲會計師，師長與親友也都鼓勵他朝這方面發展，而他認爲這些期待還不錯，也就順利地考進會計系來就讀。」

8-20

問題解決步驟－發展活動〈2〉

「目前他正苦於一個不知如何解決的問題，每個學期的平均成績總是險象環生低空掠過，一些重要的科目如高等會計、審計學等必須要重修，因此找最要好的朋友汪德商量問題的解決。在晤談的過程，他表示讀書有困難，每晚複習功課時間很少超過一個小時。同時他也表示對法律有興趣，曾修過法學概論，輕鬆過關。如果你是他的朋友，你會如何幫助他解決問題？」

8-21

　既然要解決問題，必先確定問題發生在那裡？察明問題發生的原因，而不是問題發生的症候，也就是要界定問題。以許願爲例，他的問題可能包含如下：

(1)盲目地認同父母與師長。
(2)成績低落。
(3)讀書時間不夠。
(4)不適當的教育安置。
(5)參加太多的社團活動。

　　假如有很多問題，試想是否解決其中一個問題(如3)，也解決另一個問題(如2)。當然也要排除不能通過事實檢驗，如(1)、(4)、(5)，就能界定出真正的問題所在。

8-22

教師說明在「界定問題」後，要選取有助於解決這個問題的目標，澄清自己的價值觀，可以協助「選擇目標」，以許願來說，他的目標選擇包含：

(1)高等會計、審計學的重修要通過。
(2)學期的平均成績須在七十五分以上。
(3)每天至少要讀書三小時。
(4)改進寫筆記、閱讀速率等讀書技巧。
(5)減少請假、曠課時數。

　　你會如何來協助他選擇目標？既然問題界定是讀書時間不夠，當然你會會優先選擇的目標是增加讀書的時間。

8-23

　　在「選擇目標」後，必須針對目標「產生解決方案」，可用腦力激盪技術，產生方案愈多，設想出更多的解決方法，則解決問題的機率愈高。在產生解決方案後，便要「選擇方案去做」，如何選取最適當的方案去實施，可用做決定技術及配合當下人事物的情境實施。

8-24

我們以許願的例子來說，讓大家用腦力激盪，盡可能說出解決方案（至少要包含）：

(1)控制外在環境的誘因。
(2)訂定自律的契約。
(3)做好時間的規劃。
(4)獲得朋友與親人的支持。
(5)練習放鬆的技術。

在這麼多的解決方案中，你會如何幫他選擇方案？既然要增加讀書時間，當然你會優先考慮做好每天的時間規劃。

8-25

在實施方案後，需對實施方案進行評定，即問題是否已經完全排除了，這種「評估實施方案」，目的在於了解實施結果的有效性與無效性，如果無效則另須回轉選取其他的解決方案或目標。

討論歸納問題解決歷程的理想步驟

界定問題 ➡ 選擇目標 ➡ 產生解決方案

➡ 選擇方案去做　　評估實施方案

8-26

揭出假定問題，練習統整應用問題解決的策略。

「素芳和她的室友明莉的相處發生了問題，她是一位文靜、整潔且用功的學生，明莉則是位粗線條的人，大聲喧譁、比較髒亂、經常亂丟衣服、夜歸，甚至借取素芳的衣物。素芳對明莉的行為很困擾，但拿不出一點辦法來，她如果向你求助，你想想有什麼方法可以改變她的室友的行為？」

8-27

問題解決步驟－綜合活動

* **1.** 教師對應用問題解決的策略作一個結論，平時熟練有效的解決問題策略，可增進人際的關係與社會的適應。

* **2.** 指定作業
提供問題情境的作業單，練習運用解決問題的策略。

8-28

生命教育課程學生自我評鑑表（單元八）

單元名稱	問題解決策略	
評鑑符合程度 差　　　好 1　2　3　4		評　鑑　項　目
☐ ☐ ☐ ☐		1、我能認識什麼是問題與問題解決的歷程。
☐ ☐ ☐ ☐		2、我能了解在問題解決的歷程中運用個人做決定與腦力激盪的重要。
☐ ☐ ☐ ☐		3、我能了解發展適時做決定(decision-making)的基本要件。
☐ ☐ ☐ ☐		4、我能熟悉使用腦力激盪(brainstorming)的原則。
☐ ☐ ☐ ☐		5、我能增進問題界定與目標選擇的認知。

8-29

☐ ☐ ☐ ☐	6、我可以提高問題解決方案的產生與評估方案的能力。
☐ ☐ ☐ ☐	7、我能綜合評估問題解決方案及其理想的步驟。
☐ ☐ ☐ ☐	8、我能使用「決定衡鑑表」。
☐ ☐ ☐ ☐	9、我能運用腦力激盪的技巧。
☐ ☐ ☐ ☐	10、我會應用問題解決步驟。
☐ ☐ ☐ ☐	11、我能激發合乎邏輯思維，以評估方案，養成做出果斷決定的態度。
☐ ☐ ☐ ☐	12、我可以養成凡事能有效率解決問題的態度。
☐ ☐ ☐ ☐	13、我能夠完成本單元的作業。
☐ ☐ ☐ ☐	14、我認為老師設計的教學活動能夠幫助我認識本單元的主題。

8-30

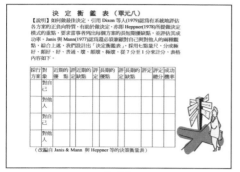

決定衡鑑表（單元八）

【說明】如何做最佳決定，引用 Dixon 等人(1979)認為有系統地評估各方案的正負向特質，有助於做決定，亦即 Heppner(1978)所提做決定模式的重點，要求當事者列出每個方案的長短期優缺點，並評估其成功率。Janis 與 Mann(1977)認為還必須兼顧對自己與對他人的兩種觀點，綜合上述，我們設計出「決定衡鑑表」，採用七點量尺，分成極好、頗好、好、普通、壞、頗壞、極壞，從 7 分至 1 分來計分，表格內容如下。

採行方案	對象	近期的優點	評定優點	近期的缺點	評定缺點	長期的優點	評定優點	長期的缺點	評定缺點	評定總分	成功機率
	對自己										
	對他人										
	對自己										
	對他人										

（改編自 Janis & Mann 與 Heppner 等的決策衡量表）

8-31

學生作業單之一（單元八）

姓　名	
主　題	練習「做決定」技巧—請根據明天的問題，協助他做最適當的決定，請填寫右邊圖表中。
例　範	「明芳四個去年高中畢業後，沒有考上大學，目前在一家貿易公司擔任外務員，他的爸媽希望他辭去工作，以便準備重考，可是他滿益目前的一份穩定的工作，父母天天和他說的女朋友也是如此，請問他該怎麼辦？」

決定衡鑑表

採行方案	對象	近期的優點	評定優點	近期的缺點	評定缺點	長期的優點	評定優點	長期的缺點	評定缺點	評定總分	成功機率
	對自己										
	對他人										
	對自己										
	對他人										

（改編自 Janis 與 Mann 和 Heppner 等的決策衡量表）

8-32

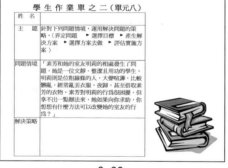

學生作業單之二（單元八）

姓　名	
主　題	針對下列問題情境，運用解決問題的策略。〈界定問題 ➤ 選擇目標 ➤ 產生解決方案 ➤ 選擇方案去做 ➤ 評估實施方案〉
問題情境	「素芳和她的室友明莉的相處發生了問題，她是一位文靜、整潔且用功的學生，明莉則是位粗線條的人，大聲喧譁，比較髒亂，經常亂丟衣服、夜歸，甚至借取素芳的衣物。素芳對明莉的行為很困擾，但拿不出一點辦法來，她如果向你求助，你想想有什麼方法可以改變她的室友的行為？」
解決策略	

8-33

青少年生命教育課程

〈單元八〉 問題解決策略

敬請指導

8-34

單元九：壓力管理策略

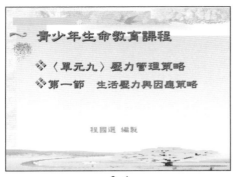

9-1

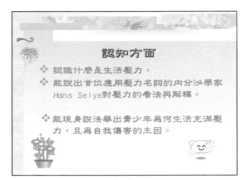

9-2

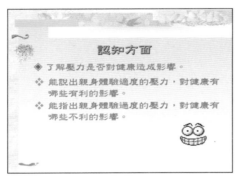

9-3

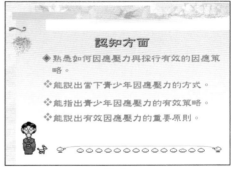

9-4

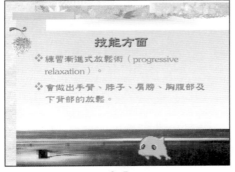

9-5

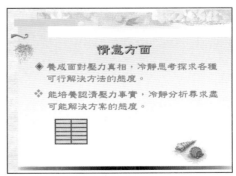

9-6

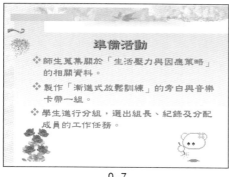

準備活動

❖ 師生蒐集關於「生活壓力與因應策略」的相關資料。

❖ 製作「漸進式放鬆訓練」的旁白與音樂卡帶一組。

❖ 學生進行分組，選出組長、紀錄及分配成員的工作任務。

9-7

發展活動

❖ 引起動機

講解「內分泌學家Hans Selye首位應用工程學上壓力名詞，在於所做的動物實驗上，觀察老鼠在飢餓、極端溫度、及突然關門等不同的壓力源，產生的創傷行為，包含三個反應階段－恐懼、適應與精疲力竭。引用在人體行為上，恐懼會分泌壓力荷爾蒙－可體松與腎上腺素；適應會抗拒感貧而回復到原來穩定狀態；精疲力竭會因長期對抗壓力，

9-8

由於體內荷爾蒙改變或耗盡，造成身體的疾病。」

「根據瑞典一份長達六年，針對一百三十位的實驗報告，顯示在不斷的壓力下，會減少腦內海馬址細胞的數量，影響個體的記憶，而壓力荷爾蒙對大腦的某些區域過度反應，長期處於壓力下，容易變成憂鬱狀態。我們前面的單元提過，自我傷害的人常有憂鬱症狀，而很多憂鬱症狀是由於長期的壓力造成，現在我們談壓力，可說是溯本清源。」

9-9

❖ 說明在青少年期由於身心急遽變化、社會快速變遷、升學的壓力等，在生活上充滿壓力，如本身缺乏良好的因應策略與社會支持，出現行為困擾或問題的機會，便大為增加，甚至引發自我傷害或犯罪行為。接著切入主題，讓學生舉例說出青少年為何生活充滿壓力，且可能造成自我傷害的主因。

9-10

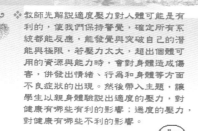

❖ 教師先解說適度壓力對人體可能是有利的，使我們保持警覺，確定所有系統都能反應，能發覺與突破自己的潛能與極限，若壓力太大，超出個體可用的資源與能力時，會對身體造成傷害，併發出情緒、行為和身體等方面不良症狀的出現。然後帶入主題，讓學生以親身體驗說出適度的壓力，對健康有哪些有利的影響；過度的壓力，對健康有哪些不利的影響。

9-11

❖ 教師先舉出有名的心理學者Folkman 與 Lazarus(1980) 等所提在任何壓力下，人們採取因應方式不外：

解決問題取向：蒐集資料、解決問題與發展替代性酬賞。

情緒取向：憤怒的失調、結局的逃避與情緒的發洩。

9-12

Copeland(1994)發現美國青少年對生活壓力，大都採逃避及發洩的情緒取向，造成青少年的問題愈演愈烈。心理學家稻村博士發現日本青少年近年來也有極端問題與嚴重情緒障礙發生。然後切入主題，讓學生說出他們因應壓力的方式。

9-13

先舉出Raber (1992)研究青少年的生活壓力，使用積極的因應策略，如：問題解決技巧、人際關係改善、思維方式調整，則可減輕身心症狀10%-21%，採使用消極的發洩情緒方式，如憤怒責備他人或逃避問題，不僅沒有減輕生活壓力，反而加重身心症狀的發生。國內學者蔡崇振（1997）探討國內五百五十六位高中生的生活壓力因應策略，也發現同樣的結果。然後導入正題，讓學生發表他們親身經歷因應壓力的有效策略。

9-14

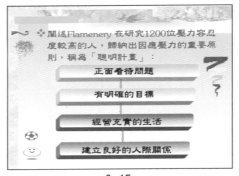

闡述Flamenery 在研究1200位壓力容忍度較高的人，歸納出因應壓力的重要原則，稱為「聰明計畫」：

正面看待問題

有明確的目標

經營充實的生活

建立良好的人際關係

9-15

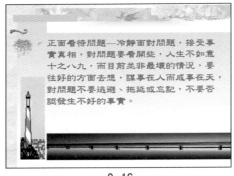

正面看待問題—冷靜面對問題，接受事實真相，對問題要看開些，人生不如意十之八九，而目前並非最壞的情況，要往好的方面去想，謀事在人而成事在天，對問題不要逃避、拖延或忘記，不要否認發生不好的事實。

9-16

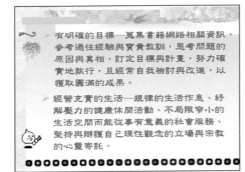

有明確的目標—蒐集書籍網路相關資訊，參考過往經驗與寶貴教訓，思考問題的原因與真相，訂定目標與計畫，努力確實地執行，且經常自我檢討與改進，以獲取圓滿的成果。

經營充實的生活—規律的生活作息、紓解壓力的健康休閒活動、不局限窄小的生活空間而能從事有意義的社會服務、堅持與辯護自己理性觀念的立場與宗教的心靈寄託。

9-17

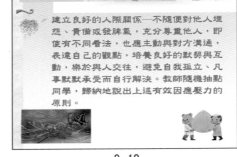

建立良好的人際關係—不隨便對他人埋怨、責備或發脾氣，充分尊重他人，即使有不同看法，也應主動與對方溝通，表達自己的觀點，培養良好的默契與互動，樂於與人交往，避免自我孤立、凡事默默承受而自行解決。教師隨機抽點同學，歸納地說出上述有效因應壓力的原則。

9-18

說明由於平日生活的壓力，造成肌肉的過度緊張，要求同學檢查是否肩膀提得太高、手心握得太緊、腹部肌肉太過緊繃。當肌肉過度收縮，耗費不必要的能量，減低做事的效率，又危害身心的健康。我們要做漸進式放鬆術（progressive relaxation）。

9-19

從某一個部位肌肉進行緊縮與放鬆，逐漸轉移到其他部位，體會肌肉的緊張與放鬆，以後當你覺得肌肉緊張時，你才會懂得放鬆。做的方法很簡單，依序為手臂、脖子、肩膀、胸腹部及下背部的收縮與放鬆，請同學隨音樂的節奏與旁白開始做。

9-20

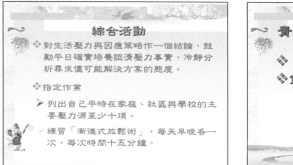

綜合活動

對生活壓力與因應策略作一個結論，鼓勵平日確實培養認清壓力事實，冷靜分析尋求儘可能解決方案的態度。

指定作業

列出自己平時在家庭、社區與學校的主要壓力源至少十項。

練習「漸進式放鬆術」，每天早晚各一次，每次時間十五分鐘。

9-21

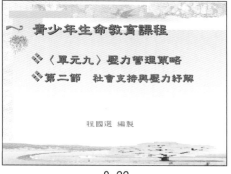

青少年生命教育課程

〈單元九〉壓力管理策略

第二節　社會支持與壓力紓解

程國選 編製

9-22

認知方面

認識社會支持的意義、功能與抗壓。

能正確地舉出社會支持的定義與在實質、情感、認知與陪伴的四種功能。

能說出何以社會支持+因應策略才能有效地因應壓力。

9-23

認知方面

了解紓解壓力的意義與方法。

能說出紓解壓力的意義。

能舉出親自體驗紓解壓力的方法。

9-24

技能方面
❖ 學習紓解壓力的簡易方法。
➢ 能正確練習深呼吸、平衡站姿、放鬆肌肉等紓解壓力的簡易法。

9-25

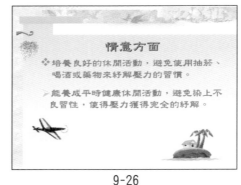

情意方面
❖ 培養良好的休閒活動,避免使用抽菸、喝酒或藥物來紓解壓力的習慣。
➢ 能養成平時健康休閒活動,避免染上不良習性,使得壓力獲得完全的紓解。

9-26

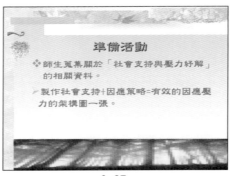

準備活動
❖ 師生蒐集關於「社會支持與壓力紓解」的相關資料。
➢ 製作社會支持+因應策略=有效的因應壓力的架構圖一張。

9-27

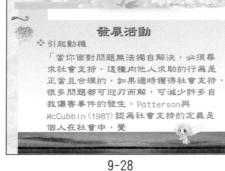

發展活動
❖ 引起動機
「當你面對問題無法獨自解決,必須尋求社會支持,這種向他人求助的行為是正當且合理的,如果適時獲得社會支持,很多問題都可迎刃而解,可減少許多自我傷害事件的發生。Patterson與McCubbin(1987)認為社會支持的定義是個人在社會中,覺

9-28

得受到尊重、關心與協助,這些來自社會他人的資源,可幫助問題解決,減少壓力或增加個人的因應能力。」抽問學生說出社會支持的意義。

9-29

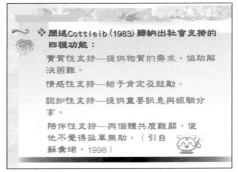

❖ 闡述Cottleib(1983)歸納出社會支持的四種功能:
實質性支持—提供物質的需求,協助解決困難。
情感性支持—給予肯定及鼓勵。
認知性支持—提供重要訊息與經驗分享。
陪伴性支持—與個體共度難關,使他不覺得孤單無助。(引自蘇鳳珺,1998)

9-30

9-31

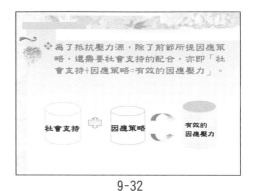

9-32

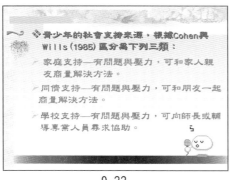

9-33

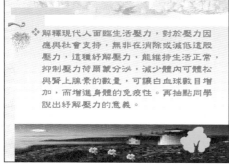

9-34

9-35

9-36

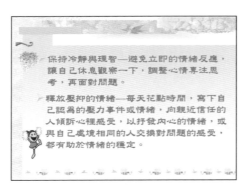

保持冷靜與理智—避免立即的情緒反應，
讓自己休息觀察一下，調整心情專注思
考，再面對問題。

釋放壓抑的情緒—每天花點時間，寫下自
己認為的壓力事件或情緒，向親近信任的
人傾訴心裡感受，以抒發內心的情緒，或
與自己處境相同的人交換對問題的感受，
都有助於情緒的穩定。

9-37

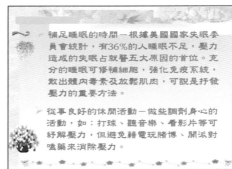

補足睡眠的時間—根據美國國家失眠委
員會統計，有36%的人睡眠不足，壓力
造成的失眠占就醫五大原因的首位。充
分的睡眠可修補細胞，強化免疫系統，
散出體內毒素及放鬆肌肉，可說是抒發
壓力的重要方法。

從事良好的休閒活動—做些調劑身心的
活動，如：打球、聽音樂、看影片等可
紓解壓力，但避免藉電玩賭博、開派對
嗑藥來消除壓力。

9-38

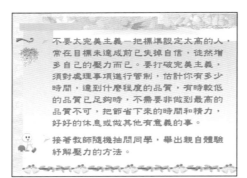

不要太完美主義—把標準設定太高的人，
常在目標未達成前自己失掉自信，徒然增
多自己的壓力而已。要打破完美主義，
須對處理事項進行管制，估計你有多少
時間，達到什麼程度的品質，有時較低
的品質已足夠時，不需要非做到最高的
品質不可，把節省下來的時間和精力，
好好的休息或做其他有意義的事。

接著教師隨機抽問同學，舉出親自體驗
紓解壓力的方法。

9-39

❖ 教師先示範紓解壓力的簡易方法：

深 呼 吸

↓

平 衡 站 姿

↓

放 鬆 肌 肉

9-40

❖ 帶領同學正確練習深呼吸、平衡站姿、
放鬆肌肉等紓解壓力的方法。

9-41

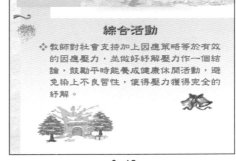

綜合活動

❖ 教師對社會支持加上因應策略等於有效
的因應壓力，並做好紓解壓力作一個結
論，鼓勵平時能養成健康休閒活動，避
免染上不良習性，使得壓力獲得完全的
紓解。

9-42

❖指定作業

列出自己平時在家庭、社區與學校的主
要支持至少十項。

練習深呼吸、平衡站姿、放鬆肌肉等紓
解壓力的方法，每天早晚各一次，每次
時間十分鐘。

9-43

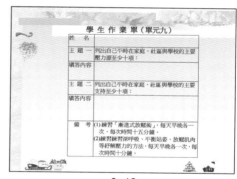

生命教育課程學生自我評鑑表（單元九）

單元名稱	壓力管理策略

學生姓名	
評鑑符合程度 差　　　好 1　2　3　4	評　　鑑　　項　　目
□ □ □ □	1、我能認識什麼是生活壓力。
□ □ □ □	2、我能了解壓力是否對健康造成影響。
□ □ □ □	3、我能熟悉如何因應壓力與採行有效的因應策略。
□ □ □ □	4、我能認識社會支持的意義、功能與抗壓。
□ □ □ □	5、我可以了解紓解壓力的意義與方法。

9-44

□ □ □ □	6、我會練習漸進式放鬆術(progressive relaxation)。
□ □ □ □	7、我願學習紓解壓力的簡易方法。
□ □ □ □	8、我願養成面對壓力真相，冷靜思考探求各種可行解決方法的態度。
□ □ □ □	9、我能培養良好的休閒活動，避免使用抽菸、喝酒或藥物來紓解壓力的習慣。
□ □ □ □	10、我能認真閱讀參考教材，不懂時能向老師發問。
□ □ □ □	11、我能夠完成本單元的作業。
□ □ □ □	12、我認為老師設計的教學活動能夠幫助我認識本單元的主題。

9-45

學 生 作 業 單（單元九）

姓　名	
主題一	列出自己平時在家庭、社區與學校的主要壓力源至少十項：
填答內容	
主題二	列出自己平時在家庭、社區與學校的主要支持至少十項：
填答內容	
備　考	(1)練習「漸進式放鬆術」，每天早晚各一次，每次時間十五分鐘。(2)練習練習深呼吸、平衡站姿、放鬆肌肉等紓解壓力的方法，每天早晚各一次，每次時間十分鐘。

9-46

青少年生命教育課程

〈單元九〉　壓力管理策略

敬請指導

9-47

單元十：生命的蛻變與挑戰

青少年生命教育課程
- 〈單元十〉生命的蛻變與挑戰
- 第一節　生命的蛻變

程國選　編製

10-1

認知方面

- 了解生命意義，珍惜自己與他人寶貴生命，根絕自我傷害的可能性。
- 能複習生命的醫學、心理、社會及法律的意義。
- 能說出自己與他人生命的可貴，消弱自我傷害的意念。

10-2

認知方面

- 揭開死亡謎底，明瞭死亡及瀕死健康態度，可減低自我傷害的發生率。
- 能再檢視死亡與瀕死心理反應與死亡的謎底，降低自我傷害盛行率。
- 認識死亡尊嚴，省思生死權力，不任意剝奪自我生命。
- 能檢討要能活得豐盛才能死得尊嚴，了解生死權利，不任意剝奪寶貴生命。

10-3

認知方面

- 認識自我傷害原因、動機與評價，化解、求助與預防自我傷害的發生。
- 能溫習自我傷害原因、動機與評價，化解自我傷害危機、求助與預防。
- 運用邏輯思維矯治認知缺陷。
- 能熟悉邏輯思維可矯治認知缺陷。

10-4

技能方面

- 學生根據內心的剖析，練習寫封「臨終前對上帝的告白」。
- 學生根據已發生的事實或未發生的想像，擬寫一封「臨終前對上帝的告白」。

10-5

情意方面

- 消除死亡迷思，珍惜寶貴生命，培養健康正確死亡態度。
- 打破死亡禁忌，活出自己希望，養成積極面對死亡，避免過度焦慮與恐懼的態度。

10-6

準備活動

- 師生蒐集生命意義、死得尊嚴、瀕死與死亡、學生自我傷害的身心及環境改變等相關資料。
- 準備製作「臨終前對與上帝的告白」和「事實的我與理想的我之間對話」的紙張、卡片與顏料或色筆。
- 學生進行分組，選出組長、紀錄及分配成員的工作任務。

10-7

發展活動

- 引起動機

「李大衛是位有幽默感、彬彬有禮且嫉惡如仇的大律師，他在生前敘述自己的生平，從他的生命誕生開始，帶給家人最大的歡樂，多少的寵愛集中在這個小生命上，最令人興奮是上學的第一天，交到第一位要好的朋友、談第一次戀愛、第一次出庭為窮人辯護、與真心相愛的人牽手走過紅地毯、組織美滿小家庭、忙亂而篤心的初為人父、生活的重擔壓在他的肩上。時光荏苒，他的兩鬢冒出白髮，成為年輕人

10-8

眼中的長輩，隨著親友的一一逝去，他也體會到衰老，在一次大病中，寫下遺囑，交代捐贈身體可用器官給需要的人，捐出幾乎全部財產給慈善機構，並且與至親好友討論後，不忘最後幽默一次，寫出下列墓誌銘──對不起，恕我沒站起來迎接您！在這裡休息的是一位辯才無礙的律師，平生打擊犯罪挑戰不法，沒想到這次和死神對決，敗訴。從這則李大衛的生平簡述，你能否簡要說出對他一生的看法與評論？」

10-9

- 師生複習生命的醫學、心理、社會及法律的意義。
- 學生說出自己與他人生命的珍貴，減低自我傷害的意念。

10-10

- 師生檢視死亡與瀕死心理反應與死亡的謎底。
- 師生檢討要能活得豐盛才能死得尊嚴，了解生死權利，不任意剝奪寶貴生命。

10-11

- 師生溫習自我傷害原因、動機與評價，化解自我傷害危機、求助與預防。
- 學生根據已發生的事實或未發生的想像，擬寫一封「臨終前對上帝的告白」。

10-12

臨終前對上帝的告白 〈單元十〉

【說明】根據已發生的事實或未發生的想像,擬寫一封「臨終前對上帝的告白」。

10-13

綜合活動

● 教師對生命蛻變作一個總結,並說明如何能珍惜生命、接受死亡事實、破除死亡禁忌、消除死亡迷思、避免死亡的恐懼焦慮,培養健康正向的死亡態度。

● 指定作業
寫出一篇「事實的我」與「理想的我」之間的對白。

10-14

青少年生命教育課程

● 〈單元十〉生命的蛻變與挑戰
● 第二節 生命的挑戰

程國選 編製

10-15

認知方面

● 運用邏輯思維矯治認知缺陷。
➢ 能熟悉邏輯思維可矯治認知缺陷。
● 增進對憂鬱的認知和焦慮憤怒的管理。
➢ 能溫習憂鬱的認知和焦慮憤怒的控制步驟。

10-16

認知方面

● 解決同儕與家人的人際問題。
➢ 融會同儕與家人衝突的解除步驟。
● 運用問題解決的步驟,建立充分信心,以提高自尊心。
➢ 能融合問題解決步驟,應用在實際問題的處理,以增進自尊心。

10-17

認知方面

● 運用因應壓力和策略,與獲取社會支持,能有效紓解壓力。

➢ 複習因應壓力與策略,和爭取社會支持,能有效排除生活壓力。

10-18

技能方面

●活用社會問題解決技巧，管理情緒與解決人際問題。

➤學生能使用社會問題解決技巧，控制情緒和解決同儕與家人衝突。

10-19

情意方面

●養成邏輯思考，正確評估各種可行方案，以紓解壓力，提升自我尊重的態度。

➤能培養冷靜思考問題，不受情緒失控，且有效解決問題化解衝突，以提高自尊避免自貶的態度。

10-20

準備活動

●師生蒐集問題解決、情緒管理、人際問題與壓力管理等相關資料。

●準備製作控制憤怒、排除衝突、解決問題、克服壓力等運用社會解決問題技巧策略的紙張、卡片與顏料或色筆。

10-21

發展活動

●引起動機

「有位學生因為結交女朋友，家人唯恐影響他的學業，強烈的反對，禁止電話與書信往來，造成他持續與家人嚴重衝突，且一直處於長期的苦悶憂鬱狀態，這天他在電話裡充滿無望的口氣說：『我要跟老師say goodbye，因為我馬上就要自殺了！』『你能死了嗎？你對這個世界奉獻了什麼嗎？』我問道。『正因為我不能奉獻什麼

10-22

。』他說。『好笑！我立刻送你去創世，看看有多少無助的人需要你的幫助？然後你再想想有沒有資格，在對這個世界還未盡一份心力前，就想要死。』我緊急撥通電話，請他的家人保持密切關注，且火速的趕達，只見他面帶微笑，就在這短短的十幾分鐘，他已經打消了死亡的念頭。」

●「從這則例子，你能否看出造成自殺的原因？如：認知缺陷、長期憂鬱和焦慮憤怒、與家人衝突等。你是否也能說說打消自殺的原因？如問題解決、壓力因應與社會支持等。」

10-23

●師生複習邏輯思維可矯治認知缺陷。

●師生溫習憂鬱的認知和焦慮憤怒的控制步驟。

10-24

●學生複習並融會同儕與家人衝突的解
　除步驟。

●師生溫習並融合問題解決步驟,應用
　在實際問題的處理,以增進自尊心。

10-25

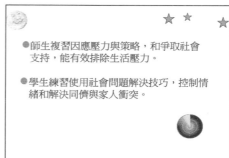

●師生複習因應壓力與策略,和爭取社會
　支持,能有效排除生活壓力。

●學生練習使用社會問題解決技巧,控制情
　緒和解決同儕與家人衝突。

10-26

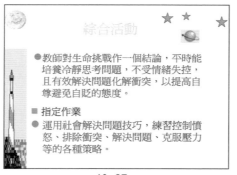

綜合活動

●教師對生命挑戰作一個結論,平時能
　培養冷靜思考問題,不受情緒失控,
　且有效解決問題化解衝突,以提高自
　尊避免自貶的態度。

■ 指定作業
●運用社會解決問題技巧,練習控制憤
　怒、排除衝突、解決問題、克服壓力
　等的各種策略。

10-27

生命教育課程學生自我評鑑表(單元十)

單元名稱	生命的蛻變與挑戰

學生姓名	

評鑑符合程度				評　鑑　項　目
差		好		
1	2	3	4	
□	□	□	□	1、我可以了解生命意義,珍惜自己與他人寶貴生命,根絕自我傷害的可能性。
□	□	□	□	2、我能揭開死亡之謎底,明瞭死亡及瀕死健康態度,可減低自我傷害的發生率。
□	□	□	□	3、我能認識死亡尊嚴,省思生死權力,不任意剝奪自我生命。
□	□	□	□	4、我可以認識自我傷害原因、動機與評價,化解、求助與預防自我傷害的發生。
□	□	□	□	5、我可以運用邏輯思維矯治認知缺陷。

10-28

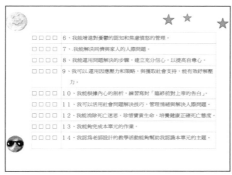

□	□	□	□	6、我能增進對憂鬱的認知和焦慮憤怒的管理。
□	□	□	□	7、我能解決同儕與家人的人際問題。
□	□	□	□	8、我能運用問題解決的步驟,建立充分信心,以提高自尊心。
□	□	□	□	9、我可以運用因應壓力和策略,與獲取社會支持,能有效紓解壓力。
□	□	□	□	10、我能根據內心的剖析,練習寫對「臨終前對上帝的告白」。
□	□	□	□	11、我可以活用社會問題解決技巧,管理情緒與解決人際問題。
□	□	□	□	12、我能消除死亡迷思,珍惜寶貴生命,培養健康正確死亡態度。
□	□	□	□	13、我能夠完成本單元的作業。
□	□	□	□	14、我認為老師設計的教學活動能幫助我認識本單元的主題。

10-29

學　生　作　業　單(單元十)

姓　名	

主　題　一	寫出一篇「事實的我」與「理想的我」之間的對白。
填寫內容	

主　題　二	運用社會解決問題技巧,練習控制憤怒、排除衝突、解決問題、克服壓力等的實際成效與檢討。
填寫內容	

10-30

第 9 章

資優青少年自我傷害防治教學的
實驗架構與流程

為增進資優生對生命意義、死亡態度、因應認知與策略三大學習領域有正確認識與統整應用，進而減少資優生發生自我傷害的目的。作者以實驗研究方法，探討自編自我傷害防治課程實驗教材與教學媒體對高中資優生實施「自我傷害防治實驗教學」的成效。本章從自我傷害防治實驗教學的實驗假設、名詞界定、實驗設計、評量工具、實驗樣本與程序、實驗資料處理等項分別說明，俾明瞭整個實驗的整體架構與處理流程，可供實驗複製與改進的參考。

第一節　實驗假設與名詞界定

一、根據資優生自我傷害防治實驗教學的目的，本實驗假設如下：

1. 在「正向人生」方面，接受自我傷害防治方案的實驗組顯著高於未接受自我傷害防治方案的控制組。

2. 在「負向人生」方面，接受自我傷害防治方案的實驗組顯著低於未接受自我傷害防治方案的控制組。

3. 在「生命意義」方面，接受自我傷害防治方案的實驗組顯著高於

未接受自我傷害防治方案的控制組。

4. 在「死亡態度」方面，接受自我傷害防治方案的實驗組顯著低於未接受自我傷害防治方案的控制組。

5. 在「自我尊重」方面，接受自我傷害防治方案的實驗組顯著高於未接受自我傷害防治方案的控制組。

6. 在「思考扭曲」方面，接受自我傷害防治方案的實驗組顯著低於未接受自我傷害防治方案的控制組。

7. 在「因應策略－問題解決取向」方面，接受自我傷害防治方案的實驗組顯著高於未接受自我傷害防治方案的控制組。

8. 在「因應策略－情緒取向」方面，接受自我傷害防治方案的實驗組顯著高於未接受自我傷害防治方案的控制組。

二、名詞界定

為使本研究的結果便於解說，茲將本研究的重要名詞分別詮釋如下：

㈠高中資賦優異學生

指就讀高中數理資優班，屬學術性向資優，其數學或自然科學等學術性向或成就測驗的得分在平均數正一點五個標準差或百分等級 93 以上之青少年（教育部，2003）。本研究的資優生受試者，則限定為就讀台北地區高中資優班的資賦優異學生。

㈡自我傷害行為高危險群資優生

Cull 與 Gill（1982）將自殺危險程度分成四個等級，學生得分的百分等級位於 75 以上者為重度，50-74 為中度，25-49 為輕度，24 以下為正常（引自許文耀、鍾瑞玫，1997）。本研究將之界定為：「符合高中資賦優異條件的學生，在自編『我的人生－自我傷害行為篩檢』上的自

殺危險程度達中度以上者。」

(三)自我傷害行為防治

自我傷害的介入層次分成預防處治、危機處治與事後處治等三個層次（吳英璋、許文耀等，1992）。本研究僅限於第一層次的預防處治，不包含第二與第三的危機與事後處治。對此一層次的青少年，透過及早或適時介入，可使其自我傷害減低或消弭於無形。

(四)生命意義

從出生到臨終整個生命的教育，能協助了解生命的真諦，建立正確的生命價值觀，珍惜自己的生命，充實自己的生活。本研究的生命意義是指自編自我傷害防治課程，包含生命的孕育與價值、生命的尊嚴、生命的省思、生命的蛻變與挑戰等學習單元。

(五)死亡態度

死亡教育是生活的一種準備，適切地認識死亡與體驗生命的本質，兩者是密不可分的，藉著學習死亡，可以使人們更加注重生命的價值，也可使生活更充實（Crase, 1974；Russell, 1977；引自李復惠，1996）。Kurlychek（1977）認為培養正向死亡態度及學習因應行為，可以減少憂鬱及自傷行為。本研究的死亡態度是指自編自我傷害防治課程的生死面面觀、死亡的尊嚴與自殺和自傷行為等學習單元。

(六)因應認知與策略

由於認知缺陷影響一個人解決問題的能力，有效的因應壓力生活事件與自殺有密切相關，能藉著教導問題解決的認知與其他因應策略（other coping strategies），以試圖減少這些缺陷（Ceperich, 1997）。Amish（1991）與 Barth（1982）認為因應認知與策略的缺陷，一般相信在青少年自殺行為扮演重要的角色，這些包含解決社會問題的認知、憤怒和衝

動的控制等。本研究的因應認知與策略是指自編自我傷害防治課程的正確思維術、人際問題的認知、情緒的管理、問題解決策略與壓力因應策略等學習單元。

第二節　實驗設計

選取符合資賦優異學生鑑定基準的數理資優班學生，計二班八十三人為實驗組；資質優異且有較高學業成就的普通班學生，計二班八十四人為控制組。兩組學生同為來自大台北地區，生活環境相同，且資質相近、年齡相同，可視為等組的實驗設計。並對兩組進行前、後測，以兩組的前測為共變數，作統計上的控制；在排除前測影響後，了解兩組在實驗處理的差異。

在實驗處理前，實驗、控制組均接受「我的人生－自我傷害行為篩檢量表」、「生命意義量表」、「死亡態度量表」、「自我尊重量表」、「我的思考方式量表」與「青少年因應策略量表」。在實施前測後，對實驗組實施自我傷害防治課程，對控制組不實施自我傷害防治課程。實驗結束後，實驗組與控制組再以前述六種量表實施後測，以比較兩組在上述測驗的分數是否存在差異。控制組在後測結束後，也參與研究者主持的「生命教育工作坊」。茲就本實驗設計的研究變項及有關變項，說明如下：

1.　自變項

自我傷害防治課程為自變項，這項課程包括十個涵蓋生命意義、死亡態度和因應認知與策略的單元教學活動實驗教材。只有實驗組接受自我傷害防治課程，控制組則不接受自我傷害防治課程。

2. 依變項

(1)正向人生分數：受試者在「我的人生－自我傷害行為篩檢量表」中之「正向人生」的得分。

(2)負向人生分數：受試者在「我的人生－自我傷害行為篩檢量表」中之「負向人生」的得分。

(3)生命意義分數：受試者在「生命意義量表」的得分。

(4)死亡態度分數：受試者在「死亡態度量表」的得分。

(5)自我尊重分數：受試者在「自我尊重量表」的得分。

(6)思考扭曲分數：受試者在「我的思考方式量表」的得分。

(7)問題解決取向分數：受試者在「青少年因應策略－問題解決取向量表」的得分。

(8)情緒取向分數：受試者在「青少年因應策略－情緒取向量表」的得分。

第三節　評量工具

根據實驗教學的目的與需求，作者檢驗實驗處理的成效，使用之工具有下列幾種：

㈠我的人生量表－學生我傷害行為篩檢

本量表由作者與吳武典教授合編（2004），共分成八個分量表及一個一致性分量表，涵蓋愉悅性、效率性、積極性、主控性（屬正向人生）與困擾性、慮病性、失落感、疏離感（屬負向人生）等八個向度，一致性分量表則可檢驗受試者的作答態度是否認真。本量表在信度方面，各分量表的內部一致性（Cronbach α係數）為.45 至.83，折半信度為.92，重

測信度在為.4776，均達.01的顯著水準。就效度而言，無論建構效度（因素分析）或效標關聯同時效度考驗（以基本人格量表、自我傷害篩選量表與自殺危險程度量表為效標），均顯示有良好的效度。本量表主要從自我傷害的「相關因素」切入，正、負生活事件並列，且有作答一致性的檢驗，以獲得較精準的相關訊息。屬 Likert 六點量表，共計四十八題，施測時間約為二十分鐘，如一起施測「文藝創作極短篇」與「心橋園地」，約需二十五分鐘。本量表樣本取自北、中、南、東四個地理區之高中、高職與國中學生，分別建立高中職及國中生的 T 分數與百分等級常模。

(二)生命意義量表

Maholic 與 Crumbaugh（1964）依 Frankl 的治療理論編製成本量表（引自何紀瑩，1994），何紀瑩（1994）將之改編，以警專四百零九名學生為預試對象，在信度方面，內部一致性 Cronbach α值為.89，項目分析後發現具有顯著鑑別力。在效度方面，以正交轉軸因素分析，得出四個特質大於 1 的因素，解釋總變異量為 90.32%，重新分別命名為：(1)生活品質—對目前生活的感受，有五題；(2)生命價值—了解個人對自己生活價值的肯定感，有六題；(3)生活目標—評量個人對生活目標掌握與實踐的程度，有七題；(4)生活自在—了解個人自主性，有二題。

宋秋蓉（1992）以國高中四百八十四名學生進行預試，內部一致性 Cronbach α值為.85。修訂後的量表仍保留原二十題，施測需時十到十五分鐘，採 Likert 式的七點量表方式作答，每題的兩個極端，各有相對的形容詞，由受試者依實際的感受作答，將各題得分相加即為總分，總分愈高代表生命意義感愈高，分為正反向兩部分計分。

(三)修訂死亡態度量表

鄭淑里（1995）根據李復惠（1987）修訂 Collett 與 Lester 編製的死亡態度量表，再補充部分題目編成，採因素分析共抽五個因素，可解釋41.64%的變異量，計有三十二題，施測需要十至十五分鐘，分為下列五個分量表：(1)對死後生命跡象消失恐懼，有十題；(2)對死亡或瀕死的身心現象和分離的恐懼，有七題；(3)對親友將面臨死亡事件的焦慮，有四題；(4)對面臨死亡時的自在程度，有六題；(5)對親友死亡時的適應程度，有五題。採 Likert 七點量表，包含正向與負向語句，總分愈高，代表愈恐懼死亡。以大學生一至四年級一百十八人，進行信度考驗，求得內部一致性 Cronbach α係數為.57 至.89。

由於李復惠（1987）與鄭淑里（1995）修訂本量表均以大學生為適用對象，不知是否亦適用於高中生，為避免工具的信效度影響研究結果，作者乃著手進行量表的修訂。取研究者服務的建國高中一、二年級各三個班，合計六班三百二十八位學生，茲將結果說明如下：

1. 項目分析：取得分最低 25%為低分組（較低死亡恐懼）與得分最高 25%為高分組（較高死亡恐懼），分別求出每組的決斷值（critical ratio, CR），保留大於 3.0，且達顯著水準題目，否則即與刪除，結果有三題未達所設定的標準。

2. 因素分析：對剩餘題目進行因素分析，採主成分分析法（principal component method）抽取因素，根據 Kaiser 主張，保留特徵值大於 1 者，再依陡坡法，刪除較不具代表性因素，共抽取五個具有意義的因素，分別命名為生命現象消失的恐懼、對死亡分離的恐懼程度、對死亡的適應程度、對瀕死時身心變化的恐懼程度與面臨死亡時自在程度，這五個因素可解釋全部變異量的

49.36%。

3. 信度考驗－內部一致性 Cronbach α 係數，在各分量表為 .32 至 .86，總量表信度為 .89。

4. 效度考驗－在效標關聯效度上，本量表與陳瑞珠（1994）修訂 Gesser、Reker 與 Wong 的死亡態度量表（Death Attitude Profile Revised）五個分量表的相關，除與較無關的趨近導向的死亡接受程度未達顯著相關外，其餘與害怕死亡與瀕死、逃離導向的死亡接受程度與中立死亡態度的相關在 .644 至 -.166 之間，均達顯著相關。

修訂後的「死亡態度量表」，共計二十九題。從本量表修訂過程，除嚴守篩選題目的標準外，所抽取因素的解釋變異量尚稱適當，而信效度也大致良好，可見本量表修正後適用於高中學生。

㈣自我尊重量表

原量表由 Coopersmith（1967）編製，後經駱芳美（1989）與楊淑萍（1995）分別修訂成本量表，目的在評估青少年自我尊重的水準。修訂後的量表共有四十九題，施測時間約為十五至二十分鐘，計有四個分量表，其內容與題數分配說明如下：⑴自我肯定分量表—評定個體如何看待自己，分數愈高表示受試者愈肯定自己，對自己愈有信心；分數愈低，表示愈缺乏信心，愈容易否定自己，共有十九題。⑵父母贊同分量表—測量受試者親子溝通與關懷的情形，共有十題。⑶權威的拒絕分量表—測量受試者經歷父母、學校與社會的拒絕，而有罪惡、賴皮與困惑的產生，共有二十一題。⑷社會及自我接納分量表—測量受試者自我與社會接納的程度，共有十五題。

該量表曾以高中職二百五十名學生為樣本，在信度考驗，內部一致

性 Cronbach α值為.82-.58，重測信度為.84-.78，與田納西自我概念量表的效標關聯效度為.59-.78，採 Likert 式五點量表，有「非常符合、大部分符合、部分符合部分不符合、大部分不符合、非常不符合」五個等級，分別給予 5 分至 1 分，以評定題意與個人符合的程度，分成正反方向兩部分計分。

(五)我的思考方式量表

由楊瑞珠（1997）依據 Gibbs、Barriga 與 Potter（1992）編製的原量表修訂而成。編製的目的在於測量反社會行為青少年的認知曲解（self-serving cognitive distortion），分成下列四個向度評量：(1)自我中心，計有九題；(2)錯誤標籤，計有九題。(3)往壞處思考，計有十一題。(4)責怪他人，計有十題，共計三十九題，施測需要十至十五分鐘。

本量表使用國中生的樣本，進行信、效度考驗，在上述四個分量表的內部一致性 Cronbach α值，介於.75-.80 之間；重測信度則介於.67-.75 之間，總量表的 Cronbach α值為.93，重測信度為.76；本量表與「自我報告偏差行為總量表」的效標關聯效度為.55，達顯著水準（p＜.001）。採 Likert 五點量表，有「完全同意、同意、部分同意及部分不同意、不同意、完全不同意」五個等級；「完全同意」給 5 分，「完全不同意」給 1 分，得分愈高表示其認知曲解情況愈嚴重。

本量表曾以國中生的樣本實施信、效度考驗，惟不知本工具是否適用於高中生，為不致影響本實驗的研究效果，作者在徵詢編訂者的同意後，採取高中一、二年級二百二十八位學生樣本，進行量表檢驗與信效度考驗，茲說明於下：

1. 項目分析－採得分最低 25%為低分組（較低認知曲解）與得分最高 25%為高分組（較高認知曲解），選出每組的決斷值，大於

3.0，且達顯著水準的題目，否則即予刪除。結果原量表全部題目均達所設定的標準，顯示試題的鑑別度優良，因此不再進行因素分析與題目修訂。

2. 信度考驗—求出內部一致性 Cronbach α係數，在各分量表為.70至.81，總量表信度為.93。

3. 效度考驗—本量表與楊瑞珠（1997）編訂「自我報告偏差行為總量表」的效標關聯效度介於.185-.342之間，均達顯著正相關。顯示本量表經過較嚴謹的選題，而信、效度也令人滿意，可看出本量表適合高中生的使用。

㈥青少年因應策略量表

由吳宜寧（1995）依據Lazarus的壓力理論，與參考國內外有關因應策略的量表編製而成，目的在評量青少年對壓力的因應策略，包括問題解決取向與情緒取向，合計二十九題，施測時間為十至十五分鐘。其中問題解決取向因應策略的因素分析，共抽取四個因素，累積的解釋變異量為 56.9%，分成下列四個向度：(1)面對問題設法解決，有七題；(2)獨立對抗困難，有三題；(3)蒐集參考價值的資訊，有 3 題；(4)與他人商討解決之道，有二題。全量表共有十五題，其中第二向度為負向題，其餘均為正向題。至於情緒取向因應策略的因素分析，則共抽取五個因素，累積的解釋變異量為 56.9%，分成下列五個向度：(1)正向自我調適，有四題；(2)對己對人產生負向情緒，有三題；(3)從事調劑性活動，有三題；(4)逃避面對問題，有二題；(5)破壞性的發洩負向情緒，有二題。共有十四題，其中第二、四、五向度為負向題，其餘均為正向題。

本量表曾以隨機方式抽取台北市十所高中職，共二十班，合計九百八十五名學生為預試對象，在信度考驗，問題解決取向因應策略的內部

一致性 Cronbach α值為.73，情緒取向因應策略的 Cronbach α值為.65。採 Likert 式四點量表，有「總是使用、經常使用、偶爾使用、從未使用」等四個等級，分別給予 4 分至 1 分，以評定題意與個人符合的程度；均轉換成正向計分，總得分愈高表示因應策略的使用頻率愈高。

第四節　實驗樣本與程序

一、實驗樣本

本實驗樣本以建國高中一年級學生一百六十七位為對象，其中實驗組為兩個數理資優班有八十三位，控制組為資質優異且具高學業成就的兩個普通班有八十四位，實驗組為接受自我傷害防治課程的實驗教學，控制組則未接受自我傷害防治課程的實驗教學。在正式實驗自我傷害防治課程之前，研究者先擇取任教學校一個高一普通班級，進行試驗性教學，以作為正式實驗教材修訂、教學進度調整的參考。由於實驗與控制兩組的學生均屬台北地區同一所的高中學生，受試者的生理年齡、生活與學習環境的性質應較為接近。

二、實驗程序

本研究的實施程序可分成七個階段進行：

1.　編擬實驗教材與教學媒體及試驗教學（2002.4- 2002.8）

經上述文獻與資料蒐集，並參閱有關國內外生命、死亡教育、因應認知與策略等教學設計，編寫為十個單元的學習活動，並進行試驗教學，據以修訂實驗教材及調整教學進度。

2. 行政協調與進行取樣（2002.8- 2002.9）

研究者以服務的台北市立建國高中高一數理資優班學生，作為實驗研究的對象。經徵詢及懇請校方的同意和協助，合計取得建國高中一年級學生一百六十七位學生，其中實驗組為兩個數理資優班有八十三位，控制組為兩個班有八十四位，實驗組接受生命教育取向自我傷害防治課程，而控制組則未接受自我傷害防治課程，惟在實驗結束後，參加生命教育工作坊。

3. 選定實驗對象與實施前測（2002.9 開始）

對前述實驗組與控制組學生，在實驗處理前，同時實施「我的人生」、「生命意義」、「死亡態度」、「自我尊重」、「我的思考方式」、「因應策略－問題解決取向」、「因應策略－情緒取向」等量表，作為前測分數。

4. 進行實驗處理（2002.10- 2003.1）

在進行實驗處理期間，對實驗組實施生命教育－自我傷害防治課程實驗教材，課程的長度預計為十週的實驗教學，每週一次，每次兩節的學習活動，共有十個單元，每個單元有三至四個學習活動核心。

5. 實施後測與學生的回饋、評鑑與轉介處理（2003.1）

在實驗處理結束的隔週，對實驗、控制兩組實施後測，以了解在「我的人生－自我傷害行為篩檢量表」的「正向人生」、「負向人生」與「生命意義量表」、「死亡態度量表」、「自我尊重量表」、「我的思考方式量表」、與「因應策略量表」上得分差異。同時整理各項學生作業單及課程評鑑表，並評估學生的學習及生活狀況，作為轉介輔導人員與心理醫師個別輔導與診療的參考及依據。

6. 實施「生命教育工作坊」（2003.2）

對控制組安排連續四節的「生命教育工作坊」，並對疑似高危險群個案進行評估與轉介。

7. 資料整理及實驗完成階段（2003.3- 6）

整理歸納相關的文獻與實驗資料，提出實驗發現與結論，並依據實驗目的與實驗結果提出問題的建議，完成本文的撰寫。

第五節　資料處理

本實驗以社會科學統計套裝程式（Statistical Package for the Social Science, SPSS）處理所得資料，作者針對本實驗的問題與假設進行資料處理如下：

1. 「我的人生－自我傷害行為篩檢量表」、生命意義量表、死亡態度量表、自我尊重量表、我的思考方式量表，和青少年因應策略量表的實施與計分，依照量表手冊進行施測和評分。

2. 自我傷害防治方案實驗教學部分，使用單因子多變項共變數分析（multivariate analysis of covariate）方法，檢驗實驗組學生在「我的人生－自我傷害行為篩檢量表」的正向人生與負向人生、生命意義量表、死亡態度量表、自我尊重量表、我的思考方式量表、青少年因應策略量表等方面是否在實驗後顯著高於控制組。自變項為學生實驗處理之組別（實驗組、控制組），共變數為學生量表前測分數，依變數為後測分數。

第 *10* 章

資優青少年自我傷害防治課程與教學的
實驗成效與總結

本章研究旨在探討自編「自我傷害防治課程」對高中資優生的實施
成效，茲分成自我傷害防治課程對資優生的生命意義與死亡態度之影響、
因應認知與策略之影響與實驗教學方案的回饋與評鑑等三部分，說明研
究成效。

第一節　自我傷害防治課程與教學對資優生的生命意義與
死亡態度之影響

本節的目的在於探討自我傷害防治課程對高中資賦優異學生在生命
意義與死亡態度的影響，以台北市建國高中一年級學生一百六十七位為
研究對象，其中實驗組為兩班數理資優班學生（n＝83），控制組為兩班
普通班學生（n＝84），自變項為自我傷害防治課程的實施，依變項為生
命意義與死亡態度。為分析實驗組與控制組在「我的人生」、「生命意
義量表」與「死亡態度量表」的後測得分。在排除前測分數的影響後是
否仍有差異，本研究以單因子共變數分析統計法（ANCOVA）進行資料
處理。在進行各項共變數分析之前，先進行組內迴歸係數同質性檢驗，
結果各項同質性檢驗均符合假定。

　　根據 Holcomb、Neimeyer 與 Mooye（1993）的觀點，課程內容如果與評量工具的向度不一致，便無法測出課程的效果。因此，本實驗課程的生命意義、死亡態度、因應認知與策略三大學習領域，在設計教材內容時，即涵蓋部分量表的向度，也就是使用課程本位量表，例如本節使用的生命意義與死亡態度量表。另外，為保持客觀地檢驗實驗處理的成效，也採用不含在課程學習內容的量表向度，也就是檢定為主的量表，例如採用「自我人生」量表（包括「正向人生」與「負向人生」），茲提出下列的結果與討論。

一、實驗組與控制組在「正向人生」上的差異（考驗前一章實驗假設1）

　　實驗組與控制組在「正向人生」全量表及各分量表的平均數與標準差如表 10-1。為了解實驗組後測在排除前測分數的影響後，是否顯著優於控制組，乃以前測為共變數，進行單因子共變數分析，從表 10-2 可看出，排除前測因素後，兩組的得分有顯著的差異（F= 14.179, p <.001）。而各分量表除了積極性（F= .404, p >.05）與主控性（F= 2.944, p >.05）兩組差異未達顯著水準外，其他各分量表（愉悅性，F= 6.514, p <.05；效率性，F= 11.202, p <.01）之 F 值都達差異顯著水準。從調節平均數看來，其中增加最多是愉悅性，其次是效率性，較少的是主控性，有些倒退的是積極性。這表示實驗組經過自我傷害防治課程實驗教學後，在正向人生全量表的得分有顯著進步，亦即實驗教學對於提升高中資優學生正向人生方面，不論是愉悅性或效率性，都有很大的效果；惟在主控性與積極性方面，實驗教學的效果並不顯著。茲依實驗與控制兩組在正向人生的四個分量表與全量表的研究結果，分別討論於後：

表 10-1　實驗組與控制組在「正向人生量表」及各分量表的平均數與標準差

項目名稱	組　別	前　測		後　測		調節平均數
		平均數	標準差	平均數	標準差	
愉　悅　性	實驗	28.75	5.61	30.99	7.28	30.82
	控制	28.27	6.15	28.48	6.48	28.64
效　率　性	實驗	18.54	4.46	19.80	4.64	19.73
	控制	18.29	4.78	17.51	5.00	17.58
積　極　性	實驗	30.58	4.29	29.12	5.78	28.95
	控制	30.00	5.41	29.26	5.48	29.43
主　控　性	實驗	21.99	3.70	22.59	5.04	22.39
	控制	21.38	4.38	21.14	4.43	21.34
全　量　表	實驗	99.86	14.57	104.93	15.56	104.32
	控制	98.38	16.41	97.46	17.61	98.07

實驗組 n= 83　控制組 n=84

表 10-2　實驗組與控制組在「正向人生」上單因子共變數分析摘要

變異來源	離均差平方和	自由度	均　方	F　值	Sheffe 事後比較
愉悅性					
組　間	197.543	1	197.543	6.514*	實＞控
誤　差	4973.345	164	30.325		
效率性					
組　間	191.845	1	191.845	11.202**	實＞控
誤　差	2808.540	164	17.125		
積極性					
組　間	9.568	1	9.568	.404	
誤　差	3880.577	164	23.662		
主控性					
組　間	46.189	1	46.189	2.944	
誤　差	2572.965	164	15.689		
全量表					
組　間	1629.035	1	1629.035	14.179***	實＞控
誤　差	18841.644	164	317.331		

n= 167　*p<.05；**p<.01；***p<.001

㈠經由「自我傷害防治課程」實驗教學後，受試者在對自己生活的正向看法、對環境適應的積極看法、對自己與家人未來樂觀的想法、適時獲得適當的協助等方面有顯著的進步，這說明了愉悅性愈強，則憂鬱程度愈低，自殺風險愈低，符合本實驗教學設計的初衷。

㈡實驗教學對「效率性」的正向人生效果最佳，亦即經由實驗教學，顯著地增進了受試者在生活與學習中有效率地達成既定目標的作為。有些學者認為自我效率的高低牽動著個人的情緒，效率高比較不會引發負面的情緒（Bandura, 1986; Lester, 2000; Miller, 1991），這與本實驗正向人生的立意相契合。

㈢實驗教學對「積極性」的正向人生效果不佳，亦即經由實驗教學，受試者在了解「對生的吸力」、「對生的斥力」、「對死的吸力」三種生死態度的現象學及對生與死的積極性之探討，學習結果的成效不彰。探究其原因，可能是由於自幼長期形成的觀念，不是實驗教學在短暫時間內能做重大的變革。且實驗組與控制組均有後測比前測倒退的現象，經抽訪部分受試者，可能剛實現升學目標，進入理想學校，對於未來生涯尚未有具體規劃所致，不能展現「對生的吸力」積極的一面。

㈣實驗教學對在「主控性」的正向人生效果有限，亦即經由實驗教學，受試者在掌控思考情境、人際互動與適應生活環境的成長不多。雖然部分學者認為，缺乏對環境的控制感與無法掌控自己人生的信念，是引起自我傷害的原因之一（Budner, & Kumler, 1973），但這些長期形成的原因，包括外在環境的牢固與內在心

理的習性，很難在短期內獲得改善。

㈤實驗組學生經過十個單元的自我傷害防治課程，在正向人生全量表的得分顯著優於控制組，此結果表示本實驗教學對於增進高中資優學生正向人生有顯著的成效。

　　上述結果與 Beck（1976）、Bandura（1986）、Miller（1991）、Lester（2000）等學者的看法相當符合。除在主控性與積極性方面，未獲得改善外，其他方面則有明顯的改進；亦即實驗教材內容的設計，對於提升高中資優學生的「正向人生」，整體來說有其不錯的效果，因而支持了作者實施自我傷害防治實驗教學能提高實驗組「正向人生」的假設。

　　從受試者在不同自我傷害嚴重程度的各組前後測人數變動，可看出實驗處理的效果。依 Cull 與 Gill（1982）的分法，根據我的人生「正向人生」分數常模對照表（程國選、吳武典，2004），將百分等級 24 以下區分為高度危險組，百分等級 25-49 屬中度危險組，餘屬一般學生組。參與實驗的學生在高度危險組前測為十一人，經實驗教學處理，有五人仍維持現狀，其餘三人轉為中度危險組，另三人成為一般學生組。在中度危險組前測為十九人，經實驗處理，有九人仍維持現狀，其餘十人均轉成一般學生。在一般學生組前測為五十三人，實驗處理後，有五十一人仍維持現狀，其餘二人均轉為中度危險組，探究原因，其中有一位請假缺課，又未能按時接受補課，另一位則缺交作業較多，未能達成預期的學習效果。從表 10-3 可看出經實驗教學後，高度危險組由原占實驗人數的 13%，降低為 6%，中度危險組由原 23%減為 17%，一般學生組則由 64%，提高為 77%，可支持實驗教學在「正向人生」的實驗成效。

資優青少年自我傷害防治課程與教學
—以生命教育為取向

表 10-3　實驗組高危險群與一般學生在正負向人生前後測人數的異動

組　別	正向人生人數			負向人生人數		
	百分等級	前測（%）	後測（%）	百分等級	前測（%）	後測（%）
高度危險	1-24	11（13%）	5（6%）	75-99	12（14%）	6（7%）
中度危險	25-49	19（23%）	14（17%）	50-74	19（23%）	13（16%）
一般學生	50-99	53（64%）	64（77%）	1-49	52（63%）	64（77%）

n=83

二、實驗組與控制組在「負向人生」上的差異（考驗實驗假設 2）

　　本研究實驗組與控制組在「負向人生」全量表及各分量表的平均數與標準差如表 10-4。

　　為探求實驗組後測在排除前測分數的影響後，負向人生方面是否顯著低於控制組，乃以前測為共變數，進行單因子共變數分析，從表 10-5 可看出，排除前測因素後，兩組的全量表得分有顯著的差異（F= 12.697, p<.001）。然而各分量表除了困擾性兩組差異達顯著水準（F=9.391, p< .01）外，其餘各分量表之 F 值都未達差異顯著水準（慮病性之 F= 1.828，失落感之 F= .752，疏離感之 F= 1.927；均為 p >.05）。實驗組的調節平均數均低於控制組，其中減少最多的是困擾性，其次是慮病性，最少的是失落感與疏離感。這顯示實驗組經過自我傷害防治課程實驗教學後，在負向人生全量表的得分有顯著降低，亦即實驗教學對於減低高中資優學生負向人生方面在困擾性有不錯的效果；但在慮病性、失落感與疏離感方面，實驗教學雖有效果，但不顯著。茲依實驗與控制兩組在負向人生的四個分量表與全量表的研究結果，各別討論如下：

表 10-4　實驗組與控制組在「負向人生量表」及各分量表的平均數與標準差

項目名稱	組　別	前　　測		後　　測		調節平均數
		平均數	標準差	平均數	標準差	
困擾性	實驗	23.64	6.64	20.76	7.58	20.60
	控制	23.06	6.95	23.26	6.35	23.42
慮病性	實驗	17.11	5.66	16.10	6.50	15.79
	控制	16.01	5.35	16.55	5.29	16.85
失落感	實驗	16.67	6.32	17.00	8.02	17.30
	控制	17.64	6.68	18.44	6.73	18.14
疏離感	實驗	12.95	4.29	12.23	4.49	12.25
	控制	13.05	4.71	13.10	4.33	13.07
全量表	實驗	71.28	19.45	63,92	19.98	63.17
	控制	69.14	18.31	70.06	18.03	70.80

實驗組 n= 83　控制組 n=84

表 10-5　實驗組與控制組在「負向人生」單因子共變數分析摘要

變異來源	離均差平方和	自由度	均　方	F　值	Sheffe 事後比較
困擾性					
組　間	331.27	1	331.247	9.391*	實＜控
誤　差	5784.846	164	35.273		
慮病性					
組　間	46.901	1	46.901	1.828	
誤　差	4208.222	164	25.660		
失落感					
組　間	28.965	1	28.965	.752	
誤　差	6312.584	164	38.491		
疏離感					
組　間	27.963	1	27.963	1.927	
誤　差	2379.758	164	14.511		
全量表					
組　間	2421.294	1	2421.294	12.697***	實＜控
誤　差	31274.402	164	190.698		

n= 167　　**p<.01; *** p<.001

(一)實驗教學對減少實驗組的「困擾性」成效良好，亦即經由實驗教學，受試者對日常生活與學業成就中困難問題的解決、憂慮擔心的情緒處理、保持希望與樂觀的看法及減低心理壓力以避免強制性的想法等，有顯著的改善；而減少自我傷害的困擾不利因素，以消弭自我傷害的意念，也正符合課程目標訂定的理念。

(二)實驗組在減低「慮病性」的教學效果不顯著，亦即經由實驗教學，受試者在排除生活焦慮，避免心神不寧、精神不振，與不知原因的憂慮健康問題等的成效不明顯。探討其主要原因可能在於案主將外在環境的壓力內化，這種心理困擾與生理的疑慮，常造成身體病痛或生理不適的問題（吳武典等，1999），而這些症狀的減除要配合臨床諮商與醫學診斷，恐非實驗教學在有限時間內所能達成。

(三)實驗組在降低「失落感」的教學效果不顯著，亦即經由實驗教學，受試者在排除平日學習或工作的無聊、校園與家庭生活的枯燥無味、追求生活目標的沒有進展、沉悶痛苦的生活沒有獲得改善等方面，效果並不顯著。探尋其主要原因，可能在於失落感是生活不適應與心理失調所造成，這些影響的因素不是單靠實驗教學所能克服的，相對產生的效果也就受到限制。

(四)實驗組在減少「疏離感」的教學效果不顯著，亦即經由實驗教學，受試者在排除生活孤獨、不善人際交往、遠離世俗、逃避人群、不能獲得適時協助等方向成效不顯著。探討其主要原因，可能在於疏離感是人際問題的處理不當與現實生活環境的不協調所造成，這些影響的因素不是實驗教學在短期內所能解除的，教學的效果

也就受到限制。

㈤實驗組學生經過十個單元的自我傷害防治課程，在負向人生全量表的得分顯著低於控制組。此結果表示本實驗教學對於減少高中資優學生負向人生有顯著的成效，支持本實驗的假設。此與作者進行實驗教學的理念相符，即經由負向人生能量的降低，可觀察到實驗的效果。

綜合上述的結果與討論，由於本量表與前述「正向人生量表」同屬以檢定為主的量表，在設計課程教材時不含量表的向度，故發現受試者經實驗處理後在各量表變動幅度比較小；總括來說，實驗組經過自我傷害防治課程實驗教學後，在負向人生全量表的得分有顯著降低，惟在慮病性、失落感與疏離感方面，效果有限。整體而言，尚可支持作者實施自我傷害防治實驗教學能減低實驗組「負向人生」的假設。

從實驗組在不同自我傷害風險的各組前後測人數變動來看，可了解整個實驗處理的結果。依據我的人生「負向人生」分數常模對照表（程國選、吳武典，2004），將百分等級 75 以上區分為高度危險組，百分等級 50-74 屬中度危險，49 以下屬一般學生。參與實驗的學生在高度危險組前測為十二人，經實驗處理，有六人維持不變，其餘二人成為中度危險組，另四人轉成一般學生組。在中度危險組前測為十九人，經教學處理，有十一人續留現狀，其餘八人均轉為一般學生。在一般學生組前測為五十二人，實驗處理後，均仍維持現狀。從表 10-3 可看出經實驗處理，高度危險組由原占實驗人數的 14%，減少為 7%，中度危險由原 23% 降為 16%，一般學生則由 63%，提高為 77%，可支持實驗教學具有降低負向人生的學習成效。

資優青少年自我傷害防治課程與教學
——以生命教育為取向

三、實驗組與控制組在「生命意義量表」上的差異（考驗實驗假設3）

本研究實驗組與控制組在「生命意義」全量表及各分量表的平均數與標準差如表 10-6。

為明瞭實驗組後測在排除前測分數的影響後，生命意義方面是否顯著高於控制組，乃以前測為共變數，進行單因子共變數分析，從表 10-7 可看出，排除前測因素後，兩組在全量表的得分有顯著的差異（F= 38.639, p<.001），而且各分量表－生活品質（F=5.974, p<.01）、生命價值（F=36.016, p<.001）、生活目標（F= 37.032, p<.001）與生活自在（F= 17.220, p<.001），兩組差異亦達顯著水準。實驗組與控制組在排除前測分數影響後，實驗組的調節平均數均高於控制組，其中增加最多的是生活目標與生命價值，最少的是生活自在。這顯示實驗組經過自我傷害防治課程實驗教學後，對於增進高中資優學生生命意義方面有良好的效果，

表 10-6　實驗組與控制組在「生命意義量表」及各分量表的平均數與標準差

項目名稱	組　別	前　測		後　測		調節平均數
		平均數	標準差	平均數	標準差	
生活品質	實驗	24.35	6.29	26.71	7.55	26.72
	控制	24.38	6.16	24.63	6.81	24.62
生命價值	實驗	29.01	7.00	33.05	6.79	32.94
	控制	28.67	7.62	27.90	7.40	28.02
生活目標	實驗	34.61	7.01	38.64	7.15	38.73
	控制	34.88	6.89	33.18	7.87	33.09
生活自在	實驗	9.89	2.92	11.30	2.49	11.35
	控制	10.20	2.74	9.64	3.15	9.60
全量表	實驗	97.87	20.38	109.70	20.41	109.80
	控制	98.13	19.91	95.36	21.69	95.26

實驗組 n= 83　控制組 n=84

表 10-7　實驗組與控制組在「生命意義」單因子共變數分析摘要表

變異來源	離均差平方和	自由度	均　方	F　值	Sheffe's 事後比較
生活品質					
組　間	184.653	1	184.653	5.974**	實＞控
誤　差	5069.455	164	30.911		
生命價值					
組　間	1009.750	1	1009.750	36.016***	實＞控
誤　差	4597.776	164	28.035		
生活目標					
組　間	1325.535	1	1325.535	37.032***	實＞控
誤　差	5870.348	164	35.795		
生活自在					
組　間	127.537	1	127.537	17.220***	實＞控
誤　差	1214.612	164	7.406		
全量表					
組　間	8818.760	1	8818.760	38.639***	實＞控
誤　差	37430.390	164	228.234		

n= 167　　**p<.01; *** p<.001

且無論在生活品質、生命價值、生活目標與生活自在都有顯著的成效。支持了本實驗的假設。

　　進一步探索其可能的原因如下：

㈠本實驗課程設計的體驗活動與課堂實作能引起受試者的興趣與關注：如受試者將約十公斤的背包反背在胸前，分組接力上下樓梯，體會母親懷胎孕育新生命的辛苦。學生設計「生命價值量表」，能列出十五項生命中最有價值的事，並由自己評定價值高低，再相互討論觀摩等，都能引發熱烈的迴響。

㈡本課程每節的綜合活動均有指定作業，可作為課程的延續學習，

且與生命意義的主題相結合：如第一單元第一節活動的「寫一篇感人的故事」，第二節活動的尋找「活著就有希望」及「做自己真好」的例子各兩則。第二單元學生製作的「臨終六個月前的生命規劃表」，第三單元設計一份從現在至成年、壯年、老年的「生涯規劃表」。第四單元第一節填寫「文藝創作極短篇」及「生命與死亡的語句完成測驗」，第二節「蒐集報章的自我傷害案例三則」，分析其死亡態度、訊號表徵、高危險因素、負面情緒與求助的行為等活動，均與生命意義的主題密切相關。

㈢由作者製作、蒐集及運用視聽器材，掌握各單元的教學進度與品質，提高生命意義各單元的學習成效：根據自編的各單元教材，製作成較動態活潑的 PowerPoint 投影片，由手提電腦操控。並且放映與討論「生命的起源」、「無聲的吶喊」等教學相關的剪輯短片。

㈣本學習領域的內容設計符合評量工具的向度：本實驗課程編擬的實驗教材涵蓋生命意義量表的主題，故實驗組接受實驗處理後，無論在生命意義全量表及其生活品質、生命價值、生活目標與生活自在等分量表的得分均顯著優於控制組。

㈤實施死亡教育，降低死亡恐懼，有助於生命意義的學習：Amenta（1984）與 Paul（1988）等學者認為死亡教育可改善受試者死亡態度，提升生命意義；亦即對受試者實施死亡教育，可減低死亡的恐懼，卻可提高生命意義，因此本課程的設計不僅生命意義各單元，還包括死亡態度各單元，都可增進生命意義的學習成效。

㈥受試學生對課程評鑑的良好反映：受試學生對於生命意義有關單元的評鑑，主要包含單元一至四及單元十，評定項目的平均數在四

點量表中（如表 10-20），除單元二在 3.27 以外，其餘都在顯示符合良好的 3.30 以上，表示受試者對實驗教學過程大致認為成效良好。

　　總括來說，從實驗教材與教學活動分析，得知體驗活動與課堂實作均能吸引受試者的關注與興趣，每節的綜合活動均有指定作業，實施死亡教育，可降低死亡恐懼，均有助於生命意義的學習；本學習領域的內容設計符合評量工具的向度，受試學生對課程評鑑的良好反映。這些均有助於受試者的學習。本研究資料的統計分析，說明實驗教學對於增進高中資優學生生命意義方面有良好的效果，且無論在生活品質、生命價值、生活目標與生活自在均有顯著的成效，因而也支持了本實驗有關實驗課程可提高實驗組資優生生命意義的假設。

四、實驗組與控制組在「死亡態度」上的差異（考驗實驗假設 4）

　　本研究實驗組與控制組在「死亡態度」全量表及各分量表的平均數與標準差如表 10-8。

　　為探討實驗組後測在排除前測分數的影響後，死亡態度方面是否顯著低於控制組，乃以前測作共變數，進行單因子共變數分析。從表 10-9 可得知，排除前測因素後，實驗組與控制組在全量表的得分方面有顯著的差異（F= 31.530, p<.001），而且在各分量表－對生命現象消失的恐懼（F= 19.131, p<.001）、對死亡分離的恐懼程度（F=22.825, p<.001）、對死亡的適應程度（F= 15.493, p<.001）、對瀕死時身心變化的恐懼程度（F= 21.986, p<.001）與對面臨死亡時自在程度（F= 9.027, p<.01），兩組差異也都達顯著水準。實驗組與控制組在排除前測分數影響後，實驗

資優青少年自我傷害防治課程與教學
—以生命教育為取向

表 10-8　兩組在「修訂死亡態度量表」及各分量表的平均數與標準差

| 項目名稱 | 組別 | 前　測 | | 後　測 | | 調節平均數 |
		平均數	標準差	平均數	標準差	
第一分量表	實驗	39.34	11.31	33.75	11.64	35.03
	控制	42.76	12.69	42.56	13.86	41.29
第二分量表	實驗	26.52	6.60	22.43	7.58	23.16
	控制	28.88	6.54	28.12	6.18	27.40
第三分量表	實驗	17.11	4.95	14.94	4.68	15.40
	控制	18.60	4.35	18.02	4.38	17.57
第四分量表	實驗	17.24	4.60	15.30	4.73	15.67
	控制	18.57	3.88	18.92	4.39	18.55
第五分量表	實驗	12.71	3.78	11.57	3.55	11.83
	控制	13.75	4.69	13.67	4.37	13.40
全　量　表	實驗	112.93	24.60	97.99	25.95	101.78
	控制	122.56	25.36	121.29	26.83	117.54

實驗組 n= 83　控制組 n=84

表 10-9　實驗組與控制組在「修訂死亡態度量表」單因子共變數分析摘要

變異來源	離均差平方和	自由度	均　方	F　值	Sheffe 事後比較
分量表一「對生命現象消失的恐懼」					
組　間	1606.872	1	1606.872	19.131***	實＜控
誤　差	13774.645	164	83.992		
分量表二「對死亡分離的恐懼程度」					
組　間	727.821	1	727.821	22.825***	實＜控
誤　差	5229.461	164	31.887		
分量表三「對死亡的適應程度」					
組　間	190.436	1	190.436	15.493***	實＜控
誤　差	2015.858	164	12.292		
分量表四「對瀕死時身心變化的恐懼程度」					
組　間	338.056	1	338.056	21.986***	實＜控
誤　差	2521.682	164	15.376		
分量表五「對面臨死亡時自在程度」					
組　間	101.292	1	101.292	9.027**	實＜控
誤　差	1840.297	164	11.221		
全量表					
組　間	10005.556	1	10005.556	31.530***	實＜控
誤　差	52042.294	164	317.331		

n= 167　　**$p<.01$; ***$p<.001$

組的調節平均數均低於控制組，其中進步最多的是對生命現象消失的恐懼（分量表一）與對死亡分離的恐懼程度（分量表二），最少的是對面臨死亡時自在程度（分量表五），這說明實驗組經過自我傷害防治方案實驗教學後，對於減少高中資優學生死亡恐懼與建立正確死亡態度有不錯的成果，且無論在對生命現象消失的恐懼，對死亡分離的恐懼程度對死亡的適應程度、對瀕死時身心變化的恐懼程度、與對面臨死亡時自在程度，都有顯著的降低。

　　進一步探討其可能的原因如下：

（一）本課程設計的體驗活動與課堂實作能引發受試者的好奇與學習動機：如準備顏料紙張，畫出自己認為的死亡圖像，並以比喻方式，寫出「死亡像……」。師生共同蒐集與討論民間死亡禁忌的話題，發表我們的社會對死亡的看法等，都能引發受試者熱烈的參與。

（二）本課程每節的綜合活動均有指定作業，可視為課程的延續學習，且與死亡態度的主題相結合：如第二單元第一節活動的蒐集，並描述死亡的音樂、繪畫或文學作品，第二節寫一封無法寄給逝去親友（或寵物）的信，表達內心的哀傷、懷念與來不及道別的話語和訴說目前的狀況等。第三單元第一節學生設計一份墓誌銘，內容有生平簡述、最美回憶、最後話語、遺願、簡單形容自己一生等；製作一份希望他人協助達成身後願望的遺囑，包含財產處理、器官捐贈、選擇葬禮、安葬方式等具有法定要件的遺囑。第四單元製作青少年自我傷害在語言、行為、環境與併發性等線索的訊號表徵，填寫、評定與檢討自我傷害訊息真假測驗活動，第十單元寫一封臨終前對上帝的告白等活動，均與死亡態度的主題

密切連結。

㈢為管制各單元的教學品質與進度，由作者製作、蒐集及運用有關死亡態度的視聽器材，提高死亡態度各單元的學習效果：依據編製的各單元教材，自製成較生動鮮明的 PowerPoint 投影片，以手提電腦掌控。並且放映與討論死亡面貌、臨終關懷、安寧照顧與「六個女孩與一根繩子」等教學相關的剪輯短片。

㈣本學習領域的教材內容設計符合評量工具的向度：本實驗課程編製的內容包含死亡態度量表的內容，故實驗組接受實驗處理後，不論在死亡態度全量表及其生命現象消失的恐懼、死亡分離的恐懼程度、死亡的適應程度、瀕死時身心變化的恐懼程度與面臨死亡時自在程度等分量表的得分，均顯著低於控制組。

㈤實施生命意義的學習有助於死亡態度的釐清，降低死亡的恐懼與焦慮：Durlak（1972）與 Blazer（1973）等學者研究發現死亡恐懼與生命意義有顯著的負相關（引自 Paul, 1988），亦即對受試者實施生命意義的學習，可提升生命意義，減低對死亡的恐懼。因此，本課程設計除死亡態度各單元，還包含生命意義各單元，都可降低死亡恐懼的學習效果。

㈥受試學生對課程回饋的反映尚佳：實驗組學生對有關教學活動設計的適切性（如表 10-18），主要包含單元一至四及單元十，評定項目的平均數在四點量表中，介於 2.93-3.19 之間，以生命與死亡尊嚴的效果最好，且各單元均在符合的平均數以上，顯示受試者對教學活動設計一般認為不錯。

㈦受試學生對活動作業的回饋給予肯定：實驗組學生對有關活動作業單的實用性（如表 10-19），就相關主題的各單元在四點量表

中，評定項目的平均數，介於 2.92-3.34 之間，以生命的蛻變與挑
戰的效果較差，其餘都為 3.00 以上，均在符合的平均數以上，表
示受試者大都能快樂而認真地完成各單元的活動作業。

(八)教學方式採指導與體驗並重：每節均以平日師生關心的課題引發
學習動機，作為發展活動的開始，並以指定作業作為綜合活動的
結束。在整個教學時數的分配，根據 Rublee 與 Yarber（1983）的
經驗，認為死亡教育課程至少要九節課，每節五十分鐘，才能使
受試者的死亡態度有顯著改善，而本單元的相關節數至少有五個
單元，共十節課，因此研究者安排的教學活動雖略嫌緊湊，但教
學時數仍覺得夠用，受試者頗能達到充分的學習。

從上述實驗效果的探討，發現實施生命意義的學習有助於死亡態度
的釐清，降低死亡的恐懼與焦慮；兼採指導與體驗並重的教學方式為佳；
本課程的教材內容設計符合評量工具的向度等，有助於受試者的學習。
且結果與鍾春櫻（1991）、鄭淑里（1995）、劉明松（1997）、賴怡妙
（1998）、黃禎貞（2001）、Rublee 與 Yarber（1983）、Johanson 與 La-
lly（1990）、Hutchison 與 Scherman（1992）的發現類似，即死亡教育課
程可有效降低受試者對死亡的恐懼與焦慮。張淑美（1997）認為對死亡
的認識充分、死亡的概念與態度正確者，較不易產生自我傷害的傾向。
本實驗結果顯示，實驗組經過自我傷害防治方案實驗教學後，死亡態度
全量表的得分顯著降低；進一步分析發現，對生命現象消失的恐懼，對
死亡分離的恐懼程度、對死亡的適應程度、對瀕死時身心變化的恐懼程
度，與對面臨死亡時自在程度等方面均有顯著的改善。從以上的結果與
討論，可以支持本實驗的假設：實驗教學對於減少高中資優學生的死亡

恐懼與焦慮有顯著的效果。

　　綜合上述，自我傷害防治課程實驗教學，在資優學生生命意義與死亡態度的學習方面，對於增進高中資優學生正向人生與生命意義，降低高中資優學生負面人生及死亡恐懼與焦慮，有顯著的成效。

第二節　自我傷害防治課程與教學對資優生的因應認知與策略之影響

　　本節旨在繼續探究自我傷害防治課程對高中資賦優異學生因應認知與策略的影響，並且了解在實驗教學前後學生的改變狀況。以前節的學生為研究對象，分成實驗與控制兩組，自變項為自我傷害防治課程的實施，依變項為因應認知與策略。為檢驗實驗組與控制組在「自我尊重量表」、「我的思考」量表、「青少年因應策略－問題解決取向量表」與「青少年因應策略－情緒取向量表」等的後測得分，在排除前測分數的影響後是否猶有差異存在。本研究使用單因子共變數分析統計法（AN-COVA）進行資料處理，在進行各項共變數分析之前，仍先進行組內迴歸係數同質性檢驗，得出結果在各項同質性檢驗均符合假定。

　　本研究課程在設計內容時即考慮部分量表的向度，亦即採用課程本位量表，例如在本節的「我的思考量表」、「青少年因應策略－問題解決取向量表」、「青少年因應策略－情緒取向量表」。此外，為求客觀地檢驗實驗處理的成效，採用不含在課程內容的量表向度，也就是檢定為主的量表，例如採用「自我尊重量表」。茲根據這些研究問題提出下列研究結果。

一、實驗組與控制組在「自我尊重」上的差異（考驗假設 5）

　　本研究實驗組與控制組在「自我尊重」全量表及各分量表的平均數與標準差如表 10-10。

　　為探求實驗組後測在排除前測分數的影響後，是否顯著優於控制組，乃以前測為共變數，進行單因子共變數分析，從表 10-11 可看出，排除前測因素後，實驗組與控制組在全量表的得分方面沒有顯著的差異（F= 2.593, p>.05），而各分量表如自我肯定（F=.859, p>.05）、父母贊同（F= 3.974, p>.05）、權威的拒絕（F= 2.900, p>.05）、與社會及自我接納（F= 3.228, p>.05），兩組差異均未達顯著水準，即實驗教學對於增進高中資優學生自我尊重方面不論是自我肯定、父母贊同、權威的拒絕、與社會及自我接納，雖有一些進步，但其效果有限。

　　茲依實驗與控制兩組在自我尊重的四個分量表及全量表的研究結果，分別討論於後：

表 10-10　實驗組與控制組在「自我尊重量表」及其各分量的平均數與標準差

項目名稱	組別	前　測		後　測		調節平均數
		平均數	標準差	平均數	標準差	
自我肯定	實驗	67.28	11.20	68.66	15.47	68.36
	控制	66.26	10.62	66.36	11.47	66.66
父母贊同	實驗	34.47	6.20	36.18	9.44	36.22
	控制	34.60	6.57	34.07	6.76	34.03
權威拒絕	實驗	72.27	13.35	75.39	18.41	75.14
	控制	71.51	13.16	71.24	13.77	71.48
社我接納	實驗	47.34	7.32	49.84	11.40	50.31
	控制	48.69	8.16	48.43	8.30	47.96
全　量　表	實驗	221.35	35.49	230.07	52.54	229.98
	控制	221.06	36.13	220.10	37.84	220.19

實驗組 n= 83　控制組 n=84

資優青少年自我傷害防治課程與教學
—以生命教育為取向

表 10-11　實驗組與控制組在「自我尊重量表」單因子共變數分析摘要

變異來源	離均差平方和	自由度	均　方	F　值	Sheffe's 事後比較
自我肯定					
組　間	120.490	1	120.490	.859	
誤　差	23001.113	164	140.251		
父母贊同					
組　間	200.331	1	200.331	3.974	
誤　差	8267.440	164	50.411		
權威的拒絕					
組　間	560.700	1	560.700	2.900	
誤　差	31712.924	164	193.371		
社會及自我接納					
組　間	228.878	1	228.878	3.228	
誤　差	11629.181	164	70.910		
全量表					
組　間	3997.641	1	3977.641	2.593	
誤　差	252844.613	164	1541.735		

n= 167

㈠實驗組在減低「自我否定」的教學效果不佳，亦即經由實驗教學，受試者在對如何看待自己、避免自己缺乏自信等沒有顯著的進步。自信心的建立，與生活經驗的滿足或失敗有關，根據 Erikson（1963）的發展理論，青少年主要從生活經驗中獲得滿足才能發展出自我認同，若生活經驗的失敗，則易造成自我否定，因此生活經驗的滿足與失敗影響自我肯定與自我否定的改變，惟生活經驗要持續長時間的累積，不是短時間內能夠加以改善的。

㈡實驗組在「父母贊同」的教學效果有限，亦即經由實驗教學，受試者在親子的溝通與關懷、獲得父母較多的支持等方面沒有顯著

的改善。Adams、Overholster 與 Lehnert（1994）指出低家庭支持是青少年自殺企圖的重要指標，而親子關係也與自殺行為、低自尊等有關（Martin, & Waite, 1994；引自王智璿，2000），但建立良好的親子關係與獲取父母較多的支持，基本上是從父母與子女兩方的互動著手，由於本研究僅限於受試者一方，收效自然極為有限。如受試者父母也能接受親職教育等相關課程訓練，親子間的互動關係可能會較好。

㈢實驗組受試者比控制組雖較少受到權威的拒絕，但差異未達顯著水準；亦即在減少受到父母、學校、社會的拒絕而有罪惡、依賴與困惑的產生等方面，沒有顯著的進步。對於權威的拒絕與接納，檢視課程教材內容，在人際問題的單元第二節，談及與父母及家人的衝突，如何運用社會解決問題的步驟進行化解，並附有作業單的練習，但第一節雖有談到較常見的同儕衝突，卻略去較少發生的師生衝突與學校不可能產生的社會衝突，課程內容較難涵蓋量表的向度。

㈣實驗組在「社會及自我接納」的教學效果有限，即經由實驗教學，受試者在自我強度（ego-strength）與成為領導者的特質方面的成長不多，這種自我強度與領導特質都是長期培養出來的，很難在短期實驗教學達成改善的目標。

㈤實驗組學生經過十個單元的自我傷害防治課程，在自我尊重全量表的得分與控制組並無顯著差異。此結果表示，本實驗教學對於增進高中資優學生自我尊重的效果不顯著。

　　總括來說，實驗效果不彰可能與自我尊重是一種持久性的評價（駱

芳美，1989；楊淑萍，1995；Coopersmith, 1967），很難在短時間內有較大的改善空間有關。而且由於不是課程本位的評量工具，在教材內容直接觸及自我尊重的教學活動很少，雖然設計有情緒管理、人際問題的認知、問題解決策略等單元與提升自我尊重有關，惟較偏重認知與技能的層次，對於自我尊重的態度行為的影響力自然較弱，因此本實驗課程能提高受試者「自我尊重」的假設未能獲得支持。

二、實驗組與控制組在「思考扭曲」上的差異（考驗假設6）

本研究實驗組與控制組在「我的思考」全量表及各分量表的平均數與標準差如表 10-12。為了解實驗組後測在排除前測分數的影響後，我的思考方面是否顯著低於控制組，乃以前測為共變數，進行單因子共變數分析。從表 10-13 可看出，排除前測因素後，實驗組與控制組在全量表的得分方面有顯著的差異（F= 33.386, p<.001），而且各分量表－自我中心（F=22.601, p<.001）、錯誤標籤（F=34.302, p<.001）、壞處思考（F=

表 10-12　實驗組與控制組在「我的思考量表」及其各分量的平均數與標準差

項目名稱	組 別	前 測		後 測		調節平均數
		平均數	標準差	平均數	標準差	
自我中心	實驗	19.58	4.46	17.33	5.62	17.37
	控制	19.69	6.19	20.39	6.12	20.35
錯誤標籤	實驗	20.69	4.57	17.79	5.04	18.21
	控制	21.87	5.98	21.99	6.01	21.52
壞處思考	實驗	23.42	5.18	20.69	6.25	20.95
	控制	24.10	6.35	23.90	6.12	23.64
責怪他人	實驗	21.42	5.17	19.22	6.46	19.54
	控制	21.79	6.21	22.33	5.77	22.19
全 量 表	實驗	85.11	17.68	75.01	21.80	76.02
	控制	87.44	22.82	88.62	21.88	87.62

實驗組 n= 83　控制組 n=84

表 10-13　實驗組與控制組在「我的思考」單因子共變數分析摘要

變異來源	離均差平方和	自由度	均　方	F　值	Sheffe's 事後比較
自我中心					
組　間	370.427	1	370.427	22.601***	實＜控
誤　差	2687.942	164	16.390		
錯誤標籤					
組　間	451.511	1	451.511	34.302***	實＜控
誤　差	2158.728	164	13.163		
壞處思考					
組　間	300.256	1	300.256	17.200***	實＜控
誤　差	2862.886	164	17.457		
責怪他人					
組　間	335.155	1	335.155	18.579***	實＜控
誤　差	2958.466	164	18.039		
全量表					
組　間	5594.083	1	5594.083	33.386***	實＜控
誤　差	27479.605	164	167.559		

n= 167　　*** p<.001

17.200, p<.001）與責怪他人（F=18.579, p<.001），兩組差異亦達顯著水準。實驗組與控制組在排除前測分數影響後，實驗組的調節平均數均低於控制組，其中減少最多的是錯誤標籤與自我中心，最少的是責怪他人，這顯示實驗組經過自我傷害防治課程實驗教學後，在我的思考全量表的得分有顯著進步；可以說，實驗教學對於減少高中資優學生思考方式的扭曲有良好的成效，且不論在自我中心、錯誤標籤、壞處思考與責怪他人都有顯著的效果。

　　自編實驗教材與教學活動設計對整個實驗教學的成效有決定性的影響，從教材與教學的層面進行分析，了解產生研究結果的重要原因，可作為檢核實驗教學績效的指標。歸納本實驗課程能減低受試者認知扭曲

的原因如下：

㈠本課程有關思考方式的設計能從邏輯思維與正確思考的條件與過程切入，作深入簡出整體概念的闡述：例如詳細說明包含大前提、小前提與結論三段式邏輯命題，演繹法與歸納法的應用與區別，介紹英國哲學家 Russell 提出正確思考應具備：證明有根據、避免思維謬誤、判斷要恰當與推理要合理的四個要件。對於思考過程，使用冒險家、藝術家、法官與勇士四種不同角色的替換，作具體與深刻的比喻等，均能激發學生的需求與興趣。

㈡本課程的分組活動與課堂實作能引發受試者的好奇與熱烈參與：如小組提問與回答思考謬誤的陷阱，諸如以偏概全、常識誤導、雙重標準、自我閉鎖與非黑即白等。分組蒐集與檢討平日生活常見思考扭曲的事例，討論和使用以集思廣益的方式，在一定時間內產生大量主意的腦力激盪，譬如運用腦力激盪技術：說出毛巾、獎盃的用途，及想像自己漂流至一個荒島，身上僅剩一支槍與三十發子彈，能用槍做什麼？這些都能獲得受試者熱烈的迴響。

㈢從認知思考扭曲的類型與精熟練習判斷的技巧介入，並且討論矯治的方法，教學的效果甚佳：向受試者舉例與解說 Gibbs 等（1992）所提自我中心、減責化／錯誤標籤、往壞處思考與責怪他人等四種思考扭曲的類型與相關特質；為達到精熟的學習，分發「我認為」陳述句的作業單，練習判斷的技巧，過濾正確的思維；示範與討論認知缺陷矯治的反轉、挑戰、重新標定與檢核的步驟，這些均很受到學生的歡迎。

㈣本課程有關思考方式的設計，分布在各單元的學習活動中：如第

五單元第一節活動的練習與辨識思維謬誤，並找出生活中常見的事例十則，第二節練習鑑別認知缺陷類型五則，並列出認知缺陷矯治的步驟。第六單元為預防認知僵硬，限制個體所知覺的選擇範圍，熟悉腦力激盪的使用原則與分組練習腦力激盪技術。第七單元運用邏輯思考以解決同儕衝突與家人衝突的人際問題，第八單元熟悉正確的思考，以綜合評估問題解決方案，作出最佳決定。第九單元探求各種紓解生活壓力與獲得社會支持的方法，第十單元綜合運用邏輯思維，正確評估問題的各種可行方案，以紓解壓力、提升自我尊重的態度等。這些均與思考方式的主題相契合。

㈤為提高各單元的學習成效與品質，由作者製作、蒐集及運用有關教學媒體：如邏輯思維的三段式命題架構圖、演繹法與歸納法的應用圖表、思考扭曲類型與矯正錯誤思考步驟圖、腦力激盪的技巧與命題活動、有效因應策略及社會支持的架構圖等，並依據編製的各單元教材，自製成以手提電腦操控較簡便且富動態變化的 PowerPoint 投影片，以提高邏輯思維的教學效果。

㈥本學習領域的教材內容編製符合評量工具的向度：本實驗課程編擬的內容涵蓋思考方式量表的主題，因此實驗組接受實驗處理後，不論在我的思考方式全量表或自我中心、減責化／錯誤標籤、往壞處思考與責怪他人等四種分量表的得分，均顯著低於控制組。

㈦實施問題解決與情緒處理的學習有助於邏輯思維的訓練，降低認知的扭曲與僵硬：在問題解決的歷程，評估解決問題的各種方案，作出最佳的決定，可增進邏輯思考的能力；而解決問題常用的腦力激盪，可擴增認知的廣度，減低認知的僵硬；處理人際問題、做好情緒管理，避免情緒失控、建立壓力管理等也需培養正確思

考的能力。因此，本課程的設計不僅從正確的思維術，而且包含
情緒管理、人際問題、問題解決與壓力管理等層面，以提高正確
思考的學習成效。

(八)受試學生對課程自我評鑑的反映尚佳：受試學生對於思考方式有
關單元的評鑑，主要包含單元五至單元十，評定項目的平均數在
四點量表中（詳見表 10-20），介於 3.23-3.33 之間，均在符合評
鑑目標的平均數以上，表示受試者對實驗教學過程大致認為成效
良好。

(九)教學方式採指導與練習並重：每節均以平日師生關心的課題引發
學習動機，作為發展活動的開始，並以指定作業作為綜合活動的
結束。

綜合上述自編實驗教材與教學活動設計的分析，了解本實驗課程能
減低受試者認知扭曲的最主要原因，並且在編擬本實驗的教材內容時即
納入評量工具的向度，可提供了解受試者學習狀況的參考。而本研究結
果與劉德威（1997）、Pfeffer（1986）的看法一致，即指出自我傷害高
危險群有較多的認知扭曲，減少認知扭曲則會降低自殺的風險；且與楊
瑞珠（1997）、黃珮怡（1999）的研究結果不謀而合，他們發現：具有
犯罪、濫用藥物、學業失敗、逃學離家與自我傷害等高危險的青少年，
經篩檢辨識後，實施社會技巧彈性課程方案，能有效地改變了他們的認
知扭曲。分析本實驗的資料顯示，實驗組經過實驗處理後，「我的思考」
全量表的得分顯著下降，即實驗教學對於降低高中資優學生思考方式的
扭曲有良好的成果，且不論在自我中心、錯誤標籤、壞處思考與責怪他
人都有顯著的成效，凡此均支持本實驗教學能降低高中資優生認知扭曲

的假設。

三、實驗組與控制組在「因應策略－問題解決取向」上的差異（考驗假設 7）

　　實驗組與控制組在「青少年因應策略－問題解決取向」全量表及各分量表的平均數與標準差如表 10-14。為探討實驗組後測在排除前測分數的影響後，問題解決的使用頻率是否顯著高於控制組，乃以前測為共變數，進行單因子共變數分析。從表 10-15 可看出，排除前測因素後，實驗組與控制組在全量表的得分方面有顯著的差異（F= 36.718, p< .001），而且在各分量表－面對問題（F= 22.511, p<.001）、對抗困難（F= 10.837, p<.01）、蒐集資訊（F= 36.187, p<.001）與商討解決（F= 11.300, p<.01），兩組差異均達顯著水準。實驗組與控制組在排除前測分數影響後，實驗組的調節平均數都高出控制組，其中進步最多的是面對問題與蒐集資訊，

表 10-14　兩組在「青少年因應策略－問題解決取向量表」及各分量表的平均數與標準差

項目名稱	組 別	前 測		後 測		調節平均數
		平均數	標準差	平均數	標準差	
面對問題	實驗	18.84	3.25	22.25	4.29	22.56
	控制	19.90	3.59	20.17	3.89	19.87
對抗困難	實驗	9.02	1.77	9.73	1.96	9.72
	控制	8.95	2.00	8.83	1.94	8.85
蒐集資訊	實驗	6.19	2.10	8.16	2.70	8.23
	控制	6.40	2.03	6.50	1.96	6.43
商討解決	實驗	4.84	1.41	6.12	1.60	6.27
	控制	5.39	1.31	5.73	1.36	5.58
全 量 表	實驗	38.90	6.08	46.27	9.40	46.91
	控制	40.65	6.69	41.23	6.72	40.59

實驗組 n= 83　控制組 n=84

資優青少年自我傷害防治課程與教學
——以生命教育為取向

表 10-15　兩組在「青少年因應策略－問題解決取向」單因子共變數分析摘要

變異來源	離均差平方和	自由度	均　方	F　值	Sheffe's事後比較
面對問題					
組　間	294.151	1	294.151	22.511***	實＞控
誤　差	2143.005	164	13.067		
對抗困難					
組　間	31.210	1	31.210	10.837**	實＞控
誤　差	472.304	164	2.880		
蒐集資訊					
組　間	134.406	1	134.406	36.187***	實＞控
誤　差	609.125	164	3.714		
商討解決					
組　間	18.935	1	18.935	11.300**	實＞控
誤　差	274.811	164	1.676		
全量表					
組　間	1641.537	1	1641.537	36.718***	實＞控
誤　差	7331.864	164	44.706		

n= 167　　**p<.01; ***p<.001

最少的是商討解決。這顯示實驗組經過自我傷害防治課程實驗教學後，在問題解決取向的使用頻率方面有顯著成長，顯然實驗教學對於增進高中資優學生問題解決有良好的成效，且無論在面對問題、對抗困難、蒐集資訊與商討解決等方面都有顯著的效果。

　　為釐清實驗教學設計為何能達成教學目標，乃深入探究在本實驗教學活動設計下，受試者如何使用有效的解決問題策略如下：

㈠本課程有關問題解決的設計能從問題解決的意義與歷程、因應壓力的主要方式與解決人際問題的態度與方法等方面切入，作理論實務與情境應用的敘述：例如教師詳細說明問題與問題解決的意

義，舉出心理學者 Folkman 與 Lazarus（1980）等所提，在壓力下人們採取的因應方式，包括蒐集資料、商討解決、正向調適、情緒失調、逃避結局與情緒發洩等。而 Raber（1992）研究青少年的生活壓力發現，使用積極的因應策略，如問題解決技巧、人際關係改善、思維方式調整，可以減輕身心症狀 10%-21%。蔡崇振（1997）探討國內五百五十六位高中生的生活壓力因應策略，也發現同樣的結果。運用 Deway、Kanfer 與 Busemeyer（1982）等學者所提問題解決的五步驟（引自何淑晃，1986），可針對問題的情境提出問題的處理策略。

㈡本課程每節的綜合活動均有指定作業，可視為課程的延續學習，且與問題解決的主題相結合：如第七單元第一節活動的蒐集兩個「同儕衝突」的類型，每個類型想出幾個解決方案；第二節針對「家人衝突」的例題，練習套用社會解決問題的步驟進行化解。第八單元第一節活動的分發家課作業單，練習「做決定」技巧；第二節提供問題情境的作業單，練習運用界定問題、選擇目標、產生解決方案、選擇方案去做、評估實施方案等解決問題的策略。第九單元第一節活動的列出自己平時在家庭、社區與學校的主要壓力源至少二十項；第二節運用社會解決問題技巧，練習排除衝突、解決問題、克服壓力的各種策略等，均能引發學生熱烈的反應。

㈢本課程的分組活動與課堂實作能引發學生的好奇與熱烈參與：如第七單元角色扮演同儕衝突最可能的典型反應，舉例有關同儕衝突的情境，以腦力激盪方式，盡可能想許多解決方案。討論生活中常見家庭衝突的類型，並提出解決家庭衝突的可能解決方法。

第八單元分組練習「決定衡鑑表」的運用技巧，並揭示假定情況，鼓勵受試者練習做決定的技術。討論問題解決步驟，練習應用問題解決的策略。第九單元師生討論與抽問何以「社會支持＋因應策略＝有效的因應壓力」，與青少年主要社會支持的來源。第十單元提供受試者複習並融會同儕與家人衝突的問題解決步驟，應用在實際問題的處理，與師生複習因應壓力與策略，爭取社會支持，以有效排除生活壓力，這些都能獲得受試者熱烈的迴響。

㈣從認知問題解決的歷程與熟練出最佳決定的技巧介入，並且討論在問題情境的應用，教學的成效良好：由研究者配合問題情境，運用第八單元問題解決策略的完整第二節課，向受試者解說與綜合 Deway 等（1982）等學者所提出問題解決步驟，包含界定問題、選擇目標、產生解決方案、選擇方案去做、評估實施方案等，並且提供問題作業單，讓受試者練習運用。詳細分析如何做最佳決定，引用 Dixon（1979）有系統地評估各方案的正負向特質，Heppner（1978）所提做決定模式的重點，要求當事者列出每個方案的長短期優缺點及評估其成功率，Janis 與 Mann （1977）認為還必須兼顧對自己與對他人的兩種觀點。綜合上述，研究者編製「決定衡鑑表」，採用 Likert 七點量尺計分，並公布假定的問題情境，鼓勵受試者熟練做決定的技術，並複習前面正確思維術的單元重點與腦力激盪的技巧，俾保持做決定的最佳狀態，頗有學習的成效。

㈤從有效的因應策略需要社會的支持才能抵抗壓力源的認知觀念進入，並且討論社會支持的功能與來源，學生的反應良好：教師闡述Cottleib（1983）提出社會支持的四種功能：實質性支持、情感

性支持、認知性支持與陪伴性支持。共同討論社會支持＋因應策略＝有效的因應壓力（引自吳宜寧，1996），並歸納 Cohen 與 Wills（1985）區分青少年的社會支持來源為下列三類：⑴家庭支持——有問題與壓力，可向家人親友商量解決方法；⑵同儕支持——有問題與壓力，可和朋友一起商量解決方法；⑶學校支持——有問題與壓力，可向師長或輔導專業人員尋求協助。這些可提供受試者尋求諮詢、合力對抗困難與蒐集資訊等良好的求助管道。

㈥善用有關問題解決的教學資源與視聽教具：為增進各單元的教學品質與成效，由作者繪製 Amish（1991）社會解決問題的五個步驟的大型海報、師生蒐集「與同儕衝突」和「與家人衝突」的有關資料、製作「腦力激盪」的技巧與命題和「做決定」的技巧與問題情境的圖表、印製問題解決步驟圖表及問題情境的海報、與製作社會支持＋因應策略＝有效的因應壓力的架構圖表，並依據編製的各單元教材，自製成較生動變化的 PowerPoint 投影片，使用手提電腦操控，以提高問題解決的教學效果。

㈦本學習領域的教材內容編製符合評量工具的向度：本實驗課程編擬的內容涵蓋問題解決量表的主題，因此實驗組接受實驗處理後，不論在面對問題、對抗困難、蒐集資訊與商討解決等四種分量表的得分上均顯著高於控制組。

㈧實施邏輯思維與情緒取向的訓練有助於問題解決的學習：Davis 與 Sandoval（1991）指出高危險群青少年由於認知扭曲與僵硬，傾向對中立性情境作有敵意的判斷，因而限制問題解決的技巧。如果能養成正確思考，則可降低認知的扭曲與僵硬，精確地評估解決問題的各種方案，做出最佳的決定。而有效的問題解決取決於正

資優青少年自我傷害防治課程與教學
—以生命教育為取向

向情緒取向的因應，調和的情緒則可提高有效問題解決取向的使用頻率（Folkman, 1984；引自吳宜寧，1995）。因此，本課程的設計不僅採取問題解決取向，而且包含正確的思考與情緒紓解，以提高解決問題的教學效果。

㈨受試學生對活動作業的回饋給予肯定：實驗組學生對有關活動作業單的實用性（如表 10-19），就相關主題的各單元進行評鑑，在四點量表中，評定項目的平均數介於 2.92-3.04 之間，均在平均數以上，顯示受試者大都能愉快而專心地完成各單元的作業練習。

㈩實驗教學課程的回饋與修訂：本課程有關問題解決的設計，曾應邀在香港神託會舉辦的國際青少年自我傷害防治工作坊發表，由作者親自對參與成員示範教學，這些學員來自香港地區各中小學的社工與輔導人員，就他們給予課程的評價與回饋，作為課程修正的重要參考。

　　從前述實驗課程教材與教學的檢討分析，參考 Folkman 等（1980）、Moss（1992）、Deway、Kanfer 與 Busemeyer（1982）、Dixon 等（1979）、Cottleib（1983）、Amish（1991）、Davis 與 Sandoval（1991）等學者的觀點與研究結果的資料統計與分析，顯示實驗組經過自我傷害防治課程實驗教學後，在問題解決取向的使用頻率有顯著提高；可以說，實驗處理對於增進高中資優學生問題解決有不錯的效果，且無論在面對問題、對抗困難、蒐集資訊與商討解決都有顯著的成效，可以支持本實驗方案能提高資優生的因應策略－問題解決取向假設。

四、實驗組與控制組在「因應策略－情緒取向」上的差異（考驗假設 8）

本研究實驗組與控制組在「青少年因應策略－情緒取向」全量表及各分量表的平均數與標準差如表 10-16。

為了解實驗組後測在排除前測分數的影響後，正面情緒取向的使用頻率是否顯著高於控制組，乃以前測為共變數，使用單因子共變數分析。從表 10-17 可知，排除前測因素後，實驗組與控制組在全量表的得分方面有顯著的差異（F=19.295, p<.001），而且大部分分量表－正向調適（F=9.503, p<.01）、負向情緒（F=18.503, p<.001）、調劑活動（F=9.530, p<.01）、與逃避問題（F=5.666, p<.01），兩組差異亦達顯著水準，惟發洩情緒分量表（F=.103, p>.05）沒有顯著差異。

表 10-16　實驗組與控制組在「青少年因應策略－情緒取向量表」及各分量表的平均數與標準差

項目名稱	組 別	前　測		後　測		調節平均數
		平均數	標準差	平均數	標準差	
正向調適	實驗	9.89	2.49	11.59	2.95	11.70
	控制	10.29	2.04	10.60	2.68	10.49
負向情緒	實驗	8.01	1.74	9.01	2.36	8.93
	控制	7.76	1.79	7.62	1.94	7.70
調劑活動	實驗	8.31	1.60	9.72	1.86	9.79
	控制	8.76	1.60	8.98	1.86	8.91
逃避問題	實驗	5.98	1.41	6.43	1.50	6.42
	控制	5.89	1.38	5.92	1.29	5.93
發洩情緒	實驗	7.27	1.05	7.33	1.11	7.32
	控制	7.24	.95	7.27	.75	7.28
全　量　表	實驗	39.46	4.93	44.08	7.73	44.24
	控制	39.94	4.69	40.38	5.22	40.23

實驗組 n= 83　控制組 n=84

表 10-17　兩組在「青少年因應策略－情緒取向」單因子共變數分析摘要

變異來源	離均差平方和	自由度	均　方	F　值	Sheffe's 事後比較
正向調適					
組　　間	60.840	1	60.840	9.503**	實＞控
誤　　差	1049.968	164	6.402		
負向情緒					
組　　間	63.226	1	63.226	18.503***	實＞控
誤　　差	560.386	164	3.417		
調劑活動					
組　　間	31.209	1	31.209	9.530**	實＞控
誤　　差	537.103	164	3.275		
逃避問題					
組　　間	10.049	1	10.049	5.666**	實＞控
誤　　差	290.849	164	1.773		
發洩情緒					
組　　間	.088	1	.088	.103	
誤　　差	139.779	164	.852		
全量表					
組　　間	667.775	1	667.775	19.295***	實＞控
誤　　差	5675.755	164	34.608		

n= 167　　**p<.01; *** p<.001

　　實驗組與控制組在排除前測分數影響後，實驗組的調節平均數均高於控制組，其中改變最多的是負向情緒與正向調適，最少的是發洩情緒。這說明實驗組經過自我傷害防治課程實驗教學後，在正面情緒取向的使用頻率上有明顯進步，且在正向調適、負向情緒、調劑活動與逃避問題等方面都有良好的成果。在發洩情緒上之所以未能有顯著的學習成效，可能與教材內容涉及這個主題較少之故，也有可能是因為實驗與控制兩組根本很少用到量表上所敘述的打架、抽菸、喝酒或服用藥物等作為發洩情緒的管道，自然就不會有差異了。

　　整體而言，實驗結果顯示本實驗教材在提高資優生正面情緒取向的因應策略上有良好功能，追溯與檢討其主要原因如下：

(一)本課程有關情緒取向設計能讓受試者從了解憂鬱與憤怒的症狀，增進對憂鬱與憤怒訊號表徵的自我覺察，透過實際的使用「自我陳述法」，修正與改變產生憂鬱的認知結構：運用憤怒化解技巧，學習控制憤怒的方法，練習化解同儕與家人衝突的有效策略，有效紓解壓力的主要方式等觀念與技能切入，作理論實務與情境應用的分析，這些都相當有效。例如教師分析 Beck（1976）對憂鬱提出對自己負向看法、對環境適應消極看法及對未來悲觀看法等三個思考向度，而憂鬱高、絕望高的人，自殺行為風險較大；反之，則較小。複習心理學者 Folkman 等（1980）與 Moss（1992）等所提在任何壓力下，人們採取情緒取向主要包含正向調適、情緒失調、逃避結局與情緒發洩等因應方式；說明 Copeland（1994）發現美國青少年對生活壓力，大都採逃避及發洩的情緒取向，造成青少年的問題愈演愈烈；心理學家稻村博士發現日本青少年近年來也有極端問題與嚴重情緒障礙發生；國內也發現同樣問題（蔡崇振，1993）；運用「自我陳述法」與 Amish（1991）社會解決問題的五步驟，處理負面情緒與人際衝突的情境等。

(二)本課程每節的綜合活動均有指定作業，可視為課程的延伸活動，且與情緒取向的主題相契合：如第六單元第一節活動的練習「自我陳述法」，說明如何遠離憂鬱，避開悲觀的想法；第二節運用憤怒化解技巧，針對當朋友無端指控你偷取他的腳踏車且到處散播這種不實的說法，請受試者練習提供控制憤怒的各種方法。如

在小組中練習及運用腦力激盪術，發揮個人的創造力，以激發出控制憤怒的各種好方法。第七單元針對「家人衝突」的例題，如父母聽信謠言，指控你一些從沒有做過的事（如偷竊、吃檳榔、賭博等），讓受試者練習套用問題解決的步驟進行化解。第九單元第一節活動的練習「漸進式放鬆術」，每天早晚各一次，每次時間十五分鐘。第二節練習深呼吸、平衡站姿、放鬆肌肉等紓解壓力的方法，第十單元寫出一篇「事實的我」與「理想的我」之間的感性對白等學生作業單。這些均引發學生熱烈的反應。

㈢本課程的分組活動與課堂實作能引發受試者的興趣與積極參與：如第六單元討論悲觀的想法，為何有些人常常錯誤解讀生活事件，為正在發生的事件搶先下最後結論，歪曲發生的事實，屬於自我失敗者。學生分成兩組提出挑明自我失敗悲觀想法的反對意見或策略，點子最多者，即為擂台主。主題包括：⑴我的生活不會有快樂、⑵我覺得像失敗者、⑶我希望從未出生、⑷我沒有希望、⑸我痛恨自己、⑹自殺是唯一的選擇。討論「當你憤怒時，拿起桌上東西砸人，會造成什麼後果？」不但不能解決原來問題，反而提升或增加問題的嚴重性，造成關係的破裂與財產的損失。以腦力激盪方式，說出如何覺察自己憤怒的訊號表徵和控制憤怒的方法，以便及早採取行動，避免因憤怒做出反悔的事情。第七單元由受試者角色扮演同儕衝突最可能的典型反應，與家人衝突時多做理性思考，少做情緒反應，減少家庭衝突至最少的程度。第九單元談適度壓力對人體可能是有利的，使我們保持警覺，確定所有系統都能反應；惟若壓力太大，超出個體可用的資源與能力時，會對身體造成傷害，迸發出情緒、行為和身體等方面不良症

狀的出現。師生一起練習做手臂、脖子、肩膀、胸腹部及下背部的漸進式放鬆術，並由作者帶領同學正確練習深呼吸、平衡站姿、放鬆肌肉等紓解壓力的方法。這些均能獲得受試者熱烈的反應。

㈣認知憂鬱與憤怒情緒在生理、情緒、行為與認知上產生的改變，熟悉「自我陳述法」，說明如何遠離憂鬱，避開悲觀的想法；練習 Amish（1991）的憤怒化解六個技巧，並且討論在問題情境的應用，學習的成效尚佳。在這些活動裡，由作者隨機指派同學寫出憂鬱症者的特徵：胃口與睡眠改變、悲觀失敗、沒有價值感、社交退縮、愧疚感、自我處罰、減弱專注與思考能力、重複浮現自殺念頭、嚴重扭曲的認知、容易興奮與情緒易生變化等症狀。配合問題情境，使用第六單元情緒的管理第一節課，練習「自我陳述法」，例如告訴自己遠離憂鬱的情感，以正面看法取代負向想法，保持冷靜放鬆及不要過度反應；又如我在控制憂鬱情緒，不能讓它壓倒我；倘若保持愉悅，我定能解決這個問題等。另外，教師向受試者解說憤怒在生理、情緒、行為與認知上產生的變化，包含：生理變化－心跳、呼吸加速、身體緊張、肌肉拉緊、掌心流汗；情緒變化－過度緊張、焦慮與生氣；行為變化－用拳頭猛敲桌面、急速拍打大腿、對著憤怒的人大吼大叫等。運用第六單元第二節課的問題情境作業單，練習 Amish（1991）化解憤怒控制情緒的自我陳述法、離開激怒的情境、尋找憤怒發洩的管道、利用憤怒降溫的分散作用、尋求他人的協助、要求不要傷害自己或別人的自我抑制等六個技巧。由於理論能應用在情境中，引發受試者熱烈的迴響。

㈤認識紓解壓力及練習解壓方法：正向情緒取向的因應策略配合有

效紓解壓力的方法，以抵抗壓力源的介入。這些配套包括；漸進式放鬆術（progressive relaxation）與深呼吸、平衡站姿、放鬆肌肉，學生的反應良好。在實際教學裡，教師首先說明紓解壓力的幾個重要原則：⑴保持冷靜與理智—避免立即的情緒反應，讓自己休息觀察一下，調整心情專注思考，再面對問題；⑵釋放壓抑的情緒—每天花點時間，寫下自己認為的壓力事件或情緒，向親近信任的人訴說心裡感受，以抒發內心的情緒，或與自己處境相同的人交換對問題的感受；⑶補足睡眠的時間—根據美國國家失眠委員會統計，有 36%的人睡眠不足，壓力造成的失眠占就醫五大原因的首位。充分的睡眠可修補細胞，強化免疫系統，散出體內毒素及放鬆肌肉；⑷從事良好的休閒活動—做些調劑身心的活動，如打球、聽音樂、看影片等，但避免藉電玩賭博、開派對嗑藥等來消除壓力；⑸不要堅持完美主義—把標準設定太高的人，常在目標未達成前，已失掉自信，徒然增多自己的壓力。要打破完美主義，須對處理事項進行管制，估計你有多少時間，達到什麼程度的品質，有時較低的品質已足夠時，不需要非做到最高的品質不可，把節省下來的時間和精力，好好的休息或做其他有意義的事情。

此外，教師也說明由於平日生活的壓力，造成肌肉的過度緊張，要求同學檢查是否肩膀提得太高，手心握得太緊，腹部肌肉太過緊繃。若肌肉過度收縮，耗費不必要的能量，就會減低做事的效率，又危害身心的健康。至於漸進式放鬆術，是指導從某一個部位肌肉進行緊縮與放鬆，逐漸轉移到其他部位，體會肌肉的緊張與放鬆，以後當你覺得肌肉緊張時，你才會懂得放鬆。做的

方法很簡單，依序為手臂、脖子、肩膀、胸腹部及下背部的收縮與放鬆，隨著音樂的節奏與旁白開始做。由於受試者已先建立了紓解壓力的需求與共識，再教導紓解壓力的方法，故這些活動深受學生的歡迎。

㈥蒐集與製作教學媒體，布置教學情境，提升各單元的教學品質：由作者製作憂鬱、絕望與自殺行為三者關係的架構圖一張、師生蒐集 DSM-III 關於「憂鬱症狀」的解說與憂鬱的相關資料、繪製「愉悅」與「憤怒」的臉譜各一個、製作憤怒在生理、情緒、行為與認知變化的圖表一張、編排「與同儕衝突」或「與家人衝突」最有可能的反應、準備 Amish（1991）問題解決五步驟的大型海報、編製「漸進式放鬆訓練」的旁白與音樂卡帶一組、製成「事實的我與理想的我之間對話」的海報，並依據編製的各單元教材，為方便手提電腦操控，自編成生動亮麗的 PowerPoint 投影片，以提高情緒取向的學習效果。

㈦本學習領域的教材內容編製符合評量工具的向度：一本實驗課程編擬的內容涵蓋情緒取向量表的主題，因此實驗組接受實驗處理後，除發洩情緒外，其餘在正向調適、負向情緒、調劑活動與逃避問題的得分均顯著高於控制組。這些量表的向度與教材的預防憂鬱、憤怒的管理、有效紓解壓力與解決問題抵抗壓力等均有密切的關聯。

㈧實施邏輯思維與問題解決情緒取向的訓練有助於情緒取向的學習：Gibbs 等（1992）指出青少年的認知扭曲、認知缺陷或功能不良的思考歷程，常是導致憤怒與憂鬱情緒的主要根源，假若能正確思考，則可降低認知的扭曲與缺陷，亦可增進愉悅樂觀的正向情緒。

而經由有效的問題解決取向的持續努力，則可提升正向情緒的使用頻率（Folkman, 1984；引自吳宜寧，1995）。因此本課程的設計不但採情緒取向，而且包含正確的思考與問題解決取向領域，以提高情緒取向的學習效果。

㈨受試學生對課程回饋的反映尚佳，回饋顯示：實驗組學生對有關教學活動設計的適切性（如表10-18），正確的思維術的評價最高，且各單元評價均在平均數以上（在四點量表中，介於2.95-3.19），表示受試者對教學活動設計大致認為不錯。

從上述實驗教材與教學活動設計的分析與實驗組學生對課程的回饋，顯示本學習領域的教材內容編製，符合評量工具的向度，且受試者能充分地參與學習活動，達成教學的目標。實驗組經過實驗教學後，對於正面情緒取向的使用頻率有顯著增加，可以支持本實驗教學能提高資優生正面情緒取向的因應策略之假設。

總括自我傷害防治課程實驗教學，在資優生因應認知與策略的學習成效方面，對於提升高中資優學生「自我尊重」沒有顯著的效果。惟降低「思考方式」的認知扭曲，增進高中資優學生「問題解決取向」與「情緒取向」的使用頻率，有顯著的成效。

第三節　自我傷害防治課程與教學的回饋與評鑑

本部分的目的在於了解實施自我傷害防治課程後，實驗組的高中資賦優異學生對於課程與教學的回饋與評鑑，以作為教材編寫、教具製作與教學實施的參考。整個實驗課程的主體架構，主要包括教師的教學活

動設計、學生的練習活動作業單與師生互動的教學過程等三個部分。研
究者為明瞭教學活動設計的適切性、學生是否清楚地認識各單元的主題、
活動作業單的實用性及學生是否能夠快樂而認真地完成各單元的指定作
業，乃調查參與學生的回饋意見。同時為明瞭整個實驗教學過程的有效
性，鼓勵參與實驗的學生評鑑各單元學習結果，俾提供教學上的修正與
調整。在自我傷害防治課程各單元教學活動設計（如第七章第三節）的
綜合活動中，均設計有受試學生填寫的課程單元的自我評鑑表（採取四
點量表），以評估學習結果。每個單元針對學習內容而有不等的評鑑項
目；教學活動設計的適切性與練習活動作業單的實用性問題，均附在每
個單元自我評鑑表的最後部分。茲針對上述三者的研究結果說明如下：

一、教學活動設計的適切性

　　為明瞭作者編製的實驗教材能否幫助受試者認識各單元的學習主題，
從表 10-18 可看出，各單元平均數於四點量表的符合程度中介於 2.93-3.19
之間。得分最高的是生命與死亡的尊嚴和正確的思維術（都是 3.19），
最少的是生命的孕育與價值和生命的蛻變與挑戰（在 3.0 以下）；剛好落
在方案的開始與結束，一個是新學習環境的適應，另一是學習結果的綜
合與應用，且標準差大，調查的意見比較分散。結果顯示整體而言，實
驗課程各單元的學習主題與學生的認知大致符合，惟生命的孕育與價值
和生命的兌變與挑戰兩個單元的教學活動設計，比較不能符合對單元主
題的認識，此點有待進一步的探討。

二、練習活動作業單的實用性

　　受試者是否能夠快樂認真地完成各單元指定作業？學生作業單的可

表 10-18　我認為老師設計的教學活動能夠幫我認識本單元的主題

單　元　名　稱	題　號	平均數	標準差
1.生命的孕育與價值	12	2.93	.95
2.生死的面面觀	13	3.14	.90
3.生命與死亡的尊嚴	14	3.19	.88
4.自殺和自傷行為	16	3.17	.87
5.正確的思維術	12	3.19	.85
6.情緒的管理	12	3.16	.88
7.人際問題的認知	12	3.08	.89
8.問題解決策略	14	3.04	1.01
9.壓力管理策略	12	3.07	.92
10.生命的蛻變與挑戰	14	2.95	1.03

用性如何？從表 10-19 看來，答案相當肯定。結果顯示，得分最高的是自殺和自傷行為、生命與死亡的尊嚴及生死的面面觀，都在3.15分以上。這些單元作業單內容，其一是蒐集報章網路的自我傷害案例兩則，分析其死亡態度、訊號表徵、高危險因素、負面情緒與求助行為。其二是設計一份墓誌銘，內容有生平簡述、最美回憶、最後話語、遺願、簡單形容自己一生等，與寫「生命的省思—對墮胎、植物人、安樂死、自我傷害、器官捐贈等生死權利的看法」短文一篇，其三是生命規劃表與蒐集描述死亡的藝術作品，並寫出自己的感觸，這些都與個人的日常生活較為密切，且資料的取得較為容易。符合度最少的是生命的蛻變與挑戰，為 2.92 分，作業單內容是擬寫一封「臨終前對上帝的告白」與運用「社會解決問題技巧」，用以練習控制憤怒、排除衝突、解決問題、克服壓力等，屬於內心較深層的省思，與前面幾個單元習得的概念與技巧的綜合運用，涉及的層面較為深入廣闊，標準差大，意見也比較分散些。整體而言，實驗課程所設計的作業單，尚能符合受試學生快樂而認真地完

表 10-19　我能夠快樂而認真地完成本單元的作業

單　元　名　稱	題　號	平均數	標準差
1.生命的孕育與價值	11	3.06	.95
2.生死的面面觀	12	3.19	.85
3.生命與死亡的尊嚴	13	3.22	.88
4.自殺和自傷行為	15	3.34	.90
5.正確的思維術	11	3.11	.94
6.情緒的管理	11	3.02	1.02
7.人際問題的認知	11	3.01	.94
8.問題解決策略	13	3.04	.93
9.壓力管理策略	11	3.02	.92
10.生命的蛻變與挑戰	13	2.92	1.03

成的程度；惟在生命的蛻變與挑戰單元的作業單設計上，比較不能達成，此點有需進一步的檢討。

三、實驗教學過程的有效性

受試者能否有效地學習整個實驗課程？從表 10-20 看來，答案是肯定的。結果顯示，受試者在各單元的平均數介於 39.18-53.99 之間，但因前述的題數不同，不能作比較，因此在換算成項目平均數介於 3.23-3.38 之間，得分最高的是單元三的生命與死亡的尊嚴（3.38 分），最少的是單元八的問題解決策略（3.23 分）。由於各單元評鑑得分均在 3.20 分以上，高出量表的中數（2.5）許多，顯示整個實驗教學過程的效果令人滿意。這可能與良好的教學環境與製作視聽教具的動態投影片等教學品質的管制有關。

表 10-20　受試學生對課程自我評鑑統計表

單　元	項目題數	全　距	平均數	標準差	項目平均
單元一	12	12 - 48	39.67	6.30	3.31
單元二	13	13 - 52	42.53	7.51	3.27
單元三	14	14 - 56	47.34	7.52	3.38
單元四	16	16 - 64	53.99	10.07	3.37
單元五	12	12 - 48	39.18	7.56	3.27
單元六	12	12 - 48	39.96	6.50	3.33
單元七	12	12 - 48	39.51	6.39	3.29
單元八	14	14 - 56	45.16	8.48	3.23
單元九	12	12 - 48	39.86	6.76	3.32
單元十	14	14 - 56	46.39	7.91	3.31

第四節　總結與建議

　　為培養資優青少年對生命的熱愛及尊重，建立正確生命價值觀，以期發揮生命的無限潛能，減少自我傷害發生的可能性，作者探討青少年自我傷害理論、衡鑑、危機與生死教育及自我傷害防治教育等相關資料，編訂「學生自我傷害防治調查問卷」，進行學校教師對青少年自我傷害處理與需求之調查研究，作為編製自我傷害防治課程的參考。從生命教育取向編製一套適合高中資優生適用的「自我傷害防治課程實驗教材與教學媒體」，分成生命意義、死亡態度和因應認知與策略等三大學習領域，共計十個單元，每個單元分為兩節的教學活動設計與教學媒體製作。並且選取兩個高中資優班作實驗組，進行一整個學期每班二十節的「自我傷害防治實驗教學」，另兩個資質相近的普通班為控制組，不作實驗處理，以了解實驗教學在正負向人生、生命意義、死亡態度、自我尊重、

思考方式、解決問題與情緒取向因應策略等方面的實驗成效。茲將本實驗教學的總結臚列如後：

1. 實驗教學對於增進高中資優學生「正向人生」有顯著的成效。經由「愉悅性」、「效率性」、「積極性」、「控制性」等有利因素的提升，有助於遠離自我傷害意念。

2. 實驗教學對於減少高中資優學生負面人生有顯著的成效。經由「困擾性」、「慮病性」、「失落感」、「疏離感」等危害因素的降低，有助於擺脫自我傷害意念。

3. 實驗教學對於增進高中資優學生「生命意義」有顯著的成效。經由「生活品質」、「生命價值」、「生活目標」、「生活自在」等生活向度的提升，有助於減少自我傷害意念。

4. 實驗教學對於建立高中資優學生適當的「死亡態度」有顯著的成效。經由「對生命現象消失的恐懼」、「對死亡分離的恐懼程度」、「對死亡的適應程度」、「對瀕死時身心變化的恐懼程度」與「對面臨死亡時自在程度」等死亡恐懼與焦慮的降低，有助於建立健全的生命態度。

5. 實驗教學對於增進高中資優學生「自我尊重」沒有顯著的效果。藉由「自我肯定」、「父母贊同」、「權威的拒絕」、「社會及自我接納」等向度的加強，並不能顯著提高「自我尊重」。

6. 實驗教學對於高中資優學生「思考方式」有顯著的成效。經由「自我中心」、「錯誤標籤」、「壞處思考」、「責怪他人」等認知扭曲的降低，有助於矯正認知的缺陷。

7. 實驗教學對於增進高中資優學生「問題解決取向」有顯著的成效。經由「面對問題」、「對抗困難」、「蒐集資訊」、「商討

解決」等能力的增強，有助於運用有效問題解決取向頻率的提高。

8. 實驗教學對於增進高中資優學生「情緒取向」有顯著的成效。經由「正向調適」、「負向情緒」、「調劑活動」、「逃避問題」、「發洩情緒」等適應的增進，有助於使用正向情緒取向頻率的提升。

9. 實驗教學對於高中資優學生在「課程本位」量表的表現，要比「檢定為主」量表上的結果為佳。

10. 在實驗教學過程中，資優學生對教學活動設計、練習活動作業單與師生互動等之回饋意見，均極為正向。

　　作者擬就自我傷害防治的課程設計與實驗教學，針對高中資優生的適用與需求，提出有關教學輔導、教育行政與未來研究的建議。

(一)教學輔導上的建議

1. 在理論應用方面：自我傷害防治的課程設計分成生命意義、死亡態度和因應認知與策略三個學習領域，課程實施時，可與生命教育、死亡教育、心理輔導或生涯規劃等課程相結合，以擴展及延伸學生的學習效果。

2. 課程及量表名稱方面：自我傷害防治應屬生命教育的重要一環，為避免對自我傷害一詞的過於聯想或敏感，自我傷害防治課程可用「生命教育課程」的名義取代，學生自我傷害篩檢量表可用「我的人生」量表替代。

3. 課程實施方面：自我傷害防治課程在大團體實施，係基於每位資優生有同樣需求的考量，希望在類似的情境中，能產生高度的免疫力；如單獨實施於高危險群，可以用小團體的方式，可增加成

員的信賴與互動，另外，再安排較密集的個別諮商與心理醫師的適時介入。

4. 善用視聽媒體設備，提升學習效率：製作生動活潑的投影片與剪輯相關教學影片，以手提電腦操控播放，能管制教學的品質與進度；課前應做充分的準備，以引起資優生學習的動機，滿足其學習的需求。

5. 建立學生回饋與增強的原則：應要求學生在每個單元結束前繳交單元教學自我評鑑表，每個單元開始時繳交前面單元練習活動作業單，建立增強學習的獎勵制度，培養榮譽的小組學習，相互觀摩作業成果，以提升學習的成效。

(二)教育行政上的建議

1. 單獨設立課程或融入課程：為落實學生有效的學習，建立健全的生命觀，宜單獨開設學生自我傷害防治課程、自我傷害取向的生命教育或生死教育課程。此種課程可採用必修或開放選修的方式。如在現階段單獨設科有困難，則應將其融入各科的教學，各科宜抽取固定比例的單元，談論珍重今生、尊重生命等相關議題。

2. 積極研發青少年自我傷害防治教材與教具：成立教材編輯小組，蒐集、調查與製作各類自我傷害防治的參考書籍與教材教具，提供教師教學輔導與學生課外閱讀的最佳資源。

3. 開放相關師資的培訓與進修的管道：自我傷害防治課程與其他課程不同，如何推動三級防治、建立安全網絡、案主的篩檢與再自殺風險的評估等，都需要專業人員的介入。此外，在師資培訓的課程中，宜加入自我傷害防治基本知能的訓練，同時鼓勵在職教

師進修有關學生自我傷害防治的相關課程。

(三)未來研究的建議

1. 繼續在其他學習領域，推廣自我傷害防治實驗教學方面：可以對一般學生和其他的資優類型如特殊才能或低成就資優生進行實驗教學，以比較實驗教學的成效。也可對女性或者男女混合的班級進行實驗，以了解實驗教學對不同性別或兩性互動的影響。

2. 發展國中與大學資優生適用的自我傷害防治課程方面：自我傷害防治工作是連貫性的工作，需要各個教育階段的完善輔導，才能確保青少年珍惜生命、快樂學習，有關自我傷害防治教材應該向下延伸至國中，向上發展至大學，構成完整的學習網，以因應日趨嚴重的青少年自我傷害事件。

參考文獻

壹、中文部分

王曼君譯（拉比著）（1998）：**如何想得清楚和正確**。台北市：水牛圖書出版事業有限公司。

王彩鳳（1999）：**大學生自殺意念的多層面預測模式**。國立台灣大學心理學研究所碩士論文（未出版）。

王智璿（2000）：**家庭因素、負向特質與自殺危險性關係之研究—以國中生為例**。國立政治大學心理學研究所碩士論文（未出版）。

牟宗三（1971）：**生命的學問**。台北市：三民書局。

行政院衛生署（2003）：**衛生統計**。台北市：行政院衛生署。

何紀瑩（1994）：**基督教信仰小團體對提高大專學生生命意義感的團體歷程與效果研究**。台灣師範大學心理與輔導研究所碩士論文（未出版）。

何淑晃（1994）：**問題解決團體訓練對專科學生人格適應與創造力之影響**。彰化師範大學輔導研究所碩士論文（未出版）。

吳小琴、葉筱玫、劉明麗（1997）：**馬偕紀念醫院急診室自殺病患初探**。台北市：馬偕紀念醫院。

吳加詮、謝素娟（1997 年 3 月 17 日）：昨晚到今晨兩個小女生自殺。**中時晚報，頭版**。

吳宜寧（1996）：**青少年的日常生活壓力、社會支持與因應策略之探討：以高中職學生為例**。東吳大學社會工作學系碩士論文（未出版）。

吳武典（2000）：輔導的基本理念。載於吳武典等著：**輔導原理**，1-44

頁。台北市：心理出版社。

吳武典、林幸台、王振德、郭靜姿修訂（Jackson, D. N.著）（1999）：
基本人格量表指導手冊。台北市：心理出版社。（原著為 1996 年
版）。

吳英璋、許文耀等（1992）：**校園自我傷害防治處理手冊**。台北市：教
育部訓育委員會。

吳英璋、許文耀、金樹人等（1994）：**校園自我傷害防治計畫研究報告**。
台北市：台灣大學心理學系。

吳英璋、許文耀、梁培勇等（1994）：**高危險徵兆調查、訪問及心理評
估期末報告**。台北市：台灣大學心理學系。

吳庶深、黃麗花（2001）：**生命教育概論－實用的教學方案**。台北市：
學富文化事業有限公司。

吳庶深、劉欣懿（2001）：「生死尊嚴」—高中生命教育課程特色之初
探。載於**台灣地區高中職生死教育教學研討會論文資料暨大會手冊**，
207-221 頁。彰化市：國立彰化師範大學通識教育中心。

吳庶深（2003）：生命教育的意義與內涵。**香港生命教育通訊，**3 期，
3-4 頁。

宋秋蓉（1992）：**青少年生命意義之研究**。彰化師範大學輔導研究所碩
士論文（未出版）。

李復惠（1987）：**某大學學生對死亡及瀕死態度之研究**。台灣師範大學
衛生教育研究所碩士論文（未出版）。

李復惠（1996）：青少年的死亡教育。**健康教育，**77 期，28-37 頁。

林注進（1998）：生命教育課程序。載於得榮社會福利基金會課程研編
小組：**生命教育課程，**2 頁。台北市：得榮社會福利基金會。

段德智、陳修齋等（1994）：**死亡哲學**。台北：洪葉文庫。

孫效智（2000）：生命教育的內涵與哲學基礎。載於**生命教育與教育革新學術研討會論文集**，1-24 頁。台北縣：輔仁大學教育學程中心。

孫敏華（1997）：**自我傷害的壓力源、徵兆原因及防治措施之研究—以軍事組織為例**。台北市：大行家企業有限公司。

徐西森（1995）：滄海一聲笑—談生活與生命。**輔導通訊，**44 期，9-11 頁。

徐宗林（1991）：**現代教育思潮**。台北市：五南圖書出版公司。

殷海光（1995）：**邏輯新引**。台北市：水牛圖書出版事業有限公司。

翁順利（1999 年 1 月 5 日）：十七芳華，南女資優生跳樓自殺。**中國時報，**5 版。

張平吾（1988）：**自殺原因論**。台北市：五南圖書出版公司。

張光甫（1995）：談生命教育。**輔導通訊，**44 期，3-5 頁。

張淑美（1997）：從兒童與青少年的死亡概念與態度談死亡教育與自殺預防。**教育研究，**5 期，33- 40 頁。

張淑美（2000）：生命教育與生死教育在中等學校實施概況之調查研究。載於**生命教育與教育革新學術研討會論文集**。台北縣：輔仁大學教育學程中心。

得榮社會福利基金會生命教育課程研編小組（1998）：**生命教育課程**。台北市：得榮社會福利基金會。

教育部（2001）：**教育部推動生命教育中程計畫**（九十至九十三年度）。

教育部（2003）：**身心障礙及資賦優異學生鑑定標準**。

許文耀、程國選等（1994）：**八十三年度北區中學生心理衛生研習會—校園自我傷害危機處理領導員手冊**。台北市：教育部訓育委員會。

許文耀、鍾瑞玫（1997）：「自殺危險程度量表」的編製及其信效度考
　　驗。**中華心理衛生學刊**，41(1)，1-17頁。

許文耀（1999）：**自殺危險性發生模式驗證**。台北市：政治大學心理學
　　系。

郭有遹（2001）：**創造性的問題解決法**。台北市：心理出版社。

郭靜姿（1985）：從幾個觀點談資優學生的自我概念與生活適應。**資優
　　教育季刊**，16期，6-10頁。

陳心怡譯（Beck, A. T., Steer, R. A., & Brown, G. K.著）（2000）：**貝克憂
　　鬱量表指導手冊**。台北市：中國行為科學社（原著為1996年版）。

陳文卿（1998）：**青少年自殺意念與家庭功能、無望感之相關研究**。彰
　　化師範大學輔導研究所碩士論文（未出版）。

陳美君譯（Beck, A. T., & Steer, R. A. 著）（1990）：**貝克絕望感量表指
　　導手冊**。台北市：中國行為科學社（原著為1993年版）。

陳瑞珠（1994）：**台北市高中生的死亡態度、死亡教育態度及死亡教育
　　需求之研究**。台灣師範大學衛生教育研究所碩士論文（未出版）。

傅偉勳（1993）：**死亡的尊嚴與生命的尊嚴**。台北市：正中書局。

單延愷（1995）：**青少年自殺行為危險因子與危險警訊之探討**。私立中
　　原大學心理學研究所碩士論文（未出版）。

程國選（1994）：談校園自我傷害危機處理暨北區研習會紀實。**學生輔
　　導通訊**，35期，106-109頁。

程國選（2000）：台北市國高中教師對學生自我傷害防治之調查研究。
　　建中學報，6期，265-287頁。

程國選（2001）：「我的人生」評量表編製報告。**測驗統計年刊**，9輯，
　　47-80頁。

程國選、吳武典（2004）：**「我的人生」量表－學生自我傷害行為篩檢指導手冊**。台北市：心理出版社。

陽士毅（1998）：**邏輯與人生－語言與謬誤**。台北市：書林出版有限公司。

黃天中（1991）：**死亡教育概論**。台北市：業強出版社。

黃丘隆主譯（Durkheim, E.著）（1990）：**自殺論**。台北市：結構群文化事業有限公司。

黃正鵠、楊瑞珠等（1998）：**青少年對自殺行為的態度與看法**。台北市：教育部訓育委員會。

黃珮怡（1999）：**桃園縣國中「高危險群青少年辨識與社會技巧彈性課程方案」實施之評鑑研究**。高雄師範大學輔導研究所碩士論文（未出版）。

黃禎貞（2001）：**生命魔法師－國中生死教育課程設計與評價之研究**。台灣師範大學衛生教育研究所碩士論文（未出版）。

楊淑萍（1995）：**青少年依附關係、自我尊重與生涯發展之相關研究**。台灣師範大學心理與輔導研究所碩士論文（未出版）。

楊瑞珠（1997）：**高危險群青少年文化心態特質與甄別量表編製之研究**。台北市：心理出版社。

葉志雲、郭振遠、陳文獻（1998年9月16日）：台中女中資優生愛到絕望竟輕生。**中國時報**，5版。

劉松明（1997）：**死亡教育對國中生死亡態度之影響**。高雄師範大學教育研究所碩士論文（未出版）。

劉德威（1997）：**青少年生死態度與自殺危險程度關係之研究**。私立中原大學心理學系碩士論文（未出版）。

蔡培村（1995）：生命教育分區座談紀實。**輔導通訊**，44 期，32-37 頁。

蔡崇振（1997）：當前國內青少年問題及其因應策略。**教師天地**，2 **期**，70-75 頁。

鄭淑里（1995）：**死亡教育課程對師院生死亡態度的影響**。台灣師範大學心理與輔導研究所碩士論文（未出版）。

曉明女中生命教育中心（1998）：**生命教育系列**。台中市：曉明之星出版社。

盧台華（1995）：殘障資優學生身心特質研究。**特殊教育研究學刊**，13 **期**，203-219 頁。

賴怡妙（1998）：**死亡教育團體方案對台灣師大學生死亡態度及生命意義之影響**。台灣師範大學心理與輔導研究所碩士論文（未出版）。

錢永鎮（2000）：生命教育的理念與做法。載於錢永鎮、馮珍芝編輯：**生死尊嚴教師手冊**，9-13 頁。台中市：曉明女子高中。

鍾春櫻（1991）：**死亡教育對護專學生死亡態度之影響**。彰化師範大學輔導研究所碩士論文（未出版）。

駱芳美（1989）：我國大專學生自我尊重量表之修訂與年級、領導經驗、性別對自我尊重影響之調查研究。**實踐學報**，20 **期**，199-238 頁。

謝中文（2002 年 5 月 28 日）：預立遺囑，來去自在。**中國時報**，15 版。

戴志楊、李承錬（2001 年 3 月 26 日）：建中數理資優學生，在家上吊身亡。**中時晚報**，5 版。

簡東源、石文南（2003 年 1 月 22 日）：高中資優生上吊異鄉。**中時晚報**，1 版。

蘇彙珺（1998）：**社會支持、自我效能與國中學生壓力因應歷程中認知評估及因應策略的相關研究**。台灣師範大學心理與輔導研究所碩士

論文（未出版）。

貳、英文部分

Abramson, L. Y., Metalsky, G. I., & Alloy. L. B. (1989). Hopelessness depress-
　　ion: A theory-based subtype of depression. *Psychological Review, 96* (2),
　　358-372.

Adams, C. M. (1996). Adolescent suicide: One school's response. *The Journal
　　of Secondary Gifted Education, 7* (3), 410-417.

Adams, C. M., Overholster, J. C., & Lehnert, K. L. (1994). Perceived family
　　functioning and adolescent suicide behavior. *Journal of the American
　　Academy of Child and Adolescent Psychiatry, 33*(4), 498-507.

Amenta, M. M. (1984). Death anxiety, purpose in life and duration of service
　　in hospice volunteers. *Psychological Report, 54*, 979-984.

Amish, P. L. (1991). *A treatment outcome study for suicidal adolescents:
　　Coping skills training vs. insight-oriented therapy.* Unpublished doc-
　　toral dissertation, University of South Florida.

Austin, A. B. & Draper, D. C. (1981). Peer relationships of the academically
　　gifted: A Review. *Gefted Child Quarterly, 25*, 129-133.

Barth, R. P. (1982). *Coping skill training for school-aged mother.* Unpub-
　　lished doctoral dissertation, University of California Berkeley.

Beck, A. T. (1976). Hopelessness as a predictor of evental suicide. *Annals of
　　the New York Academy of Science, 487*, 90-96.

Beck, A. T., Kovacs, M., & Weissman, A. (1979). Assesment of suicidal inte-
　　neion: The scale for suicidal ideation. *Journal of Consulting & Clinical*

Psychology, 47 (2), 343-352.

Bender, W. N. (1996). *Mild Disabilities*. Massachusetts: A Division of Simm on Company.

Bandura, A. (1977). Self-efficacy: Toward a unifying theory of behavioral change. *Psychoiogical Review, 84* (2), 191-215.

Bandura, A. (1986). *Social Foundation of thought and action*. New York: Prentice-Hall Press.

Baird, J. G. (1990). The relationship between suicide risk, hopelessness depression, and religious commitment in high school students. *Dissertation Abstracts International, 51/06.*

Bedrosian, R. C. & Beck, A. T. (1979). Cognitive aspect of suicidal behavior. *Suicide and Life threatening Behavior, 9* (2), 87-96.

Berman, A. L. & Jober, D. A. (1991). *Adolescent suicide: Assessment and intervention*. Washington, D. C.: American Psychological Association.

Blatt, S. J. (1995). The destructiveness of perfectionism: Implications for the treatment of depression. *American Psychologist, 50* (12), 1003-1020.

Brubeck, D. & Beer, J. (1992). Depression, self-esteem, suicide ideation, death anxiety, and GPA in high school students of divorced and nondivorced parents. *Psychological Report, 71*, 755-763.

Buder, S. & Kumler, F. (1973). *Correlate of suicidal ideation*. Houston: American Association of Suicidology.

Carris, M. J., Sheeber, L., & Howe. S. (1998). Family rigidity, adolescent problem-solving deficits, and suicidal ideation: A mediational model. *Journal of adolescence, 21*, 459-472.

Ceperich, S. R. D. (1997). *Coping intervention for high school-based suicide prevention*. Unpublished doctoral dissertation, Arizona State University.

Cicchetti, D. & Cohen, D. J. (1995). Perspectives on developmental psycho-pathology. In Cicchetti, D. & Cohen , D. J. (Eds.), *Developmental Psychopathology*. NewYork: John Wiley & Sons.

Cliffone, J. (1993). Suicide prevention: A clsaaroom prevention to adolescents. *Social Work, 38*, 195-203.

Clum, G., Patsiokas, A., & Luscomb, R. (1979). Empirically based comprehensive treatment program for parasuicide. *Journal of Consulting and Clinical Psychology, 47*, 937-945.

Cohen, S. & Wills, T. A. (1985). Stress, social support, and the buffering hypotheses. *Psychological Bulletin, 98* (2), 310-357.

Cook, R. S., Cross, T. L., & Gust, K. L., (1996). Psychological autopsy as a research approach for studying gifted adolescents who commit suicide. *Journal of Secondary Gifted Education, 7*, 393-402.

Coopersmith, S. (1967). A method for determining types of self esteem. *Journal of Abnomal and Social Psychology, 58*, 87-94.

Copeland, E. P. (1994). *Stress and coping efficacy during adolescence*. Unpublished doctoral dissertation, University of Northen Colorado.

Cross, T. L. (1996). Examining claims about gifted children and suicide. *Gifted Child Today, 18* (3), 46-48.

Cross, T. L., Karyn, G. B., & Ball, P. B. (2002). A psychological autopsy of the suicide of an academically gifted student: Researchers'and parents'perspectives. *Gifted Child Quartely, 46* (4), 247-259.

Cull, J. G. & Gill, W. S. (1982). *Suicide Probability Scale: Manual*. Los Angeles: Western Psychological Services.

Davis, J. M. & Sandoval, J. (1991). *Suicidal youth: School based intervention and prevention*. San Francisco: Jossey-Base Publishers.

de Bono, E (1968). *New Think*. N. Y.: Basic Book.

Delisle, J. (1986). Death with honors: Suicide among gifted adolescents. *Journal of Counseling and Development, 64*, 558-560.

De Man, A. F. & Leduc, C. P. (1995). Suicide ideation in high school students: Depression and other correlates. *Journal of Clinical Psychology, 51* (2), 173-181.

De Man, A. F. (1999). Correlate of suicide ideation *Journal of Genetic Psychology*, *160*, 105-114.

Dixon, D. N., Happner, P. P., Peterson. C. H., & Ronning, R. R. (1979). Problem-solving workshop training. *Journal of counseling Psychology, 26*, 133-139.

Dixon, D. N. & Scheckel, J. R. (1996). Gifted adolescent suicide: The empirical base. *The Journal of Secondary Gifted Education, 7* (3), 386-392.

Durkheim, E. (1972). *Suicide: A study in sociology*, translated by John Spaulding & George Simpsom.

Ellis, A. (1979). *A garland of rational songs*. New York: Institute for Rational Emotive Therapy.

Erikson, E. H. (1963). *Childhood and Society*. New York: W. W. Norton.

Everett, S. & Ranslow, S. (1997). *Youth risk behavior survey of middle school students attending.* Bureau of Indian Affairs, Washington, DC.

Farber, M. L. (1968). *Theory of Suicide*. New York: Funk & Wagnalls.

Feifel, H. (1977). *New meanins of death*. New York: Springer. California: S. A. M.

Felts. W. (1992). Drug use and suicide ideation and behavior among North California public school students. *American Journal of Public Health, 82* (6), 870-872.

Fisher, A. (1999). Mood disorder in suicidal children and adolescents rescent developments. *Journal of Child Psychology and Allied Discipline, 40*, 315-324.

Folkman, S. & Lazarus, R. S. (1980). An analysis of coping in a middle aged community sample. *Journal of Health and Social Behavior, 21*, 219-239.

Fremouw, W. J., De Perczal, M., & Ellis, T. E. (1990). *Suicide risk: Assessment and response guidelines*. Pergam on Press Inc.

Freud, S. (1957). An outline of psychological analysis. In J. Strachey (Ed. and Trans.). *The standard edition of the complete psychological work of Sigmund Freud (Vol. 23).* London: Hogarth. (Original work published in 1940.)

Gallagher, J. J. (1985). *Teaching the gifted child* (3rd ed.). Massachusetts: Allyn and Bacon.

Gibbs, J. C., Barriga, A. O., & Potter, G. B. (1992). *The How I Think Questionare*. Unpublished manuscript, The Ohio State University.

Gordon, R. (1985). An operational classification of disease prevention. *Public Health Report, 96*, 107-109.

Grosze, D. E., Zimmerman, J. K., & Asnis, G. M. (1995). *Suicidal behavior in adolescents: A review of risk and protective factors*. New York: John Wiley & Sons.

Grueling, J. L. & DeBlassie, R. R. (1990). Adolescent suicide, *Adolescence, 15* (59), 589-601.

Guetzloe, E. (1989). *Youth Suicide: What the educator should know*. Reston, VA: Council for Exceptional Children.

Hayes, M., & Sloat, R. (1990). Suicide and the gifted adolescent. *Journal for the Educaton of the Gifted, 13*, 229-244.

Heppner, P. P. (1978). A review of the problem-solving literature and its relationship to the counseling. *Psychology, 25*, 366-375.

Hicks, B. (1991). Youth suicide education impact prevention through awareness and supportive adult resources. *Dissertation Abstract international, 52/03.*

Holcomb, L. E., Neimeyer, R. A., & Moore, M. K. (1993). Personal meanings of death: A content anslysis of free response narratives. *Death Studies, 17*, 299-318.

Hollingworth, L. S. (1942). *Children above 180 IQ*. New York: World Book.

Holmes, C. & Howard, M. (1980). Recognition of suicide lethality factors by physicians, mental health professionals, ministers, and college students. *Journal of consulting and Clinical psychology, 48* (3), 383-387.

Husain, S. A. & Vandiver, T. V. (1984). *Suicide in children and adolescents*. MTP Press Limited.

Hutchison, T. D. & Scherman, A. (1992). Didactic and experiential death and dying training: Impact upon death anxiety. *Death Studies,. 16*, 317-330.

Janis, I. L. & Mann, L. (1977). *Decision making: A psychological analysis or conflict, choice, and commitment*. New York: Free Press.

Johanson, N. & Lally, T. (1990). Effectiveness of a death education program in reducing death anxiety of nursing students. *Omega, 25* (1), 73-86.

Kalafat, J. (1990). Adolescent suicide and implications for school response program. *The School Counselor, 37*, 359-369.

Kalafat, J. & Elias, M. (1994). An evalution of adolescent suicide intervention class. *Suicide and Life-Threatening Behavior, 24*, 224-233.

Kalafat, J. (1997). Prevention of youth suicide. (*ERIC* Document for Research Service No. *ED 416-965*).

Kline, B. & Short, E. (1991). Change in emotional resillence: Gifted adolescent boys. *Roper Review, 13*(4), 184-187.

Klingman, A. (1990). Action research notes on developing school staff suicideawareness training. *School Psychology International, 11*, 133-142.

Kottman, T. (2000). Perfectionistic children and adolescences: Implication for school counselors. *Professional School counseling, 3* (3), 182-188.

Kurlychek, R. T. (1977). Death education: Some considerations of purposes and rational. *Educational Gerontology, 2*, 43-50.

Leroux, J. A. (1986). Suicidal behavior and gifted adolescents. *Roeper Review, 9* (2), 184-185.

Lester, D. (1991a). Social correlates of youth suicide rates in the United States. *Adolescence, 26* (101), 55-58.

Lester, D. (1991b). Childhood predictors of later suicide: Follow-up of a sample of gifted children. *Stress Medicine, 7*, 129-131.

Lester, D. (1998). Adolescent suicide risk today: A paradox. *Journal of Ado-*

lescence, 21(4), 499-503.

Lester, D. (2000). The social causes of suicide: A look at Durkheim's Le suicide one hundred years later. *Omega, 40*(2), 307-321.

Lewinsohn, P. M., Rohode, P., & Seeley, S. (1993). Psychosocial characteristics of adolescents with a history of suicide attempt. *Journal of the American Academy of Child and Adolescent Psychiatry, 32*(1), 60-68.

Martin, G. & Waite, S. (1994). Parental bounding and vulnerability to adolescent suicide. *Acta Psychiatrica Scan dinavica, 89*, 246-254.

McCant, G. F. (1985). Suicide among the gifted. *Gifted/Creative/Talented, 15*, 27-29.

Miller, L. (1991). Predicting relapse and recovery in alcoholism and addiction: Neuropsychology, personality, and cognitive style. *Journal of Substance Abuse Treatment, (4)*, 277-291.

Minkoff, K., Bergman, E., Beck, A. T., & Beck, R. (1973). Hopelessness, depression, and attempted suicide. *American Journal of psychiatry, 130*, 455-459.

Neilhart, M. (1999). The impact of giftedness on psychological wellbeing: What does the empirical literature say? *Roper Review, 22* (1), 10-17.

O'Carroll, P. (1993). Suicide causation: Pies, paths, and pointless polemics. *Suicide and Life-Threatening Behavior, 23* (1), 27-36.

Orbach, I. & Milstein, A. (1991). A multi-attitude suicide tendency scale for adolescents. *Journal of Consulting and Clinical Psychology, 3*(3), 398-404.

Osborn, A. F. (1957). *Applied imagination*. N. Y. : Scribner's.

Parker, W. D. & Adkins, K. K. (1994). *A psychometric examination of the*

Multidimensional Perfectioni Scale. Manuscript submitted for publication.

Patterson, J. M. & McCubbin, H. L. (1987) Adolescent copying style and behaviors: Conceptualization and measurement. *Journal of Adolescence, 10*, 163-186.

Paul, B. J. (1988). The effect of a death education intervention, the circle, death, anxiety, and purpose in life. (*AAC8818832*).

Peck, M., Farberow, N. L., & Litman, R. (1985). *Youth suicide*. New York: Springer.

Pfeffer, C. R. (1986). *The suicide child*. NewYork: The Guildford Press.

Piechowski, M. (1979). Developmental potential. In Colangelo, N. & Zaffran, T. (Ed.), *New voices in counseling the gifted*. Dubuque, IA: Kendall/Hunt.

Pinto A. & Whisman, M. A. (1996). Negative affect and cognitive biases in suicidal and nonsuicidal hospitalized adolescents. *Journal of the American Academy of Child and Adolescnt Psychiatry, 35*(2), 158-165.

Popenhagen, M. P. & Quelley, R. M. (1998). Adolescent suicide: Dectection, intervention, and prevention. *Professional School Counseling, 1*(4), 30-36.

Raber, S. S. (1992). *The relationship between stress, copying efficacy, and psychosomatic illness in adolescence.* Unpublished doctor dissertation, university of Northern Colorado.

Range, L. M. & Knott, E. C. (1997). Twenty suicide assessments: Evaluation and recommendations. *Death Studies, 21*, 25-58.

Richman, J. (1986). *Family therapy for suicide pepole*. New York: Springer Publishing Company.

Rublee, D. A. & Yarber, W. L. (1983). Instructional units of death education the impact of amount classroom time on change in death attitudes. *Journal of School Health, 53*, 412-415.

Schneidman E. S. (1976). *Death: Current perspectives.* LosAngelas: C. L. C.

Schneidman, E. S. (1985). *Definition of suicide*. New York: John Wiley and Sons.

Schotte, D. E. & Clum, G. A. (1987). Problem-solving skills in suicidal psychiatric patients. *Journal of Counsulting and Clinical Psycholoy, 55*(1), 49-54.

Seligman, M. E. P. (1975). *Helplessness: On depression development, and death*. San Francisco: Freman Press.

Shaughnessy, M. F. & Nystoul, M. S. (1985). Preventing the greatest loss-on-suicide. *Creative Child and Adult Quartrly, 1*(4), 30-36.

Simons,. R. L. & Murphy, P. I. (1985). Sex differences in the causes of adolescent suicide ideation. *Journal of Youth and Adolescence,. 14* (8), 423-434.

Skinner, B. F. (1974). *About Behaviorism.* New York: Vintage Books.

Smith, K. (1990). Suicidal behavior in school-aged youth. *School Psychology Review, 19,* 186-195.

Speece, M. W. & Brent, S. B. (1984). Children's understanding of death: A review of three components of a death concept. *Children Development. 55* (5), 1671-1685.

Stone, A. A. (1970). New measure of daily copying: Development and preliminary results. *Journal of Personality and Social Psychology, 46* (4), 892-906.

Terman. L. M. & Oden, M. H. (1947). *Genetic studies of genius; The Gifted*

Children Grow up. Stanford, CA: Stanford University Press.

Tomlinson-Keasey, C., Warren, L. W., & Elliot, J. (1966). Suicide among gifted woman: A prospective study. *Journal of Abnormal Psychology, 95*, 123-130.

Torrance, E. P. (1962). *Guilding creative talent*. New Jersey: Prentice Hall.

Ward, A. J. (1992). *Self-distructive behavior in public school students*. Paper presented at the Annual Conference of the American Association of Suicidology. ERIC (ED347776)

Wass, H. (1991). Helping Children cope with death. In Papadatous, D. & Papadatous, C. (Eds.), *Children and Death*. New York: H. P. C.

Webb, J. T., Meckstroth, F. A., & Tolan, S. S. (1982). *Guiding the gifted child*. Columbus: Ohio Psychology Publishing Co.

Weisse, D. E. (1990). Gifted adolescent and suicide. *School Counselor, 37* (5), 351-358.

Wetzel, R. D., Margulies, T., Davies, R., & Karam, E. (1980). Hopelessness, depression, and suicide intent. *Journal of Clinical psychiatry, 41*, 159-160.

Williams, C. L. & Lyon, C. M. (1976). Family interaction and adolescent suicidal behavior: A preliminary investigation. *Australian and New Zealand Journal of psychiatry, 10*, 243-252.

Willings, D. & Arseneault, M. (1986). Attempted suicide and creative promise. *Gifted Education International*, 4(1), 10-13.

Wodarski, J. S. & Harris, P. (1987). Adolescent suicide: A review of influence and the means for prevention. *Social work, 32*(6), 477-483.

Yang, B. & Clum G. A. (1996). Effects of early negative life experiences on cognitive functioning and risk for suicide: A review. *Clinical Psychology Review, 16*(3), 177-195.

Young, M., Fogg, L. F., Sheftner, W., Fawcett, J., Akiskal, H., & Maser, J. (1996). Stable trait components of hopelessness: seline and sinsitivity to depression. *Journal of Abnormal Psychlogy, 105*(2), 155-165.

Zilli, M. G. (1971). Reasons why the gifted adolescents underachieves and some of the implications of guidance and counselling to this problem. *Gifted Child Quartly, 15*, 279-292.

國家圖書館出版品預行編目資料

資優青少年自我傷害防治課程與教學：以生命教育為取向／
程國選著--初版.--臺北市：心理, 2005（民 94）
面；　　公分.--（生命教育；9）
參考書目：面

ISBN 957-702-752-0（平裝＋光碟）

1. 生命教育--教學法　2. 資賦優異教育
3. 中等學校--教學法

524.35　　　　　　　　　　　　　　　　　93022478

生命教育 9　**資優青少年自我傷害防治課程與教學—以生命教育為取向**

作　　　者：程國選
執行編輯：謝玟芳
總 編 輯：林敬堯
出 版 者：心理出版社股份有限公司
社　　　址：台北市和平東路一段 180 號 7 樓
總　　　機：(02) 23671490　傳　　　真：(02) 23671457
郵　　　撥：19293172　心理出版社股份有限公司
電子信箱：psychoco@ms15.hinet.net
網　　　址：www.psy.com.tw
駐美代表：Lisa Wu　　tel: 973 546-5845　fax: 973 546-7651
登 記 證：局版北市業字第 1372 號
電腦排版：辰皓國際出版製作有限公司
印 刷 者：辰皓國際出版製作有限公司
初版一刷：2005 年 4 月

讀者意見回函卡

No. _____   填寫日期：　年　月　日

感謝您購買本公司出版品。為提升我們的服務品質，請惠填以下資料寄回本社【或傳真(02)2367-1457】提供我們出書、修訂及辦活動之參考。您將不定期收到本公司最新出版及活動訊息。謝謝您！

姓名：_____　性別：1□男　2□女

職業：1□教師 2□學生 3□上班族 4□家庭主婦 5□自由業 6□其他____

學歷：1□博士 2□碩士 3□大學 4□專科 5□高中 6□國中 7□國中以下

服務單位：_____　部門：_____　職稱：_____

服務地址：_____　電話：_____　傳真：_____

住家地址：_____　電話：_____　傳真：_____

電子郵件地址：_____

書名：_____

一、您認為本書的優點：（可複選）

　❶□內容 ❷□文筆 ❸□校對 ❹□編排 ❺□封面 ❻□其他____

二、您認為本書需再加強的地方：（可複選）

　❶□內容 ❷□文筆 ❸□校對 ❹□編排 ❺□封面 ❻□其他____

三、您購買本書的消息來源：（請單選）

　❶□本公司 ❷□逛書局⇨_____書局 ❸□老師或親友介紹

　❹□書展⇨____書展 ❺□心理心雜誌 ❻□書評 ❼其他_____

四、您希望我們舉辦何種活動：（可複選）

　❶□作者演講 ❷□研習會 ❸□研討會 ❹□書展 ❺□其他_____

五、您購買本書的原因：（可複選）

　❶□對主題感興趣 ❷□上課教材⇨課程名稱_____

　❸□舉辦活動 ❹□其他_____　　（請翻頁繼續）

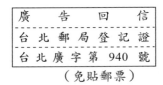 心理出版社 股份有限公司

台北市 106 和平東路一段 180 號 7 樓

TEL: (02) 2367-1490
FAX: (02) 2367-1457
EMAIL:psychoco@ms15.hinet.net

沿線對折訂好後寄回

六、您希望我們多出版何種類型的書籍

❶□心理 ❷□輔導 ❸□教育 ❹□社工 ❺□測驗 ❻□其他

七、如果您是老師，是否有撰寫教科書的計劃：□有□無

書名／課程：＿＿＿＿＿＿＿＿＿＿＿＿＿＿＿＿＿＿＿

八、您教授／修習的課程：

上學期：＿＿＿＿＿＿＿＿＿＿＿＿＿＿＿＿＿＿＿＿＿

下學期：＿＿＿＿＿＿＿＿＿＿＿＿＿＿＿＿＿＿＿＿＿

進修班：＿＿＿＿＿＿＿＿＿＿＿＿＿＿＿＿＿＿＿＿＿

暑　假：＿＿＿＿＿＿＿＿＿＿＿＿＿＿＿＿＿＿＿＿＿

寒　假：＿＿＿＿＿＿＿＿＿＿＿＿＿＿＿＿＿＿＿＿＿

學分班：＿＿＿＿＿＿＿＿＿＿＿＿＿＿＿＿＿＿＿＿＿

九、您的其他意見

＿＿＿＿＿＿＿＿＿＿＿＿＿＿＿＿＿＿＿＿＿＿＿＿＿

謝謝您的指教！　　　　　　　　　　　　　　47009